建校百年·哈工大人系列丛书

结缘工大
情系威海

哈工大（威海）校友丛书编委会 编

哈尔滨工业大学出版社

图书在版编目(CIP)数据

结缘工大 情系威海 / 哈工大（威海）校友丛书编委会编.— 哈尔滨：哈尔滨工业大学出版社，2020.5
ISBN 978-7-5603-8798-7

Ⅰ.①结… Ⅱ.①哈… Ⅲ.①哈尔滨工业大学—校友—生平事迹 Ⅳ.①K820.7

中国版本图书馆CIP数据核字(2020)第071272号

结缘工大 情系威海
JIEYUAN GONGDA QING XI WEIHAI

策划编辑 李艳文 范业婷
责任编辑 王晓丹 付中英
出版发行 哈尔滨工业大学出版社
社　　址 哈尔滨市南岗区复华四道街10号 邮编150006
传　　真 0451-86414749
网　　址 http://hitpress.hit.edu.cn
印　　刷 哈尔滨市石桥印务有限公司
开　　本 787mm×1092mm 1/16 印张24 字数353千字
版　　次 2020年5月第1版 2020年5月第1次印刷
书　　号 ISBN 978-7-5603-8798-7
定　　价 100.00元

(如因印刷质量问题影响阅读，我社负责调换)

编 委 会

名誉顾问 杨士勤 强文义 何钟怡
顾　　问 徐晓飞 姜 波
主　　编 曲世友
副 主 编 张少太 李焕然 刘 群
编　　委 陈文义 谭璇月 谢芳琳 朱美丽 李 光 刘利军 叶春生 张玉芹 隗海燕 李志强
　　　　　　 刘宇楠 张 玉
编　　者 于长军（威海校区信息科学与工程学院） 钱宏亮（威海校区海洋工程学院）
　　　　　　 桂洪斌（威海校区海洋工程学院） 赵洪运（威海校区材料科学与工程学院）
　　　　　　 张继春（威海校区汽车工程学院） 宋晓国（威海校区材料科学与工程学院）
　　　　　　 王剑锋（威海校区汽车工程学院）

　　　　　　　（按入学年份排序）
　　　　　　 曹　曼（哈工大86级）　　　朱　彤（哈工大87级）　　　翟佳禹（哈工大88级研究生）
　　　　　　 阮世华（哈工大90级）　　　张福香（威海校区89级）　　宋再军（威海校区94级）
　　　　　　 崔继文（威海校区94级）　　王建林（威海校区95级）　　杨云轩（威海校区95级）
　　　　　　 张　渊（威海校区96级）　　宋森华（威海校区97级）　　代卓浩（威海校区97级）
　　　　　　 孙红卫（威海校区97级）　　王吉特（威海校区98级）　　沈智杰（威海校区99级）
　　　　　　 李纪奎（威海校区99级）　　刘静林（威海校区99级）　　王士涛（威海校区99级）
　　　　　　 贾启蒙（威海校区99级）　　姜立标（威海校区00级工硕）崔国峰（威海校区01级硕博）
　　　　　　 胡保帅（威海校区02级）　　李　川（威海校区03级）　　卢致辉（威海校区03级）
　　　　　　 田海龙（威海校区03级）　　刘天强（威海校区03级）　　程晓亮（威海校区04级）
　　　　　　 张　凯（威海校区04级）　　陈贤帅（威海校区04级）　　刘　洁（威海校区04级）
　　　　　　 焦清国（威海校区05级）　　李鲁佳（威海校区05级）　　谢庭相（威海校区05级）
　　　　　　 宋　磊（威海校区05级）　　郑　帅（威海校区11级）　　孙凯迪（威海校区12级）
　　　　　　 赵　玺（威海校区12级）　　彭　敏（威海校区12级）　　胡荣华（威海校区13级）
　　　　　　 刘　璇（威海校区13级）　　宋英嘉（威海校区15级）　　刘祚捷（威海校区15级）

祝贺《结缘工大 情系威海》一书出版!

弘扬艰苦奋斗的创业精神,
坚持改革创新的强校方针。
培育勇于担当的时代精英,
创立世界仰慕的特色校区。

强文义 哈工大原副校长
　　　　 哈工大(威海)首任校长

值此哈工大百年校庆之际，《结缘工大 情系威海》一书问世，可喜可贺！此书见证了威海校区的艰难创业，见证了校友披荆斩棘、砥砺前行。威海校区的创建，不仅使母校如虎添翼，而且开启了国内优质高教资源跨区域扩散的先河，居功至伟。

让我们继续努力，兢兢业业，鞠躬尽瘁，再创辉煌！

何钟怡

原哈尔滨建筑大学校长
"优秀教工李昌奖"获得者
全　国　模　范　教　师
哈工大（威海）"大学生人生导师"

总 序

时光荏苒，风雨沧桑，不知不觉间哈工大即将走过百年岁月。回首学校的发展历程，她的每一轮进步跨越、每一次腾飞奋进，无不与祖国的命运紧紧连在一起。特别是中华人民共和国成立后，从全国学习苏联高等教育办学模式的两所大学之一，到首批进入国家"211工程"和"985工程"，再到入选国家"双一流"建设A类高校名单，哈工大一直得到国家的重点建设，并形成了现在哈尔滨、威海、深圳"一校三区"的办学格局。

当然，哈工大也没有辜负国家的支持与厚望。一直以来，学校秉承"规格严格，功夫到家"的校训，大力弘扬"铭记责任，竭诚奉献的爱国精神；求真务实，崇尚科学的求是精神；海纳百川，协作攻关的团结精神；自强不息，开拓创新的奋进精神"和"铭记国家重托，肩负艰巨使命，扎根东北，艰苦创业，拼搏奉献，把毕生都献给了共和国的工业化事业"的哈工大"八百壮士"精神，主动适应国家需要、积极服务国家建设，以朴实严谨的学风培养了大批优秀人才，以追求卓越的创新精神创造了丰硕的科研成果，成为享誉国内外的理工强校、航天名校。

我始终认为，学生的培养质量是衡量一所大学是否是"双一流"最重要的考核指标，而质量主要是从学生离校走向社会在工作中体现出来的，包括思想品德、工作能力和社会贡献等。经过百年沉淀的哈工大，从1920年建校至今，已经培养了几十万名学子。我在这所学校工作了几十年，也见证了一部分同学的成长。他们在学校掌握知识、锤炼品格，然后投身社会，成为各行各业的中坚力量，其中既有党和国家领导人，也有共和国的将军；既有学术界的泰斗，也有科技领域的骨干……当然，还有在许多行业里的领跑者——杰出的企业家。

很幸运，我们身处一个崇尚创新、追求创新、激励创新的时代。不管是传统行业，还是新兴科技行业，都活跃着哈工大人的身影。这些实干力行的国家栋梁在兢兢业业工作的同时，积累了无数的方法和经验，也有道不尽的经历与感受。无论是对母校生活的追忆，还是对当下工作的总结，这些不可多得的人生财富，都非常值得大家借鉴和学习。

恰逢学校百年华诞，哈工大出版社特意编撰了"建校百年·哈工大人系列丛书"，天南海北、各行各业的哈工大人以此为平台，把自己走过的人生之路，真诚又无私地以文字的形式分享出来，为后来者和社会公众提供参考。我认为，这十分有意义，也十分有价值。我向他们致敬，同时也为学校培养出这样的学子感到自豪！而对于广大校友和在校生来说，阅读这些书籍，仿佛有人为你打开了一扇门，特别是身为哈工大人的你会发现，寻找理想、追梦前行的人，不只有你自己，还有许许多多的哈工大人和你一路同行、共同奋斗。

希望广大读者能从本系列丛书中获得启迪，踏上自己人生道路的"英雄之旅"，抒发豪情壮志，成就伟大事业。

序

百年岁月更迭，创建于1920年的哈尔滨工业大学已历经一个世纪的风雨沧桑，在"规格严格，功夫到家"校训的引领下，发展成为一所世界一流的理工科大学。2020年，哈工大即将迎来百年校庆。作为哈工大一校三区办学格局重要组成的部分，威海校区创建于1985年，经历了创业发展、规范发展、快速发展、特色发展阶段，如今已步入跨越发展阶段，是"哈工大精神"扎根在黄海之滨的延续。三十五年来，威海校区秉承哈工大校训和传统，坚持"立足海洋，服务山东，拓展国防，走向国际，面向国民经济主战场"的办学定位，在"一个根本、两翼驱动、特色发展、综合改革、工大文化、和谐校园"方针的指导下，结合国家战略与地方经济需求，坚持"一二三四"特色发展战略，突出海洋特色，凝练新方向，大力推进科学研究、产学研合作与创新创业，在创建与世界一流大学相适应的高水平特色校区的道路上奋勇前行，在建设"世界一流、中国特色、哈工大规格"的百年强校征程中不懈奋斗。

三十五年来，威海校区为国家输送高质量毕业生四万余名。哈工大精神和威海的春风哺育着每位学子成长。哈工大学子们不仅在学校学到了知识与本领，更受到了哈工大校训和"八百壮士"精神的洗礼。他们在祖国发展建设的各条战线上发挥着重要作用，其中涌现出许多杰出人才。他们热爱祖国，热爱工作，热爱生活，对国家、社会和家庭勇担责任，对母校、恩师和同窗心怀感恩眷恋，在各自的岗位上锐意进取创新，交出一份份令人满意的答卷，成为母校的骄傲。

校友是学校发展的重要力量。近年来，校友们与母校的互动与合作日益加强，校友组织也在迅速壮大。校友会承载着"校友帮校友、校友帮母校、母校帮校友"的责任，成为校友间和校友与母校间的一条纽带，并正在形成"同舟共济,创造机会,互助共赢,上善若水"的格局。校友们情系母校,助力母校发展,也从母校得到许多关怀和力量。校友企业与母校合作日益密切,学校发展蒸蒸日上,社会声誉和影响力逐年提升,校友企业也不断发展壮大。

在纪念母校百年华诞之际,威海校区校友会通过各地校友会的推荐遴选出50位卓越校友,将这些杰出校友的成长故事、经验体会与人生感悟汇集成书。

这本书通过讲述校友们在艰苦环境中自强不息、奋发图强、不懈拼搏和永不放弃的故事,展现校友们的精神追求、智慧才干与人格魅力,弘扬哈工大精神和威海校区艰苦创业精神。他们结缘工大,情系威海,与威海校区已然形成了"血浓于水、命运相连、互相帮助、荣辱与共"的紧密关系。

这本书既是一部成功校友们的创业史,也是一本用心绘成的心语集。它凝聚了校友们的真实经历、深度思考与精神感悟,传达着哈工大人与祖国同命运和实干兴邦的精英气息。相信这些故事,能够在每一位向往优秀、追求卓越的奋斗者内心敲击出共鸣、迸发出激情、汇聚成力量!

这是一本非常值得一读的书,书中浸透着创业者的努力、为人师表的风范和哈工大的优秀文化与精神!

当前,哈工大正在迎接百年校庆,并将迈向新百年的新征程。通往梦想的道路上需要有更高的目标、更大的勇气、更努力的奋斗,哈工大人将带着母校给予的知识和力量,肩负建设祖国的使命和重任,充满自信,砥砺前行,再立新功,再创辉煌。期望校友们继续发扬哈工大精神,不断努力拼搏,把才华和功夫用到为强盛祖国的创新创业之中,并一如既往地关心母校,为学校发展建设贡献力量。哈工大永远是校友们温暖的家园和坚强的后盾。

祝福广大校友前程似锦,大展宏图,事业有成,共创母校新百年辉煌!

哈尔滨工业大学副校长、哈尔滨工业大学(威海)校长
哈尔滨工业大学(威海)校友理事会理事长

前 言

世纪规格功夫,新百年世界一流。这一百年,是全体哈工大人接续奋斗、不懈奋斗的一百年。立足航天、服务国防、面向国民经济主战场,一校三区的哈工大人在教书育人第一线担起立德树人使命,在科学研究最前沿撑起科技强国梦想,在"中国特色、世界一流、哈工大规格"的百年强校之路上阔步前行。

历经三十五年的发展,哈尔滨工业大学威海校区历经磨难,已步入跨越式发展时期。其间,哈尔滨工业大学威海校区共为国家输送高质量人才四万余名,他们在祖国的各条战线上发挥着重要作用。他们中的优秀毕业生代表,在做人、做事和做学问方面起到了榜样示范作用,诠释了"规格严格,功夫到家"的校训和哈工大精神。在纪念母校百年华诞之际,威海校区校友工作者对50位卓越校友进行了回访,深切感受到母校发展壮大和国家"双创"时代的发展机遇及挑战对他们在社会的成长和事业发展方面影响之深。于是,便有了组织编写这本书的计划。能将这些优秀校友的成长故事、心得体会与朋辈建议集聚在一起并出版发行,这对当前正在苦苦寻觅和积极探索的大学生们和广大校友是非常有意义的。

本书以"弦歌不辍""商海驰骋""科研报国""职场纵横""热血青春""母校感怀"六个篇章向大家讲述校友们成长的故事和感悟。校友们在母校"三帮一平台"(校友帮校友,校友帮母校,母校帮校友和校友终身教育平台)的激励和感召下,将历经三十多个春秋的沉淀与积累,将他们对国家、对社会、对家庭勇敢承担的责任,对母校、恩师和同窗心中深沉的爱恋,对知识孜孜追求以及刻苦钻研的创新精神,转化成一段段真诚的文字记录下来。他们不仅回顾了在大学期间的成长历程，而且特别介绍了离开母校走向社会后的真实感受。尽管他们的成才心路、奋斗历程各不相同，但是他们都从平凡起步，始终保持努力向上的恒心和毅力，不半途而废，不浅尝辄止，把学习和奋进内化为一种自觉的行为。他们以非凡的业绩和追求卓越的精神，告诉每一个青年都应该也可以像他们一样，走上人生的美好旅程。

本书选取的50位主人公，具有鲜明的时代特征和行业特点。伴随着我国改革开放四十多年，在中国作为世界制造大国迅速崛起，新能源、新信息、新环境、人工智能、大数据、网络安全、工业互联网等新兴前沿科技时代背景下，哈工大校友精英们在哈工大精神的感召下，勇闯时代大潮，不屈不挠，在中国经济发展的大潮中摸爬滚打，日益强大。他们用自己的亲身实践，演绎出一段段精彩的人生篇章，生动地诠释了哈工大人的精神传承、时代精神和家国情怀。校友朱彤的"正道人本·天地融合"理念，给创业者坚持的勇气和力量；校友宋森华的文章启发成长中的青年学子对成功进行重新定义和思考；女校友刘洁概括的"两个字：做事。简单说，就是人生要有所作为"，是她历经人生复盘后的体悟；作为学者为师的典范，于长军教授、钱宏亮教授等坚守并奋战在科研一线，为国家雷达事业和重大科研攻关项目做出杰出贡献。

本书深刻体现了大学自身的精神传统与核心价值所在。经过近百年的薪火相传，哈工大校训和精神已经融入哈工大人的血液，在每一位学子身上留下深深的烙印，于是才有了各行各业中哈工大人勇立潮头、锐意进取的身影。广大校友用责任与担当，向母校交出一份份令人满意的答卷，哈工大的名字在各个领域熠熠生辉。威海校区是哈工大在黄海之滨撒下的火种。这个火种具有很强的生命力，她以"规格严格，功夫到家"为魂，在艰苦的环境下生根发芽，与齐鲁文化有机交融，植入大海的博大胸怀和丰富内涵，孕育着勃勃生机。这种文化的熏染，使学子们拥有了哈工大人特有的人文气质，心怀祖国、服务社会的责任感，海纳百川的博大胸怀，不畏艰难、勤奋拼搏的创业者精神，超越自我、战胜一切困难的勇气和力量，敢与世界比肩的气魄。此外，我们有着一批品格高尚、心存大爱，且具有很强的事业心、责任心的好老师。书中记述了几位教师楷模的典型事迹，他们是哈工大"八百壮士"在威海校区的代表。这是办学的基础，这是学校的根基。

一代人有一代人的使命，一段路有一段路的风景，始终不变的是实干苦干的精神气魄，始终坚守的是薪火相传的家国情怀。一代代哈工大人铭记国家重托，以筚路蓝缕、开启山林的豪迈，无私奉献、甘为人梯的胸怀，攻坚克难、砥砺奋进的勇气，绘就了一幅壮美的百年画卷。从载人航天到"嫦娥探月"，从大国重器到美丽中国，哈工大人将梦想的足迹留在了祖国的大地上、蓝色的大海里、寥廓的苍穹中，也让哈工大"八百壮士"精神在新时代焕发着新的光辉。

抚今追昔，那些我们共同经历和见证的辉煌岁月，依然闪烁着璀璨的光芒，飞扬着永不磨灭的激情与梦想。衷心希望年轻的师生和校友们能够喜欢这本书，能够从他们身上找到属于自己的动力。希望我们的学子和校友们在哈工大精神的感召下，融入国家和时代发展大潮，将个人成长与国家命运、母校发展紧密结合，在建功立业的新时代致敬百年，在中华民族伟大复兴的征程中续写壮丽的哈工大乐章。

编 者

2020年5月于威海

目　　录

弦歌不辍　传承的力量

于长军　雷达事业的辛勤耕耘者 / 4

钱宏亮　撑起"观天巨眼"的哈工大人 / 10

桂洪斌　守家国赤子初心　引船海学子征程 / 16

赵洪运　"焊""压"新材料　"洪运"架"金桥" / 22

张继春　3D打印科技让未来更美好 / 28

宋晓国　"咬住"目标　把愿景变成实景 / 38

王剑锋　让哈工大赛车驰骋国际赛道 / 46

商海驰骋　创变人生

朱　彤　天融哈工大人的创业之道 / 56

宋森华　我心中的"玄奘之路" / 70

王吉特　顺应时代的奋斗者 / 78

翟佳禹　市场经济的"探路者" / 84

沈智杰　成长·承担·成就——国家网络安全的守护者 / 90

宋再军　宝剑锋从磨砺出　梅花香自苦寒来 / 94

程晓亮	工业互联网的追梦人 / 98
李　川	中国智造　乘势追风 / 102
田海龙	哈哈曲艺社——跨界达人 / 112
张　渊	匠人精神　精益求精 / 120
李纪奎	道之通畅　行之安全——大数据时代的创业者 / 126
胡荣华	取舍有道　赢在转折 / 132
卢致辉	从6 000元到5亿——一个创客的进化之路 / 142
焦清国	"会挽雕弓如满月"的创业者 / 148
宋　磊	世界是我们的，更是你们的 / 154
曹　曼	中国沼气事业的开荒人 / 162

科研报国　规格严格，功夫到家

崔继文	"见微知著"的攻坚人 / 172
张　凯	在耶鲁大学筹建实验室的"科研达人" / 178
陈贤帅	做中国自主品牌的高端医疗器械 / 184
姜立标	让科学技术在服务社会中创造价值 / 194
崔国峰	重构自我　服务社会 / 200
张福香	哈工大的"木兰才女" / 204

职场纵横　复盘与逆袭

刘　洁　此生我的终极目标："做事" / 212

阮世华　长路奉献给远方 / 220

王士涛　新能源的追梦人 / 226

孙红卫　坚定信念　持之以恒——我的奋斗之路 / 232

王建林　插上农村信息化梦想的翅膀 / 238

贾启蒙　执着追求的汽车人 / 246

谢庭相　在拼搏中涅槃重生 / 252

刘天强　从硅谷到西雅图的创业达人 / 258

李鲁佳　拥有一个不安分的灵魂　那就用力去活 / 266

孙凯迪　我的大学是全世界 / 274

热血青春　奋斗与奉献

郑　帅　青春筑梦　基层闪光 / 284

赵　玺　丈地之阔　量心之大 / 292

彭　敏　我与教师的不解之缘 / 300

宋英嘉　写自哈工大最后一届藏医大支教志愿者 / 306

刘　璇　热血青春　沸腾人生 / 312

刘祚捷　做孩子们的摆渡人 / 318

母校感怀　初心不忘

　　杨云轩　感恩母校　您在我心中永远圣洁 / 326
　　刘　群　母校在我心中 / 332
　　刘静林　母校伴我成长 / 344
　　代卓浩　工大情　一生梦 / 352
　　胡保帅　母校情缘 / 358

后　记 / 365

1 弦歌不辍　传承的力量

哈工大"八百壮士"铭记国家重托,勇担艰巨使命,为哈工大的发展书写了壮丽篇章,他们严格的工作作风铸就了哈工大今天的辉煌。时代在变,职责在变,但爱国的初衷、育人的热情不变。"八百壮士"的精神不断传承和激励着后人,在"为党育人、为国育才"的道路上砥砺前行,在"心系天下、以身许国"的理想中奉献一生。

于长军

结缘工大 情系威海

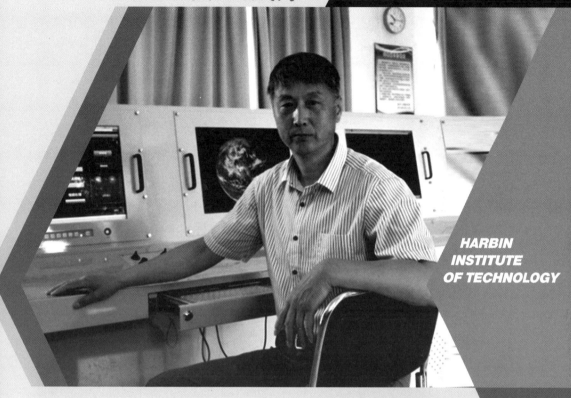

HARBIN INSTITUTE OF TECHNOLOGY

  于长军，哈尔滨工业大学（威海）信息科学与工程学院教授，博士生导师，工信部"海洋监测与信息处理"重点实验室副主任，威海校区电子工程研究所所长。1984年毕业加入刘永坦院士团队"雷达铁军"，长期从事新体制雷达系统及信号处理技术研究；该项目荣获"国家科技进步奖一等奖""国防科技进步奖特等奖"。2017年6月17日，于长军在山东省第十一次党代会上当选为党的十九大代表，并于10月18日参加中国共产党第十九次全国代表大会。

雷达事业的辛勤耕耘者

于长军教授已在哈工大这片科研沃土上辛勤耕耘三十余载。从求学到教学，从哈尔滨到威海，于长军的名字已与哈工大难舍难分。

无论是纵向基金还是横向项目，于长军教授带领的团队攻坚克难，硕果累累，其中多项技术填补了我国高频地波雷达研究领域的空白。2008年，于长军教授担任哈工大（威海）电子工程研究所所长，先后多次与国内科研院所合作，承担高频雷达重点课题研究，始终坚守外场实验第一线，为我国雷达领域的发展提供了许多珍贵的测试数据和关键技术解决方案。2014年由刘永坦院士牵头的雷达研究项目荣获国防科技进步奖特等奖，2015年该项目又荣获国家科技进步奖一等奖，2018年刘永坦院士牵头的新体制雷达研究项目荣获国家最高科学技术奖，其中于长军教授的团队做出了重要贡献。

在哈工大（威海）校园西侧雷达站的一幢普通的三层小楼里，党的十九大代表、哈工大（威海）电子工程研究所所长于长军教授正一丝不苟地对电脑屏幕上的实验数据做分析。从他办公室的窗口望出去，是一个面积约6 000平方米的长条雷达天线阵，天线阵外就是波浪翻滚的大海。此时的海面一片白雾茫茫，于长军教授和他的新体制雷达，却如一双"火眼金睛"的"千里眼"，将偌大的海面纳入视野中。大海、天线阵、雷达和一台台实验设备，已经陪伴于长军在这里坚守了三十年。

1984年，于长军教授从哈工大无线电工程专业毕业留校工作，当时，刘永坦院士的课题组正在为中国的新体制雷达研究进行科技攻关,于长军教授与其他九名青年教师成为科研团队的新成员。新体制雷达被称为"21世纪的雷达",当今世界的千余种雷达中,新体制雷达不仅代表着现代雷达的一个发展趋势,而且对航天、航海、渔业、沿海石油开发、海洋气候预报、海岸经济区发展等领域都有着重要作用。20世纪70年代中期,中国曾经对新体制雷达进行过突击性的会战攻关,但由于难度太大、国外实行技术封锁等诸多原因,最终未获成果。

于长军教授等在刘永坦院士的带领下,开始了一场填补国内空白、从零起步的具有开拓性的攻坚战,经过800多个日日夜夜的努力、数千次实验、数万个测试数据的获取,航天部预研项目"新体制雷达关键技术及方案论证"获得硕果,许多关键技术的突破为中国新体制雷达研制成功打下了良好基础。

于长军教授在指导学生

预研取得成功后，1989年，刘永坦院士带领他的团队在新建的哈工大威海校区校园边的海滩上，建起了中国第一个新体制雷达站。1990年3月，于长军教授从哈尔滨来到威海，成为常驻雷达站的"第一人"。1990年4月，雷达站完成了整机调试，同年10月，国家多个部门联合举行的鉴定会宣布：新体制雷达研究成果居国际领先水平。1991年，该项目获国家科技进步奖一等奖。

预研项目虽然取得了丰硕成果，但要把雷达这只产生在实验室里的"千里眼"真正变成能应用的"火眼金睛"，还需要更长、更艰苦的试验过程。1997年，新体制雷达项目被正式批准立项，当时已经是中国科学院、中国工程院双院士的刘永坦带领他的团队开始了新的攻关历程。于长军教授依然是团队中的骨干成员，由于他常驻威海的雷达站，因此许多重要的技术研究和试验都由他来负责。

端坐办公室并不是于长军教授的工作常态，"荒郊野外"的试验场才是他常待的地方。雷达研制，除了在威海雷达站的试验之外，大部分时间都要在实际应用场地的现场做试验。

20多年来，于长军教授和团队成员一起，无数次从试验场地转战实际应用场地，2004年到2008年，他们每年有300多天都是在外场试验场地度过的。他们解决和填补了无数个理论、技术上的难点与空白，还要面对地域和环境差异给实际应用带来的新问题和新困难。各种各样的广播电台、短波电台、渔船等发出的强大的电磁干扰就是他们遭遇的最大难题之一。

"一个一个研究，一个一个排除，可以说，我们是在解决强大的电磁干扰中成长的。"于长军教授回忆起当年依然唏嘘不已，"遇到困难迎难而上，面对难题义无反顾，我们从刘永坦院士身上看到了哈工大人的品格和迎难而上的哈工大'八百壮士'精神，大家备受感动和鼓舞，相互鼓励，相互支持，越在困难的时候越要坚持。"在团队中，哈工大"八百壮士"精神是不断传承的力量，于长军教授也在不断把这种精神传承给更多的哈工大人。2019年秋于长军教授成为哈工大"八百壮士"精神宣讲团的一员，走进哈工大一校三区和其他兄弟高校，深情地诉说着刘永坦院士点点滴滴的感人事迹，描绘出一幅"坦先生"带领"雷达铁军"四十年磨一剑、为祖国海疆筑起"海防长城"的恢宏画卷。这幅画卷源于1981年刘永坦院士心中萌生出的那个宏愿——开创中国的新体制雷达之路。面对国家重大需求，刘永坦院士敢于碰硬、从零起步，带领团队开始了一场填补国内空白、具有开拓性的攻坚战。经过无数个日日夜夜的努力、数千次实验、数万个测试数据的获取，实现了对海新体制探测理论、技术的重大突破，在成功研制我国第一部对海探测新体制雷达的基础上，陆续攻克制约新体制雷达性能发挥的系列国际性技术难题，使我国新体制雷达核心技术"领跑"世界。"能为国家的强大做贡献是我们最大的动力和使命。国家把这么重要的项目交给我们做，这是我们最大的荣耀。"

在承担国防重大项目的同时，于长军教授还与国家海洋局合作，负责海洋公益性行业科研专项项目"海上船只目标星—机—岛立体监视监测技术系统"中"岛基小型雷达"的研制工作，该项目将与卫星、飞机等监控系统一体，形成全方位的立体监测网，对海上非法船只进行全天候监视监测，对构筑海上安全防线具有重要意义。

繁重的科研工作之余，于长军教授还为研究生、本科生讲授"电子侦察与对抗""信号与系统"两门专业课，指导多名博士、硕士研究生。不管科研工作多么繁忙，于长军教授无不悉心指导每个学生，激发出他们对学术研究的兴趣和信心。从选题到终期答辩，他每周都要组织例会，既督促学生完成既定计划，又为师生们提供了一个

于长军作为哈工大"八百壮士"精神宣讲团成员做报告

于长军作为党的十九大代表参加中国共产党第十九次全国代表大会

交流、分享科研心得的平台。在这样良好的学术氛围下,他指导的学生在雷达方向均有着扎实的理论功底,不少学生的毕业论文获得了优秀。

于长军教授的言传身教影响着周围每一个人,在每一个钻研雷达信号处理的日日夜夜,不畏难、不言弃、不叫苦、不邀功,从他身上可以看出科研工作者的责任心、使命感。坚毅的眼神是他对科研的承诺,质朴的衣装是他对生活的态度。低调谦逊的于长军教授严于律己,全身心投入到我国雷达事业的发展中,展现了一个优秀党员的集体荣誉感。

如今30年过去了,雷达站的房子增加了一间又一间,设备换了一台又一台,天线场地也越建越大,于长军教授从当年风华正茂的小伙子成长为两鬓斑白的教授、博士生导师,他的坚守与执着,却一直没有改变。

"我们国家有这么辽阔的海域,无论是海上防御,还是海洋资源开发利用,国家的需要就是哈工大人的责任,无论何时,我们都义不容辞。"于长军教授表示,"2020年,哈工大将迎来百年华诞。作为一名地地道道的哈工大人,我们要以老一代'八百壮士'为典范,自觉做哈工大'八百壮士'的传承者,永葆初心、不懈奋斗。老一代哈工大人不忘初心、牢记使命,在中国大地上绘就了浓墨重彩的一笔,我们新一代哈工大人要继往开来、砥砺奋进;要接好历史接力棒,扛起新时代哈工大人的使命担当,在奋斗中书写新的奇迹。"

钱宏亮

结缘工大 情系威海

HARBIN
INSTITUTE
OF TECHNOLOGY

　　钱宏亮，博士生导师，教授，哈尔滨工业大学（威海）海洋工程学院院长兼党委副书记、船舶技术研究院院长。1996年9月至2007年7月于哈尔滨工业大学先后获得学士、硕士、博士学位，2007年9月于哈尔滨工业大学（威海）土木工程系工作，任空间结构研究中心主任。曾担任国家重大科学基础设施——500米口径球面射电望远镜（FAST）项目结构系统副总工程师。主要研究方向：巨型望远镜结构、大跨空间结构、钢结构。主持国家自然科学基金青年及面上项目3项、国家"十三五"重点研发计划课题1项、国家重大科学工程研究专项2项等多项国家及省部级科研课题，发表文章50余篇。

撑起"观天巨眼"的哈工大人

　　2020年1月11日,被誉为"中国天眼"的国家重大科技基础设施——500米口径球面射电望远镜(FAST)通过国家验收,各项指标均达到或优于批复的验收指标,主要性能达到国际领先水平,具备了开放运行条件,成为全球最大且最灵敏的射电望远镜。而FAST的主动反射面结构系统正是出自于钱宏亮和他所在的团队,他们自2003年起全程参与了FAST项目结构系统的预研、可行性研究和初步设计,提出的主动反射面柔性索网结构方案和多项关键技术成功应用于FAST项目,为超级"天眼"的国家立项和落成启用提供了强有力的技术支撑和保障。

钱宏亮在科研工作现场

　　略显瘦削的脸庞,睿智坚毅的眼神,亲和而不失风度,谦和而不失风雅,这就是钱宏亮教授给人的第一印象。哈工大求学11载,哈工大"规格严格,功夫到家"的校训铭刻心中;哈工大任教13年,科研与教学两不误。在为学子们传道授业解惑的同时也用自己扎实的专业知识参与许多科研课题,作为结构系统副总工程师参与了贵州 500 米口径球面射电望远镜项目;作为项目主持人完成了上海 65 米射电望远镜结构设计校核、广州台山核电站外壳混凝土施工方案分析、G20 峰会主会场钢结构施工方案分析等重大工程项目的课题研究。

结缘在哈工大

当被问及自己与哈工大的故事时,钱宏亮一时语塞,因为从 1996 年对哈工大的一知半解到现在博士毕业后来到威海校区任教,从一个懵懂少年到年至不惑,这中间有 20 多年的漫长时光都在哈工大度过,哈工大早已成为融入他血脉深处的情感认同之地。

1996 年,钱宏亮和大多数南方学生一样,在并不太了解的情况下报考哈工大并被录取,孤身一人从上海坐了长达 42 小时的绿皮火车到达哈尔滨,从此与哈工大结下了不解之缘。

钱宏亮本科期间曾担任过学习委员、班长等职务,因为学习成绩优异被保送攻读硕士、博士学位。为了充分利用时间,他暑假很少回家,寒假多次不到正月初五就早早踏上返校的行程。钱宏亮认为,本科 4 年是打基础的重要时期,为将来继续深造或工作打下坚实的理论基础,因此在这期间的学习要像校训所讲的那样——"规格严格,功夫到家";硕士和博士期间,多阅读文献,有机会多参加一些国内、国际会议及工程项目实践,开阔眼界,同时科研成果的取得往往是一个破茧成蝶的过程,长期攻关,持之以恒,终会柳暗花明。

相约在哈工大

2007 年 7 月,取得博士学位之后,满怀着对哈工大空间结构研究中心的理论研究、人才培养和工程创新的信心,并期待着毕业后能继续相关课题的研究,钱宏亮毅然选择在哈工大做一名老师,续写着自己与哈工大的故事。

威海校区2007年成立土木工程系，钱宏亮是最早到该系工作的教师之一。初到威海也曾有过心理落差，但本着既来之则安之的想法，他调整好心态，努力做好本职工作。建系初期忙碌的教学和科研工作也使得他很快就适应了新环境，工作逐渐步入正轨。

后来回忆那段经历时，钱宏亮说："其实无论去哪儿工作，只要换了环境或者由学生向教师角色转变都会经历这样一个过程，不变的应该是对工作认真的态度。"

钱宏亮先后讲授过5门课程，每年承担两到三门课程的教学任务，110课时左右的课堂教学，另外还有课程设计、毕业设计，平时的教学任务比较重。当问到教学与科研是否冲突时，他淡然回答："教师的首要任务是教学，而且教学和科研应该是相辅相成的。教学是基础，通过教学可以让我们基础知识更扎实，理解更深刻；科研是创新和前沿，通过科研可以更好地丰富教学内容，使学生们及时了解专业的新技术、新知识，所以我认为二者是不冲突的，只要规划好时间，做好合理安排就可以了。"

在威海校区任教的十余年间，钱宏亮见证了威海校区的迅速发展，也用自己的努力为校区的发展做出了应有的贡献。身为哈工大人二十载，在自豪与认同的同时，钱宏亮也对学校有着自己的期望："学校的发展与个人的发展息息相关，我们努力为学校发展做出应有的贡献，同时也希望学校为师生的发展提供更大的平台。"

守望在哈工大

钱宏亮在接受采访时说："非常感谢在哈工大求学和工作中给予我帮助的老师、同学，尤其是哈工大空间结构研究中心的沈世钊院士、范峰教授及其他同事，他们身上严谨、谦虚、勤奋及关爱学生等品质一直是我学习的榜样，同时研究中心在大跨空间结构领域的学术优势也是我主持或参与一些科研项目与工程实践的坚强后盾。"正是在哈工大老一辈科学家、工程师的科研精神的感染下，他才取得了如今的这些成就，并能够坚定地走下去。

早在 1994 年，FAST 项目提出伊始，反射面支承结构一直是项目的主要难点之一——在 FAST 诞生前，全球最大的望远镜是美国阿雷西博望远镜，口径达 305 米，但其支承结构不可动；而德国的波恩望远镜虽然可动，但口径只有 100 米。在全新的挑战下，2003 年 5 月，国家天文台 FAST 项目组向哈工大空间结构研究中心寻求帮助。当时还是一名学生的钱宏亮在沈世钊院士和范峰教授的带领下参与到这个项目中来，也从此和 FAST 项目结下了不解之缘。

据钱宏亮回忆，当时正值"非典"，很多讨论只能通过电话和 E-mail 进行，国内外没有可以借鉴的经验，并且射电望远镜结构研究完全是一个陌生的领域。经过反复研讨之后，他们创造性地提出了采用"整体索网结构＋分

钱宏亮教授参加 500 米口径球面射电望远镜落成启用仪式

离式背架结构"共同支承 FAST 主动反射面的总体方案:按照短程线网格编织 500 米口径球面主索网,将主索网四周固定于周边钢圈梁结构,每个主索网节点设置单根下拉索作为稳定索和控制索,在下拉索下端设置促动器,实现反射面基准态成形和工作态变位;在整体索网上设置铝合金反射面背架结构,用以铺设反射面板。

2003 年底,钱宏亮在国家天文台对哈工大的初步方案进行了汇报,该方案在众多方案里脱颖而出,并被国家天文台最终采纳。钱宏亮和他所在的团队对 FAST 结构系统的各项关键技术进行了长达 8 年的攻关,完成了 FAST 项目结构系统的预研、可行性研究和初步设计,并见证了自己的方案从纸上到建成的全部过程,而这也许就是对科技人员最大的鼓励吧。

钱宏亮说,他能有机会参与这些项目,与哈工大及哈工大空间结构研究中心这个平台息息相关,尤其要感谢他的博士生导师沈世钊院士,他想用沈先生写给弟子们的治学格言"厚植笃行"与大家共勉,其解释为:不断积累,厚植根基,才能做到高瞻远瞩,举重若轻,且邪谬不侵;治学做人,均同此理。又贵在身体力行,知与行相辅相成,在服务社会的同时,不断提升自己,故君子笃行。

2020 年 4 月 18 日,哈工大建校 100 年倒计时 50 天之际,哈工大(威海)海洋工程学院成立。钱宏亮担任院长,开启了哈工大的另一份旅程和责任。在问及哈工大 100 周年华诞即将到来之际,作为一名在哈工大学习工作二十多年的哈工大人有何感想时,钱宏亮说:"衷心地希望哈工大早日建成世界一流大学,坚持以本科教学为根本,为国家输送更多优质人才;突出工科特色,把强势学科做强做大,服务国家重大需求;顺应时代发展,聚焦科技前沿,引领科技变革。"

与哈工大相守,是他一生的承诺。

结缘工大 情系威海

桂洪斌

HARBIN
INSTITUTE
OF TECHNOLOGY

  桂洪斌，哈尔滨工业大学（威海）海洋工程学院副院长，研究生导师。上海交通大学博士后出站后在中船重工集团公司702所五室任高级工程师，2008年调入威海校区。教育部海洋工程类教学指导委员会委员，山东省交通运输类（含船舶与海洋工程）教学指导委员会委员，山东省船舶高校联盟理事长，中国造船学会高级会员，中国结构钢协会海洋钢分会常务理事，《船舶工程》《中国舰船研究》等学术期刊编委，威海校区学术委员会委员，威海校区学位委员会委员。研究领域为船舶结构设计与优化、船舶与海洋工程结构强度及安全性评估、结构及设备振动和噪声控制。承担海军装备部、省市多项科研项目，发表论文20余篇，其中EI10余篇，学术研究报告30余篇。

守家国赤子初心
引船海学子征程

2008年11月，桂洪斌教授以中船重工集团公司702所专家的身份被引进哈工大（威海）工作，成为筹建船舶与海洋工程专业的主要负责人之一。桂洪斌教授来校工作10余年，从创办船舶专业到制订修改培养方案，从实验室建设到联系建设实习基地，从站稳讲台到讲好每一课，始终把学生的成长成才放在心上，坚持把哈工大严谨治学的优良传统付诸实践之中，以淡泊名利的襟怀和无私奉献的精神，忠诚履行着立德树人的光荣使命，为培养具有家国情怀的一流拔尖创新人才倾情付出。

"我们是深受改革开放影响的一代人，从小就怀揣着为国家发展和建设做贡献的理想，那个年代咱们的国家还不强大，尤其是海上强军海洋强国方面，所以我就选择了进入船海领域。"桂洪斌教授深知，这万里海疆需要有国之重器去防，这铸造深海利舰的工匠总要有人去做。于是从本科到博士，从高级工程师到大学教师，他一路坚守着"家国情怀"的赤子之心，在船舶领域上一路深耕，愈行愈远。

来哈工大（威海）之前，桂洪斌教授在702所是科研骨干，作为项目主办承担着很多与国家重大需求相关的科研项目，醉心于船海领域的科学研究。选择来高校工作，桂洪斌教授最初的设想是在从事科研的同时兼顾教学任务，但到了校区后不久，船舶与海洋工程专业建设的重任就落在了他的肩上。船舶与海洋工程专业是哈工大威海校区新建的特色专业，当时，建设这个新专业可以借鉴的资源不多，专业教师又极为匮乏，在最需要有人扛起专业建设的大旗时，几番权衡，桂洪斌教授最终决定把教书育人的教学工作放在科研工作前面，全身心投入到教学工作和专业建设上来。船舶与海洋工程专业筹建之初的专业名称还是机械设计制造及其自动化（船舶方向），学生的培养方案也是在机械专业基础上修改的，与高水平大学的船舶专业的培养方案存在较大距离。为能尽快适应人才培养需要，重新制订一套科学而合理的教学方案迫在眉睫。在近两年时间里，他夜以继日地忘我工作，以精益求精的专业精神广泛搜集相关院校的教学经验，最终确定哈工大（威海）船舶与海洋工程专业的教学大纲，积极推动了船舶专业人才培养的规范化建设。新的专业教学大纲确立后，如何落实成了新的难题。为推动新的学生培养方案落实，在当时师资严重紧缺的情况下，桂洪斌教授白天忙于专业建设与教书，晚上就熬夜备课，哪里人手不够，他就补去哪里。他带头主动承担"船舶设计原理""船舶结构力学"和"船舶振动基础"等数门专业课的教学任务。当时与他共事过的老师笑言："感觉桂教授把船舶所有的专业课都教了个遍。"为了保证教学任务和教学质量，他翻阅了大量的文献资料，认真设计每一个教学环节。那段时间正好赶上桂教授的爱人生病住院，下班时间他去医院陪护，医院的病友打趣他说，与其说是来医院陪护妻子，不如说是把备课的书房换了个地方。那时候他吃饭走路都在思考他的教学，反复琢磨教学内容怎么能让学生听懂，能够在课堂上最大限度地让学生对船海专业有一个较为全面和正确的认知，能够通过他的讲授，让学生也树立起对专业的信心，激发学生对专业的热爱。

　　为党育人，为国育才。船舶与海洋工程学科是校区重点发展方向，也是压在他肩上的一个沉重担子，为了培养船舶专业的一流拔尖创新人才，他通过争取承办各种行业会议，广泛结识国内外学术界的专家、学者，提升校区船舶学科的知名度。他带领专业老师走遍山东省内造船企业，并将学生实

桂洪斌做学术报告

习基地拓展到江南造船和沪东船厂,通过不断与企业密切关系,"卓越工程师"和"工程领军人才"计划得到顺利实施,为提高学生对船舶工程的认识、培养学生生产实践能力、对接本科生精准就业等都奠定了良好基础。他积极推动实验室建设,多方争取资源支持学生科技创新工作。在2019年第二届中国智能船艇挑战赛中,哈工大威海校区学生的创新成果以高智能和高效能的先进技术优势,获得"自主航行性能短程竞赛一等奖"和"任务功能实现竞赛一等奖",校区也以出色的活动组织和突出的赛事成绩获得"贡献奖"和"组织奖"。

从培养方案的制订,到实验室与实习基地的建设,再到三尺讲台上的每一堂课,桂洪斌教授始终坚持站好每一班岗。如今,船舶与海洋工程专业已具备了完整的教学规模,他依然坚守在教学的第一线,为本科生和研究生授课,悉心指导硕士研究生。这些年来,为培养学生的专业精神,他始终关注行业发展、技术进步和生产状态,坚持为每届新生讲授"导论课",引导学生投身船海的征程,更是把爱国爱校爱专业的家国情怀根植在学生心中。在"船舶与海洋工程导论课"上,桂洪斌教授发挥专业育人的先导性优势,推行了学生专业志趣与育人成效双重提升的融合式创新改革。他认为,必须打破长期以来思想政治教育与专业教育相互隔绝的"孤岛效应",将思想政治教育贯穿于学科体系、专业体系、教材体系、管理机制体系之中,在传授课程知识的基础上引导学生将所学到的知识和技能转化为内在德行和素养,注重将学生个人发展与社会发展、国家发展结合起来。中国核潜艇之父、"共和国勋章"获得者、2019年度国家最高科学技术奖获得者黄旭华教授,2017年度国家最高科学技术奖获得者、"火药王"王泽山教授的先进事迹,都成为他培养学生爱国精神和家国情怀的常用案例。

他用师者仁心感染青年学生。从船舶工程系副主任到海洋工程学院副院长,桂洪斌教授把培养学生的高度社会责任感作为最大追求,始终以自己对专业的热爱影响和带动青年教师和青年学生。多年来,他的办公室几乎成了学院青年教师的"教研室",学生也把他的办公室当成"第二课堂",不论老师还是学生都可以在他的办公室里畅所欲言。在学生们的印象中,桂洪斌教授的办公室推门就可以进,找他从不需要提前联系预约。学生们科研竞赛需要梳理思路、创新项目需要指导教师、出国需要副教授以上的导师推荐,甚至是学习缺乏动力,方向迷茫,都愿意去找桂洪斌教授。桂洪斌教授也时刻以学生为中心,每年的学生外出实习他都要亲自带队,即使偶尔不带队外出实习,他也要早早到达集合地点,目送实习学生的车辆离开校园才回到办公室。他坚持走近学生,主动进小班并与新生交流,每年至少一次给准毕业班做考研报考指导讲座,与学生面对面交流,既谈考研就业的事,也谈婚姻家庭的问题,他总是用自己的学识、阅历、经验点燃学生对真善美的向往。他与学生亦师亦友,学习上有困惑找他,生活上有难题找他,他被学生们视为人生中的"贵人"。

"块块荒田水和泥,深耕细作走东西。老牛亦解韶光贵,不待扬鞭自奋蹄。"著名诗人臧克家这首脍炙人口的诗讴歌了那些老老实实、勤勤恳恳工作的人,像老黄牛一样无私奉献的人。桂洪斌教授就是这样一位有强烈的事业心、对工作始终如一、平易近人的"老黄牛"。他坚守"规格严格,功夫到家"的校训精神,以老一代"八百壮士"为典范,自觉做哈工大"八百壮士"精神的传承者,守家国赤子初心,在教书育人的岗位上深耕细作,引导学生胸怀天下、志存高远,帮助学生树立崇高的理想与追求,在祖国的蓬勃发展与时代的进步浪潮中贡献出智慧和力量,这也正是"春风化雨,师者之心,桃李不言,下自成蹊"的魅力所在。

结缘工大 情系威海

赵洪运

HARBIN
INSTITUTE
OF TECHNOLOGY

  赵洪运，哈尔滨工业大学（威海）材料科学与工程学院教授，博士生导师，中国机械工业教育学会高等学校机电类学科教学委员会委员，中国机械工程学会焊接学会计算机辅助焊接工程专业委员会委员，国际焊接工程师考试委员会委员。先后主持和参与完成国家"863"计划项目、国际合作项目、国家自然基金项目以及省部级各类纵向科研项目和横向合作项目共计50余项，获省部级科技进步奖二等奖2项、三等奖3项，获市级科技进步奖一等奖3项，2015年获山东省技术机场金桥奖一等奖，2016年获得第八届中国技术市场金桥奖突出贡献个人奖和山东省技术市场金桥奖十佳个人。

"焊""压"新材料
"洪运"架"金桥"

2005年12月,本科毕业于哈工大焊接专业的赵洪运已经在长春工业大学工作了14年,为了满足父母回老家的心愿,他选择了回到山东,来到当时正处于快速发展期的哈工大(威海)。他说:"我来的时候已是教授,凭着3万元科研启动经费白手起家,开始了科研工作。"

在长春工作时他的研究领域主要集中在汽车行业,主持和参与完成近20余项科研课题,其中大部分是与一汽集团开展合作。来山东后,先与威海市克莱特菲尔风机有限公司接触。"当时公司正在谋划进军高铁机车的风机生产,但一直解决不了关键技术,也得不到EN15085体系的认证。"研发经验丰富的赵洪运带领张鹏和刘洪伟两位博士研究了新一代风机的材料、结构和可靠性,完成了新一代风机的结构优化和焊装生产线设备与工艺流程,并利用自己国际焊接师的资格,指导帮助公司顺利通过了EN15085体系认证,使得克莱特菲尔风机有限公司在市场上建立了竞争优势。2010年,公司通过铁道部高速铁路机车和动车组用风机供应商复审并被列为铁道部牵引电机通风机部颁标准主编单位。

2006年9月,赵洪运担任材料学院副院长,2012年开始担任院长。有些年轻人的研究方向与学院现有研究方向不一致,无法开展科研工作,他看在眼里，急在心上。他或是吸收这些年轻人加入自己的团队，或是支持他们开辟新方向。

2009年，学院邀请中国工程院院士、东北大学博士生导师王国栋教授来校指导学科发展。王国栋教授是轧制技术领域的国际知名专家，长期以来从事钢铁材料轧制理论、工艺、自动化方面的应用基础和工程技术的研究。赵洪运说："王院士为我们团队未来的发展提出了两个方向：一是经济、环保型高性能新型材料的研究，二是国际前沿新工艺、新装备及全自动化智能成套装备的开发。最好是将两者融合在一起，这也是国家经济未来的发展方向。"

按照这条思路，赵洪运带领团队与中通客车控股股份有限公司合作，开展了"基于中通客车焊接标准体系下新一代客车焊接生产关键技术装备及车身轻量化研究"，与江苏创力电梯零部件有限公司合作开发了"电梯传动轴自动化装配、焊接、消应力及矫形自动化生产线"，与东营瑞源特种装饰材料有限公司合作开发了"柔性石材自动化摊铺及裁断包装生产线"，与山东百变机器人有限公司合作开发了"大型钢结构智能自动化焊接成套装备"。最近，他们研究开发的激光熔覆技术有了新的突破。"这项技术既可用于新工件的表面处理，又能用于旧工件的修复再制造，具有巨大的经济和社会效益。"据赵洪运介绍，目前这项技术已在烟台一家公司实现了产业化，下一步将用于海军舰艇关键零部件的表面修复。

目前赵洪运的团队固定人员有10个左右，除本学院的王卫卫教授，年轻教师姚圣杰、张鹏、刘洪伟等人外，汽车学院的刘涛教授、船舶学院的杨绪剑老师、船舶学院的郭景哲教授和计算机学院的王大顺老师等也为项目开展提供过技术支持。团队现有两个研究方向：一是焊接自动化领域，先后完成了客车、电梯传动轴、机车风机、大型钢结构等装配和焊接自动化技术和工艺的研发，大部分技术成果已实现产业化；二是材料成型领域，"高强钢热冲压成形关键技术及装备"和"高温气胀成形关键技术及装备"取得重大成果，达到同类研究的国际先进水平。

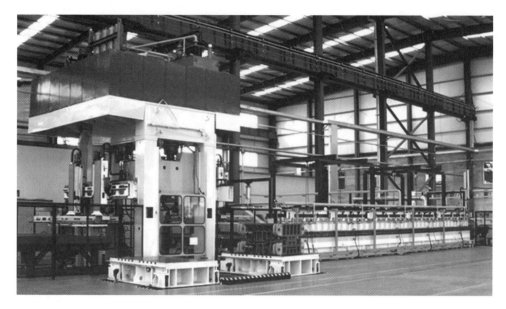

热冲压自动化生产线

"高强钢热冲压成形关键技术研究及装备制造"2013年起已经在山东大王金泰集团实现了产业化,并成功在北京凌云工业、吉林鸿峰等企业得到推广应用。"这个项目的推广应用突破了发达国家在该领域的技术垄断,降低了热成形企业的生产成本,推动了热成形制造业的技术进步和产业升级,将推动我国汽车、特种装备及军工行业的变革性发展。"这项国内首创的技术2015年获得山东省技术市场金桥项目一等奖,2016年获得东营市科技进步奖一等奖。"目前正在开展的高温气胀成形关键技术采用一次成形代替多次拼焊,可实现中空结构等强替代实体结构,大幅提高产品质量和生产效率,同时减重效果明显,在军工、工程机械等领域有广阔的应用前景。"赵洪运自豪地说。

说起东营市广饶县,可算是赵洪运多年的"老朋友"了。作为山东省工业强县,2013年广饶县工业总产值超过3 800亿元,其中与威海校区专业方向紧密相关的石油化工、汽车零部件、先进装备制造、新材料等领域总产值达到2 000亿元左右。2014年双方的合作进入"蜜月期",人员往来频繁，同年 6 月 10 日哈工大东营工业技术研究院在广饶成立，赵洪运担任院长。"研究院的成立一方面为双方的合作建立起常态化、规范化的保障机制，另一方面也为我校区相关学科教师提供了成果转化和服务社会的渠道。"如今他们的合作项目已经完成并实现产业化的就有 5 项，正在进行的还有 6 项。

赵洪运现在每次去广饶，都有企业追着问"有没有新技术"。其实，与企业的合作最初也不是很顺利。"首先得让企业信任你，知道你能帮他们干成事。开始的时候要主动一些，了解企业需求，帮助他们解决实际问题，不要追求回报。等最初的信任建立起来后，企业有大的问题就会主动来找你。"

"很多年轻老师认为与企业合作很难，其实不然，只要你有好想法、好技术，企业很愿意提供支持，帮助你完成研究。"赵洪运总结科研经费有两条来源：一是来自国家的经费，资金有限且要求严格；二是来自企业的支持。"企业不缺钱，缺的是技术。"目前赵洪运他们的团队已进入良性的发展轨道：来自企业的经费支持不仅让他们完成了实际课题，还可以省下来开辟新的研究方向，用于基础研究。"来自实际的技术也有很多是前沿技术，领先技术，也能提炼出基金项目。"

回顾自己多年来与企业合作的经验，赵洪运表示校企合作一般从两方面进行：一是从高校出发，把前期的技术积累应用于企业，实现研究成果的产业化；二是从企业需求出发，开发满足企业转型升级的技术。"高校的优势在于研发能力和对于前沿技术的掌握。刚毕业的博士、年轻老师往往愿意从事基础研究，因为方便申请到纵向课题，可以发论文。但其实搞研究的都愿意看到自己的研究成果应用到实际中，对现实生产有促进作用。只有让实际应用和基础研究相结合，并在企业中推广，才是工程技术研究的意义所在。"

十多年扎根工程技术领域，赵洪运取得了丰硕的成果，通过成果转化和推广应用产生了巨大的经济效益和社会效益。2016 年，中国技术市场金桥奖评选中，经山东省科技厅推荐、国家科学技术奖励工作办公室组织专家评审，赵洪运获得突出贡献个人奖，成为获得这项技术市场领域最高奖项的22名个人之一。

"荣誉来得有点意外，但由此可见国家对于创新驱动发展的重视。"赵洪运说，"在'大众创业、万众创新'的新时代，在工业4.0、中国制造2025的大背景下，科技人员大有所为。"

2020年是哈工大建校的一百周年，一百年来哈工大秉承着"规格严格，功夫到家"的校训，始终把人才培养作为办学治校的第一要务和中心工作，始终牢记立德树人的根本任务，为国家经济建设，特别是航天国防事业的发展做出了卓越的贡献，作为一名哈工大人，赵洪运感到无比骄傲。

哈工大有一校三区，威海校区创建于1985年，距今也有35年的办校历程。这些年来，威海校区始终坚持"以人才培养为根本，立足海洋服务山东，拓展国防，走向国际，面向国民经济主战场"的办学定位。展望未来，哈工大威海校区要充分发挥地域和特色优势，与校本部同步发展，不忘初心，牢记使命，随着哈工大建设"中国特色、世界一流、哈工大规格"的百年强校，威海校区也将建设成为与哈工大创建一流大学相适应的高水平特色校区。

结缘**工大** 情系**威海**

张继春

HARBIN
INSTITUTE
OF TECHNOLOGY

　　张继春，工学博士，哈尔滨工业大学（威海）汽车工程学院副教授，CCTV10《我爱发明》"3D打印巧克力"发明人，山东省3D打印科普教育基地主任，山东省威海市3D打印及其应用技术公共服务平台主任，山东省汽车零部件快速设计制造工程技术研究中心主任。现拥有十多项发明专利，致力于大学生创新创业研究与指导工作18年，多年来在科技推广、科普宣传的道路上孜孜以求，潜心钻研，他不忘初心，追梦笃行，科普工作让他的人生更加精彩。

3D 打印科技让未来更美好

"不忘初心",科技创新不知疲倦

张继春从小就喜欢动手拆装一些家里的小电器,"鼓弄"一些常人想不到的"小发明",并且还是一个不折不扣的学霸,从初中起每次考试成绩都是年级第一,高考时因几分之差与清华大学失之交臂,最后被调剂到了哈工大(威海)。虽然有些遗憾,但还是进入了自己喜欢的工科大学,他很快调整了过来,一路保持"学霸"模式并顺利保研。在读研一的时候,就被学校留校任教,继而又在北京航空航天大学取得博士学位,2009 年晋升为副教授。

读书和教学期间,他一直痴迷于"科技创新"不知疲倦。

HRT 车队是学校汽车工程学院为参加 FSAE 大赛专门成立的一支学生方程式车队,是现在哈工大学生科技创新的一个品牌、名牌,曾在 2016 年获得全国大赛的"双冠王"。张继春就是该车队的创始人,2010 年车队实际用了半年时间就完成了第一辆赛车的设计制造,并在首届中国大学生方程式汽车大赛赛场上斩获多项大奖。他曾 16 个月研制出水上自行车。说起 2014 年投产的水上自行车,张继春颇为自豪。"这个想法最初是一个国外的朋友提出来的,据说国外有类似的产品。后来威海一家游艇公司联系我,表示希望能生产这样的产品,找我做研发。"张继春说,接到这个项目之后,他非常感兴趣,觉得这是一个很有意思的挑战。

从 2013 年 2 月开始，张继春在做这个项目的时候遇到了大量难题，但他不怕挫折，不断钻研，一年后，终于设计出完美的产品并投入生产。目前，该产品主要畅销韩国、美国、新西兰等 8 个国家。

登上央视，追梦路上成为业界"科创名人"

在做水上自行车的同时，张继春还在不断研究他的另一个项目——3D 打印机。同时做这样两个大项目，是一件非常辛苦的事情，但是在张继春看来，却乐在其中，不觉得苦。

虽然当时的设想看起来像个天方夜谭，但是在张继春的坚持下，3D 打印机已经取得了突破性的进展。

"目前 3D 打印机在我国处于快速发展与应用时期，低成本国产桌面级 3D 打印机打印速度、精度和稳定性都较差，而精度高的桌面级 3D 打印机全部依赖进口，价格昂贵。"张继春研制的高速高精度并联机构 3D 打印机填补了国内空白，如能实现产业化，可满足国内市场对低价高精度 3D 打印机的需求。

但张继春不满于目前对这种 3D 打印机的研发，转而进入到对食品巧克力的研究。他开始查阅资料，结合自己所学的专业知识，重点解决巧克力融化和凝固过程中的传热问题，将巧克力的打印工艺重点由液体供料技术向固体供料技术转换。经过了一年的研发煎熬过程，第二代巧克力 3D 打印机、第三代巧克力 3D 打印机陆续被研发了出来，不仅解决了巧克力的连续进料问题，而且打印速度、打印质量、打印高度等技术参数都达到了世界领先水平。

2016 年 3 月的一天，张继春不敢相信自己的耳朵，他竟然接到央视《我爱发明》栏目组的电话，说对他的巧克力打印很感兴趣，想通过央视平台进行推广报道。

于是，几个星期之后，央视栏目组一行对张继春进行了为期一周的采访拍摄，并在 2016 年 4 月 30 日《我爱发明》栏目播出 55 分钟。

张继春团队采用巧克力3D打印技术制作的个性化蛋糕

CCTV10《我爱发明》栏目录制现场

巧克力3D打印在CCTV10《我爱发明》栏目播出

节目播出后,张继春经常接到全国各地热爱科技发明、喜欢科技创新的"粉丝"的电话,为其解答科技发明问题,探讨业务合作,等等。

渐渐地,张继春上央视也在学校里引起"轰动",学校来访的重要客人,校长也经常带着去他的实验室参观,威海乃至山东省的对3D打印比较感兴趣的中小学生纷纷组队来参观。这下张继春成了哈工大的"红人",成为迄今为止,登上央视节目播出时间最长的一位"名人"。

潜心钻研,笃行科普责无旁贷

央视节目的播出对张继春来说是一个很大的触动,尤其是威海市中小学生来实验室参观,他觉得这些孩子具备很好的科创素质,但缺乏基本科创启蒙、科创实践，为什么自己不能给这些孩子搭建一个更好的平台呢，为什么自己不能做一些科普推广工作呢？他感觉责任很大，于是团队逐渐由"科创"转型带"科普"，张继春由此走上了科普推广的道路。

就像当初在哈工大（威海）创建大学生赛车队一样，张继春的理念是，威海的学生不能落后。对于已经开始在全球范围内开源的 3D 打印技术来讲，张继春同样是这一理念，"让威海的孩子们早一点看到 3D 打印机"的想法在 3D 打印机研发之初便深深埋在了张继春的心中。要进行科普，首先必须有宣传平台，张继春于是联系了校宣传部、威海报社、威海电视台等多家媒体，在威海地市范围内第一次在学校网站、报纸和电视上全面介绍 3D 打印技术，使威海的孩子们和广大民众开始对 3D 打印技术有了全新的了解。威海广大民众对 3D 打印技术是非常渴求的，在宣传之后，威海很多企业家甚至老百姓都开始向张继春打听 3D 打印技术。一天下午 3 点左右，一位穿着朴素的 70 多岁老者敲开了研究院二号楼 314 房间（张继春最初 3D 打印机研制地点），恰好张继春正在和同学们调试第二台 3D 打印机。这位老者就是专门来一睹 3D 打印机真颜的。老者的一句话感动了张继春，也坚定了张继春做 3D 打印技术方面科普的决心。老者说："我是荣成人，从电视上看到您这边发明 3D 打印机。我坐了 3 个多小时的车过来就是为了看看到底什么是 3D 打印机。我活了一辈子，没见过多少先进的科学技术，如今在您这里看到了 3D 打印机，我这一辈子也值了。"送走老者，张继春陷入沉思，他开始琢磨高校教师进行科研工作的价值和意义。虽然在部分学校里面的教授们看来，3D 打印技术并不是特别高端的前沿技术，无法使张继春的职称尽快有所突破，但推广和科普这一技术，是高校教师及科研工作者不可推卸的社会责任。

科普工作必须走出去。在领导的支持和鼓励下，张继春带领实验室的同学们带着 3D 打印机走进了威海市科技馆，走进了威海市中小学，进行讲座和现场 3D 打印技术展示。哈工大（威海）对张继春的科普活动非常支持，在教务处和汽车学院的大力支持下，张继春的 3D 打印创新实验室正式成立。

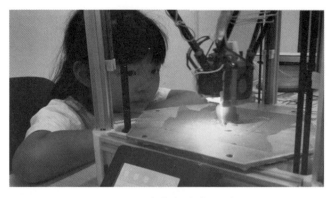

3D 打印科普走进中小学

科普工作也得走进来。现在实验室面积扩大了,打印机数量也多起来了,张继春于是采用了开放实验室的形式进行科普活动。自 2014 年初,张继春的 3D 打印创新实验室便开始向威海市的中小学生免费开放。一经启动,想到实验室参观的学校就排到了半年之后,而参观的形式也差不多变成了以学校或班级为单位进行集体参观。粗略统计,每个周末接待的人数不少于 200 人,2014 年接待参观的总人数肯定超过了万人。每次参观时,实验室里总是塞得满满的;每次参观完,张继春和同学们都累得筋疲力尽。虽然很累,但看到孩子们获得知识后兴奋与满足的表情时,张继春非常知足。当然,科普的对象和范围绝不仅限于中小学生。在接待参观的时候,经常需要打印演示,需要耗费大量的耗材。张继春的实验室当然离不开学校的早期支持,但后来的耗材费用都是由张继春个人支付的。免费的参观让家长们有些疑问,有些家长问张继春做这种科普图的啥,张继春笑了笑,简单地说了句:"我就是想让咱们威海的孩子早一点看到 3D 打印技术,使我们的孩子不落后于别的城市。"

学校对张继春在科普方面的工作充分肯定,给予了更大的实验室场地支持,在大学生创新创业基地里特批了实验室和加工区。所以除了参观之外,张继春在中小学的日常科普活动中,又增加了动手操作体验的环节,孩子们不仅能够看到 3D 打印,还能够亲自操作 3D 打印机,甚至还可以动手组装 3D 打印机。参观的内容也扩大了,涵盖了 3D 打印、无人机及大学生赛车等多方面的内容。

2014 年 12 月,哈工大(威海)3D 打印创新实验室被评为山东省科普

3D 打印创新实验室系列科普活动现场

教育基地,这一科普基地的落地,证明了张继春的前期科普工作取得了科协和社会的认可,使张继春对科普工作更有信心,更有韧性。张继春于是在更大范围内开展科普工作。

张继春的科普不仅针对中小学生,山东大学(威海)的同学们也经常到实验室来参观并进行各种实践活动。2016 年 10 月,山东生产力促进中心与哈工大(威海)共建了"威海市 3D 打印及其应用技术公共服务平台",双方约定利用双方的快速成型机、三坐标测量机及三维扫描仪等专业设备,为威海市大学生提供 3D 打印众创空间,向社会提供 3D 打印方面的科普教育,开展 3D 打印技术科研项目研究,培养专业化人才。

发挥高校优势,科普推广让人生更加精彩

创新是生命力,是科研工作的生命力,也是科普工作的生命力。要想科普工作做得长远,必须不断创新。

高校的第一个优势是创新的持续能力。

首先是技术上的不断创新,在 3D 打印机方面,在塑料 3D 打印和巧克力 3D 打印取得成功后,张继春又带领实验室同学继续攻关了陶瓷 3D 打印、硅藻泥3D打印、油泥3D打印、煎饼3D打印、食品3D打印及混色3D打印等技术,在桌面级3D打印技术方面始终走在国际前沿。除了3D打印机之外,实验室也在机器人技术、新概念智能车辆方面取得了较大的进步。只有在技术上不断创新,才能在科普的时候向中小学生展示最新的技术水平。在威海市科协的支持下,通过与威海市科技馆的通力合作,实验室陆续开展3D打印科普讲座和人工智能展等活动,更大范围地促进了3D打印科普工作的开展。

其次是科普推广模式上的不断创新。科普讲座和参观体验都是太传统的模式,张继春今后准备充分利用自媒体平台,在抖音、快手、今日头条等平台录制科普讲解小视频,建立大众科普矩阵,让更多的人受益。

高校的第二个优势是强大的师资队伍。

张继春发现,在政府的财政支持下,2015—2018年间,威海市的大多数学校都购买了3D打印机,所以越来越多的学校和老师对3D打印机都已不再陌生。但却出现了一个非常奇怪的现象,这些3D打印机基本上在学校里都是在"睡大觉",没有起到打印的作用,更不要提起到教书育人的作用。作为常年研究3D打印技术和3D打印教育的高校教师,张继春一眼就看到了问题所在:在政府的支持下,购买硬件不是问题,问题在于中小学没有能进行真正3D打印课程授课的老师,而这一问题,只有工科高校能解决,因为工科高校有强大的师资优势。

于是他决定开展实训式科普教学。让每个孩子都能操作3D打印机打印自己所设计的东西,才能让孩子们真正掌握三维设计和3D打印技术。"人手一台电脑,人手一台3D打印机。"这个想法在张继春头脑中显现。然而对于只有一两台电脑的学校来说,这个想法是多么大胆啊。要做到这一点,必须设计出一款价格低廉、性能优异可靠的教学用3D打印机。张继春又是花了半年多的时间,和企业一起设计出了一款成本控制在千元以内的迷你型教学用3D打印机。

机器有了,更重要的是课程。本身就是此领域内的高校教师,研发课程自然不在话下。在学校的大力支持下，为推进哈工大（威海）的科普教育工作，结合3D打印实验室的技术及业务特点，准备5年内在1 000所中小学建立"哈工大（威海）中小学科技创新科普教育基地"，简称中小学科创科普教育"千校联盟计划"。从该计划启动到现在半年多的时间，张继春带领自己的团队，带着自己的3D打印机，带着自己的科创科普课程，已经在12所学校建立联合科创科普实验室，并陆续开设相关课程。

由于在科普方面的不断努力和突出贡献，2019年，哈工大（威海）3D打印创新实验室再次被评为山东省科普教育基地，张继春所带领的3D打印科普团队被评为山东省科普示范团队。张继春本人也被评为新时代优秀科普工作者（全省仅18名），其事迹被学习强国等权威媒体陆续报道。

从懵懂少年到进入工科院校，从一名教师成为一名创客，从一名创客成为一名家喻户晓的科普工作者，一路走来，张继春无怨无悔，在他心里，

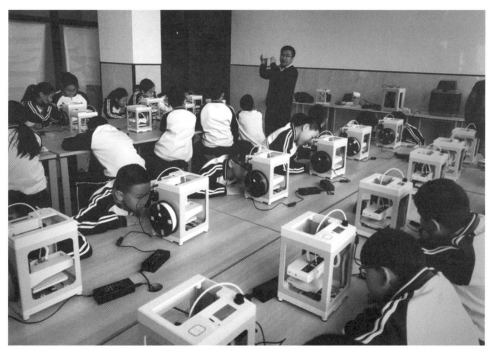

部分中学联合实验室及3D打印科普课堂

科普推广、科普宣传任重而道远，只有坚持不懈地做下去，在未来的日子里，才能使得更多青少年及广大爱好者受益。他不忘初心，追梦笃行，只有坚持不懈地做下去，也才能使自己的人生更加精彩！

　　回首看，张继春在哈工大威海校区学习和工作已经二十多年了，这二十多年来，学校的日新月异，使张继春既激动又自豪。"规格严格，功夫到家"，这一句朴实无华的校训，从1996年张继春入学开始，一直铭刻在他的心中，使他心无杂念，笃信前行。正是这一句朴实无华的校训，鼓舞着无数哈工大人一直在拼搏前进。他深信，在这朴实无华的号召下，所有的哈工大人，会更加努力地学习，会更加辛勤地工作。哈工大会越来越好！哈工大会越来越强！

结缘**工大** 情系**威海**

宋晓国

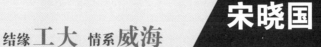

HARBIN
INSTITUTE
OF TECHNOLOGY

  宋晓国，2012年哈工大博士毕业后进入哈尔滨工业大学威海校区工作，现为哈尔滨工业大学（威海）长聘教授、博士生导师，研究方向为先进材料及异种材料连接。担任材料科学与工程学院副院长、山东省特种焊接技术重点实验室主任、哈尔滨工业大学（威海）分析测试中心主任。入选教育部青年长江学者、山东省青年泰山学者、哈工大青年拔尖人才、中国焊接学会创新平台计划。主持国家自然科学基金青年及面上项目、国家重大科技专项子课题等30余项。以第一或通讯作者发表学术论文100余篇，近两年来在材料加工领域top期刊上发表12篇高水平文章，授权发明专利26项。

"咬住"目标 把愿景变成实景

从讲师到教授博导再到校区最年轻的中层干部,从"白手起家"到有自己的课题组、实验设备和科研项目,来校区工作七年,宋晓国结结实实"打"下了一片天地。他个子不高,却顶天立地、敢想敢为;貌不惊人,却有胆有识、雷厉风行。他说:"走到现在我很知足,但不满足。我要和团队、同事们一起,走得更高更远。"

为梦想奔波,心是满的

宋晓国出生在山西的黄土高坡,在刮过山坡的阵阵大风和种满玉米高粱的田地间撒着欢儿长大。村里二十几个同龄的玩伴,读到高中的只有他一个。

也许是看惯了黄沙漫卷的落日城楼,宋晓国对冬雪飘飞的北国心生向往,"听说哈尔滨雪下得很大,有雪的地方一定很干净。"怀着对"千里冰封、万里雪飘"的壮美憧憬,他在高考志愿上郑重填上"哈尔滨工业大学",并考入焊接这个哈工大"王牌专业"。

宋晓国读书是块天生的"好料子",他从来不搞题海战术,对着一道类型题一琢磨到底,其他题目触类旁通。在哈工大求学的日子里,宋晓国除了认真做学问,还做家教贴补家用,因为知识点讲解通透、讲课生动,他很快在家长中做出了口碑,后来又通过严格的筛选进入新东方做高考辅导,讲台上的他激情四射,一度成为备受学生推崇的"明星教师"。那时他月入过万,硕士毕业的时候,他赚的钱已经能在哈尔滨置一套小房产了。

对大学时代的宋晓国来说,为生活所迫的责任、为父母分忧的急切共同催动了强烈的赚钱欲望。但生活条件改善之后,空虚感却日益涌了上来。有时候一天的大课上下来,他躺在宿舍床上望着天花板,心中空荡荡的,不知道自己到底在忙些什么。他说:"长远来看,人还是得有目标、有梦想,这样忙过累过,心是满的。"

宋晓国那时还没有发觉,这样的梦想,已经在哈工大的求学生活中不知不觉间埋下了种子,并日益发芽生长,最终决定了他人生的选择。硕士毕业工作两年后,事业顺风顺水的他再次回到哈工大攻读博士,师从冯吉才教授从事陶瓷与金属异种材料连接方向的研究。"就是有那么一个为国家做科研的梦想,一天比一天强烈。"在宋晓国心中,家国情结就像一个越来越急切的召唤,唯有听从,心才安定。他说,在哈工大读过书的人更能理解这种执着:"我本科同学,38岁,3个孩子的爸爸,刚考回学校读博了,不为钱不为名,就为了心里这个梦。"

2012年,宋晓国博士毕业,进入哈工大的威海校区。从承接第一个项目开始,他就遵循一个铁则:"做科研肯定有取舍,我和团队承接项目,首要考虑的是对国家有什么样的贡献,一定要先满足这一点,钱是次要的。"

"答应的事儿,接下的活儿,脱几层皮也要做好。"

宋晓国生性喜静,又长于交往,有"坐得住板凳"的定力,也有"走得出路子"的魄力。他经常天南海北跑项目、谈合作,每年至少要飞八十多次,高铁和客车更是数不清坐了多少次。

"谈业务和做研究不同,做科研是非黑即白,但是谈合作就需要回旋和折中,逢山开路遇水搭桥,想方设法把事儿做成。"

宋晓国说,科研要做好,没有不吃苦的。"哈工大人实在,不会轻易许诺,一旦答应的事儿,接下的活儿,脱几层皮也要做好。"

宋晓国团队的项目与航天联系紧密,经常要到偏远的地方做现场调试。

这些年来，他因为工作大概一年跑10次北京，却从没进过三环，跑10次上海，却从没到过外滩。凌晨3点多起床，赶6点多的飞机，快中午赶到调试现场，胡乱吃一口开始干活儿，晚上坐飞机往回赶，夜里十一二点到家，这样的时间表他早已经习惯了。

2014年申报国家重大课题专项时，天气湿闷，宋晓国窝在北京的酒店没日没夜地设计方案、写材料，整整7天没下楼，捂出了一身带状疱疹。另一次经历称得上"狼狈"，他赶到天津郊区做调试，现场气温超过40摄氏度，汗水淌到眼睛里。等他带着一身黏腻回到旅馆时早已经饥肠辘辘，那里却没有任何东西果腹，于是他又打听着路走了半个小时来到村里的市场，不巧市场遇到火灾休市了。最后他好不容易辗转在街边小卖部买到一桶方便面，简直如获至宝。"那是我吃过最好吃的东西了。"

问起宋晓国这样奔波累不累，他沉吟片刻，似乎从没仔细想过这个问题。"事情越多，就越关注该怎么解决，其他的倒没时间去想了。有时候也会觉得累，但更多的是成就感。"

对宋晓国来说，科研报国是心之所向，培育学生是心中所爱，动力源于此，成就也源于此。他把做科研的前沿动向和实战经验传授给学生，把硕士、博士生送到国外联合培养，鼓励他们学成归来为国效力。"一代接着一代干，为祖国做科研，才会有真正的自豪感和归属感。"

身为人师，宋晓国也在用一腔热血践行"为祖国做科研"的承诺。7年间，他和团队成员紧跟国家重大需求，在国家科技重大专项支持下，开发了国内首套表面活化连接复合装备，解决了航天轻质钛、铝等材料连接过程中氧化膜去除的技术难题。与航天单位合作，研发的火箭贮箱多余物自动清理检测系统填补了国内空白，为我国下一代火箭研制保驾护航。与航空单位合作，开发了航空发动机新一代报警器膜盒成套焊接技术并形成标准，打破了国外"打包售卖""整体更换"的技术垄断。

对这一路走来的不易，宋晓国一语带过。"可能当时很困难，走过来了也就不觉得了。"

我没想着服众，我就是给大家服务的

2018年1月，35岁的宋晓国出任材料学院主管科研的副院长，成为校区最年轻的中层干部。

"没觉得年龄和资历是一种压力，"宋晓国笑着说，"我没想着服众，我就是给大家服务的。我'嗅觉'比较灵，看到好的方向和资源，就拉着大伙儿一起筹划着做些事情。更何况我长得比较老成，"宋晓国露出了幽默的一面，"很多大我几岁的人头一次见面都喊我'宋哥'。"

正如读书时不搞"题海战术"一样，宋晓国"当官儿"也不是"眉毛胡子一把抓"。"抓重点、抓方向，有目标、有规划。"他简短地说。"走马上任"不到三个月，宋晓国深入理清了学院的科研脉络，在院长张鹏教授及学院骨干教师的支持下，大刀阔斧进行资源整合，把院系较为分散的科研项目和方向重新整合，结合国家重大需求和校区发展需要组建了十个科研团队。教师们不再"单兵作战打散枪"，而是"集中火力闯难关"，这种"战术"卓有成效，学院在科研项目、科研成果、平台建设及成果转化等方面较去年有了大幅提升。

"我们下一步还有三年计划、五年计划，

宋晓国学校留影

宋晓国参加交流会

十个团队还要进一步凝练，组团做大事，其中两三个团队要重点发展，五年内实力跃上新台阶，抢占新材料领域科技发展的制高点，为威海校区的发展建设提供材料学院的增量。"

"有信心才能成事。"宋晓国不断"加火添柴"，让大家的心气儿燃得更旺。老师们取得了成绩，他马上"追着"做宣传。随着一个个成果和荣誉在校院网站、教师群里相继"炸开"，学院教师们做科研的心气儿也是"芝麻开花节节高"。

士气鼓起来，眼界也要放得开。"做科研不能看着自己那一亩三分地，知己知彼，才能有的放矢。"宋晓国说。材料学院在国家自然科学基金评选中成绩飘红，老师们正在兴头上，宋晓国却在总结大会上拿出了一组详尽的大数据对比，与一校三区、兄弟高校、全省全国的成绩进行横向、纵向比较，优势和差距都一目了然。大家提振信心的同时，又产生了时不我待的危机感。

"我有把事情做好的决心，但是也有很多不足，"宋晓国说，走上管理岗位，他也在不断自省，"我的脾气比较急，有时候话容易说重，这个得改。"

宋晓国性子虽急，心却很细，他干事风风火火，但谋事谨慎周全。除了在院系担任管理层工作，他早在2013年就在校区分析测试中心"挑大梁"。在校区领导支持下，他负责分析测试中心的筹建，顶层设计十分周密，运行流程环环相扣，中心统一配置、统一采购、专人管理，几年下来，中心运营经过实战考验，没有出过任何纰漏。"我在哈工大读书的时候，跟那边分析测试中心的老师们关系特别好，我对中心运转模式比较留心，经常跟他们聊运营的优势和弊端，对细节了解得很清楚。"

如今分析测试中心利用率很高，每年为学校创收50余万元，不仅成为全校共享的分析测试平台，而且为威海当地的企业乃至山东半岛的企业、高校院所提供测试服务，口碑和影响力逐步增加。

"想得深、看得远、动得快"是大家对宋晓国的共同评价。"宋老师虽然年轻，但是思路特别清晰，抓工作特别实，有大局意识、有担当、有威信、有领导力，"材料学院党委书记赵常信说，"在材料学院，相当一部分骨干教师都是80后，这些年轻人就像一团火，带着那么一股不服输的劲头，他们就是材料学院的未来。"

"我们一刻也不松劲儿，就这样'咬住'目标往前走，"宋晓国掷地有声，"一天，一个月，一年，三年，五年，小成果到大成果，小目标到大目标，一点一点，把愿景变成实景。"

回想起刚走进哈工大的日子，宋晓国觉得恍如昨日。"20年前，我意气风发进入哈工大，现在回想起来恍如昨日。从本科、硕士、博士到留校任教，从懵懂少年到而立之年，人生中最美好的时光都在哈工大度过。"他说："哈工大不仅给予我扎实的专业知识和一流的研究平台，更教会了我如何做人做事,'规格严格,功夫到家'的校训早已铭刻心中,融入血液。我爱哈工大,为自己是一名哈工大人感到无上的光荣和骄傲。"2020 年是哈工大建校 100 周年,也是威海校区建校 35 周年,作为一名哈工大人,能见证这一刻是他一生的幸运。"我坚信在所有哈工大人的共同努力下,哈工大必将成为'中国特色、世界一流、哈工大规格'的百年强校,为中华民族伟大复兴、人类文明进步做出新的更大贡献!"他眼神坚定,眸光里盛着的,是一片锦绣未来。

王剑锋

结缘工大 情系威海

HARBIN
INSTITUTE
OF TECHNOLOGY

  王剑锋，哈尔滨工业大学（威海）汽车工程学院副院长、副教授，2003年7月参加工作，一直担任HRT车队指导教师。10年来，带领HRT车队为哈尔滨工业大学（威海）获得了100多项国内外大奖。

弦歌不辍　传承的力量 | 45

让哈工大赛车驰骋国际赛道

在工作的赛道上，王剑锋是一位出色的选手。他于1999年考入哈尔滨工业大学（威海）机械设计制造与自动化专业，从此与车结下不解之缘。2003年7月，王剑锋进入汽车工程学院车辆工程实验室工作，从步入工作轨道的那一刻起，他就启动引擎，加大马力，以坚毅和执着，挥洒速度与激情。

车，是王剑锋工作的轴心。他主讲两门车辆工程的专业课，担任三门主干课的实验教学任务。王剑锋热爱专业，更热爱学生，他先后担任了五个班的班主任，凭借出色的表现两次获得"优秀班主任"称号，并且在2007年获得优秀班主任"金烛奖"。近几年来，王剑锋先后指导了潍柴"动力杯"山东省大学生汽车科技创新大赛、超级瑞萨智能车大赛、中国大学生汽车造型设计大赛和大学生方程式赛车大赛四项学生科技创新活动，多次获得"优秀指导教师"的荣誉称号。

2009年，大学生方程式赛车项目引入中国，这个消息点燃了王剑锋的斗志和决心，他立刻抓住时机，将很多热爱赛车的同学组织起来，成立了现在的HRT(HIT Racing Team)车队。车队的运转需要投入大量的资金和精力，王剑锋积极协调，不懈努力，为车队营造更好的工作环境，并与很多企业建立了良好的合作关系，为赛车提供资金和实物方面的资助。在资金紧张的时候，王剑锋甚至拿出自己的积蓄来维持车队的运行。

2010年的暑假，是一段难忘的时光。回忆起那段时光，车队老成员们记忆犹新："夏天的车间简直是个蒸笼，外面树又多，每天都被蚊子咬得不行。底盘设计好之后要去工厂加工，王老师就带着我们顶着大太阳，一趟趟往模具厂跑。虽然很辛苦，但那段时间也是学东西最多的时候，课本上的理论知识在我们的手里一点点变成了实物，那种感觉真的特别棒！"在王剑锋的悉心指导下，团队分工合作，上下一心，为追逐梦想而不懈努力，攻破了一个又一个难题，闯过了一道又一道难关。他们一点点学习和钻研，不到半年的时间，攻克了发动机、变速箱设计改装及车身工艺设计、加工成型等主要技术难题。寒来暑往，夜以继日，王剑锋用实际行动感染每一个人。辛勤的努力，换来的是骄人的成绩。

2010年9月24日上午，首辆"哈工大制造"、以碳纤维为主要制造材料的赛车HRT10在步行街揭开了神秘的面纱。这辆车身主色为蓝色、造型流畅动感的赛车，惊艳了前来围观的同学，在一个月后的中国大学生方程式汽车大赛（FSAE）赛场上，同样吸引了无数赞赏的目光。而这辆外表炫酷的赛车，也在首届中国FSAE赛场上表现不俗，赢得了最佳外观、最佳视频、年度综合奖三项大奖，总成绩排名全国第九。首战初捷，这对全体HRT队员来说，无疑是最好的鼓励和奖赏。比赛的喜悦之后，王剑锋和队员们一起总结经验和教训，开始为下一赛季而积极准备，而同时，哈工大人血液里的不满足现状、善于钻研、勇于创新的基因也逐渐凸显出来。

2011年，队员们在传承HRT10赛车碳纤维双A臂独立悬架等设计优势的基础上，自主设计出了国内首例重量更轻、性能更好的碳纤维单体壳车身，并配合搭载了集成式方向盘、气动换挡技术、碳纤维悬架、电动无级调节空气动力学套件等一系列国内领先技术。第二届中国大学生方程式汽车大赛中，这辆车身同样为蓝色的HRT11赛车在上海国际赛车场再掀"蓝色狂潮"，在36个国内外参赛车队中荣获赛车设计项目第三名的好成绩。

2012年设计制造的HRT12新赛车开出国门，参加了在日本举行的大学生方程式汽车大赛。这年9月，HRT12赛车与同济大学车队代表中国车队参加了 FSAE 日本站的比赛，并凭借靓丽的流线型外形和多项技术亮点赢得了众多专业裁判的赞赏，荣获 CAE 特别奖和完赛奖。

2013 赛季是 HRT 收获最多的一年，HRT13 在燃油组表现抢眼，获得赛车设计第一名、CAE 分析第一名、CAE 视频第一名、轻量化设计第一名、耐久赛第三名，总成绩第二名的好成绩；初次亮相的首辆纯电动赛车 HRTE1 在电车组中获得营销报告第四、赛车设计第三的好成绩。这一年，哈工大人自行设计制造的赛车首次开进了德国霍根海姆赛车场，参加了被公认为代表着大学生方程式汽车大赛世界最高水平的德国大学生方程式汽车大赛。

2014 年 9 月。HRT 车队携 HRT14C 和 HRT14E 参加了在日本静冈举行的 2014 年第十二届日本大学生方程式汽车大赛，燃油赛车获得轻量化第三名，电动赛车获得最佳新秀奖。车队的队员们在与其他国家参赛车队、各

2015 中国汽车工程学会巴哈大赛

高校指导教师的深入交流中收获颇丰；而在第五届中国大学生方程式汽车大赛（FSC2014）中，与德国卡尔斯鲁厄理工大学的 KIT 车队和斯图加特大学的 Green Team 车队的交流，也让 HRT 收获了更多奖项和名次之外的宝贵经验。

走出国门参赛和与国外车队的交流，拓展了 HRT 队员的眼界和胸怀。在德国比赛时，队员们深刻体会到德国深入人心的汽车文化、精湛的制造技术、先进的管理理念和严谨的工程师素养。在看到自身差距的同时，哈工大人的使命感与责任感也越来越强烈，他们的目标不再仅仅是"造世界一流的赛车"，也希望能为中国汽车工业的发展做出自己的努力。

2016 年赛季，HRT 依然继续着创新的脚步，经过了 7 年积累的 HRT 车队，终于迎来了它的收获季。10 月 21 日， HRT 车队在 2016 年中国大学生巴哈赛事中夺得全国总冠军，并代表中国参加世界最高水平的美国大学生巴哈比赛。11 月 11 日，2016 中国大学生电动方程式大赛（FSEC2016）中， CSG-HRT 电车队夺得全国总冠军。对所有的 HRT 队员来说，"双冠王"不仅仅是一种荣誉，更是车队 7 年来一届又一届队员传承、创新、努力、拼搏的最好见证与回报。

HRT 在 2017 年依旧坚持创新，并且开始设计制造全新的无人驾驶方程式赛车。2017 年赛季中，HRT 车队的设计突破往年的形式，将电池集成为一体，采用双电机 V 型布置方案；人机系统改变了传统设计观念，进行了创新设计，将车身造型与碰撞吸能装置结合，采取了全新的碰撞吸能鼻锥的设计，并且一改传统车队采用的防火墙设计及布置方案，通过研究座椅上的复合材料运用，使得座椅具有防火功能，即国内首创的创新技术。在控制策略方面，学生自主设计了控制器的基础模块，使其可以实现牵引力控制、扭矩矢量控制、双电机电子差速控制等，创新设计的动能回收系统可实现 9% 的能量回收，这将极大地提高电动车的能源利用率。2017 年 9 月初，HRT 车队征战日本静冈，参加全日本大学生方程式汽车大赛，在大赛期间，2017 年新赛车的设计均得到各企业裁判的认可，HRT 油车获得了赛车设计第三名,创造了历史上中国车队在全日本大学生方程式汽车大赛赛车设计奖项的最好成绩;HRT电车人机系统的优秀设计获得了人机设计奖第二名,赛车极为轻量化的设计与动力控制策略相配合,使得电车获得了最佳效率奖第一名、轻量化设计第一名。在中国赛中,斩获赛车设计第二名、Honda奖二等奖、最佳电气系统和线束设计奖第三名、效率第二名、易车原创内容奖等;油车获得ANSYS设计二等奖、ANSYS视频奖、轻量化设计一等奖,赛车设计第三名等。首次参加比赛的无人驾驶赛车队,获得过中国赛亚军。

2018年,HRT车队研发出来赛车四电机驱动控制、无人驾驶赛车多传感器融合以及发动机水温油温智能控制等国内外顶尖技术。在2018年的比赛中,4支车队共获得中国赛赛车设计第一名、无人驾驶系统设计第一名等23项大奖。巴哈越野车获得中国总冠军,无人驾驶方程式赛车获得全国亚军,电动方程式获得全国季军。

2019年HRT车队继续延续了HRT创新的传统,并强化车队管理,加

2018第九届中国大学生方程式汽车大赛哈工大HRT赛车队合影

大对学生的团队教育和创新教育。同时，也迎来了车队历史上首个10年队庆。HRT已经毕业的队员，在王剑锋老师的号召下，100多人返校，并参加了HRT车队10周年的庆典和活动。同时，车队也不辱使命，在中国赛中获得无人车赛车设计第一名、无人驾驶系统设计第一名、操控性测试第一名等好成绩。

一路走来，车队从无到有，规模一天天壮大，从原来的20多人、1个车队的大学生创新团队已经发展成为180多人、4个车队的大学生创新团体。车队队员来自于全校的大部分院系，协同合作，共同创新，参加了中国、德国、日本的10多场比赛。10年期间车队设计制造了24辆赛车，车队累计获得赛车设计、高速避障、ANSYS设计和轻量化设计第一名等国内外140多项大奖；在德国和日本的比赛中，获得的轻量化第三名、最佳新秀奖、CAE特别奖等创造了中国车队在国外单项比赛的最好纪录。2015年，车队获得了哈工大"五四奖章"荣誉称号。2016年，HRT电车队和HRT巴哈车队分别取得了全国总冠军的成绩，成为中国大学生方程式赛车史上首个"双冠王"。同年，HRT车队还荣获国家开发银行创新奖、工信部"工信创新创业"奖和哈工大十大"优秀科技创新团队"。2017年获得共青团

荣获全国"小平科技创新团队奖"哈工大HRT赛车队合影

中央颁发的"小平科技创新团队奖",并在2018年以优异的成绩获得验收。2019年HRT孵化的创业公司威海坦途汽车科技有限公司获得工信部创业特等奖,并获得第五届中国"互联网+"大学生创新创业大赛铜奖。

HRT车队作为学校创新型人才培养的重要平台,不断完善人才培养机制,积极尝试校企联合和多学科融合的新工科培养理念,与国内外20余家企业开展了深入合作。车队成立9年来,已经毕业了1 000多名学生,大部分队员进入一汽、上汽、大众、华为等世界500强企业,还有一部分队员选择国内外的著名大学继续深造。

风雨不畏,砥砺前行,而陪伴车队一路走来的王剑锋老师,在队员们心里一直是"车队的灵魂。10年来,他指导一届又一届队员参加了大大小小10多场比赛,车队展示柜里每一个奖杯上,不仅浸透了队员们的辛勤汗水,也饱含着王老师的默默付出。他带领着一群对赛车满怀热爱与激情的HRT人,驾驶着自己设计、制造的赛车,驰骋在国内外大学生方程式汽车大赛的赛场上,用自己的汗水与拼搏,在奖杯上书写了属于哈工大人的传奇。

赛车的迷人之处,在于速度与激情。HRT赛车带着哈工大"规格严格,功夫到家"的校训,不断奔跑于赛道上,在一路奋斗中迎来哈工大百年校庆,在勇于突破中践行哈工大人育人使命。

在工作的赛道上,速度背后是默默付出,激情背后是执着坚守。而王剑锋,都做到了。未来,HRT车队作为威海校区特色科创育人平台,将在王剑锋的带领下,驰骋向前,培育更多优秀精英人才,真正成为威海校区人才培养的品牌。

商海驰骋　创变人生

　　创业是一条布满荆棘、行进艰难的路。创业者是一群百折不挠的勇士,在中国经济发展的大潮中摸爬滚打,在狂风骤雨的锤炼中日益强大。有志者事竟成,破釜沉舟,百二秦关终属楚;苦心人天不负,卧薪尝胆,三千越甲可吞吴。商海波涛汹涌,但他们不畏艰难险阻,坚守创业梦想,演绎出一段段精彩的人生篇章。

朱 彤

结缘工大 情系威海

HARBIN
INSTITUTE
OF TECHNOLOGY

朱彤，哈工大1987级信息处理显示与识别专业校友，中国节能环保集团六合天融环保科技有限公司创始人，中节能环保装备股份有限公司董事长。哈工大北京校友会副会长，哈尔滨工业大学（威海）创业导师。

天融哈工大人的创业之道

引 言

> 创业时,哈工大这块金字招牌是我们几个人共同的精神支柱,有时我会感觉自己身上像戴了一块"护身符","天融"就是哈工大人的融合。
>
> ——朱彤

在国内的环保领域,有一个知名品牌——"天融环保",它是由哈工大电气工程系8763班校友朱彤、8765班校友王昕竑、8765班校友赵文峰、8763班校友郭炜以及8965班校友宋茂群组成的创业团队创立而成。一路走来,天融团队取得了诸多业绩和荣誉,通过多轮企业重组打造出的央企控股上市公司中节能环保装备股份有限公司(中环装备股票代码:300140)秉持大国工匠产业报国的决心,致力于成为国际一流的节能环保装备制造与综合解决方案的提供商。目前拥有20余家子公司、10个高端节能环保装备产业园,业务分布在全国各省市及全球50多个国家和地区。还拥有院士专家工作站、博士后培养基地、硕士联合培养基地、联合实验室科研平台,拥有强大的科研队伍及创新能力。主持并参与制定数十项国家标准、行业标准,承担多项国家课题,多项产品荣获国家级、省部级科技进步奖。目前拥有专利四百多项,还拥有"全国'五一'劳动奖状""中国环保产业首批 AAA 级信用企业"等一系列令同行羡慕的称号。

坚守规格，苦练功夫，天融人的求学之路

> 从考入哈工大的那天起，我的人生就和学校紧紧地连在一起了。
>
> ——王昕竑

哈工大电气工程系（6系）历来重视素质教育，促使学生德智体美劳全面发展。正是基于这样的培养理念和模式，在20世纪80年代，6系的同学们不仅学习成绩拔尖，在运动会和五大球"三好杯"上也频频夺魁，还诞生了大量优秀的学生干部。在6系求学的4年，也是天融团队的各位成员全面发展、价值观真正形成的关键时期。这样的环境为天融团队各位成员的成长成才提供了肥沃的土壤。

在6系中，63专业（信息处理显示与识别专业）是系里最年轻的专业，

从左至右为：朱彤（8763班）、郭炜（8763班）、赵文峰（8765班）、王昕竑（8765班）、朱一超（15威海电气工程）、宋茂群（8965班）

65专业（工业电气自动化专业）是最传统的专业之一。这两个专业鲜明地体现着6系"守住根本，勇于创新"的精神。朱彤和郭炜来自于创新性专业的8763班，而王昕竑和赵文峰来自于最传统专业的8765-2班。两个班级四年期间在多方面暗暗较劲。8763班的学习成绩在学校数一数二，大课（高数、大物、计算机语言等）取得过全校排名第一的成绩，全系学习成绩前10名中8763班占了4名，还获得了黑龙江省优秀团支部等荣誉；而8765-2班，在学校运动会上，只要是以班级为单位计分，永远都排在全校第一名，班级的文艺表演还多次登上了学校的一二·九晚会、新年晚会等大型活动，也多次获评学校的三好班级和优秀团支部。同专业的8965班也在年级内颇有盛名，学弟宋茂群就是其中德智体全面发展的典型代表。

在这样的氛围下，在哈工大的四年，五位天融创始人同学培养了扎实的学习能力和综合素质。朱彤1991年本科毕业时，在全系350名学生中以综合排名第一的成绩被保送到航天研究生院攻读硕士研究生，他在系里还曾担任团总支书记和班级团支书，同时也是校男排的主攻手；王昕竑曾担任6系学生会主席，策划组织了一系列深受同学喜爱的文体活动，她还获得全校十佳运动员第一名的殊荣，同时保持着3项省级高校纪录，在全校颇有影响力；赵文峰担任着系团总支委员，学习成绩名列前茅，与朱彤一起成为87级全6系仅有的两名优秀毕业生；郭炜担任8763班的班长，学习成绩优异，擅长文体，是德智体全面发展的好学生；宋茂群是校男篮队长和学生会体育部部长，品学兼优。创始人们都是学校前两批发展的在校学生党员。

1994年朱彤在航天研究生院硕士毕业后，与王昕竑、宋茂群都继续留在航天二院工作，赵文峰分配到航天五院工作，郭炜分配到航空部青云机器厂工作。朱彤在参加工作当年就被破格晋升为工程师；两年后，26岁的他再次被破格晋升为控制总体研究室（宋健曾担任该研究室的主任）最年轻的副主任，在飞行器控制制导领域取得多项成果，获得国防科工委科技进步奖一等奖。王昕竑、赵文峰也在不到30岁时就被破格提拔到了处级领导岗位。

正道人本，天地融合，雄关漫道上的天融人

> 人家不是相信我们，是相信哈工大，相信哈工大培养出的毕业生所开发的技术是靠谱的。
>
> ——赵文峰

就在事业蒸蒸日上时，几位6系的哈工大同学却在1998—2002年选择了辞职去创业，一起注册了天融品牌。随着国家对环境管控力度的逐渐加大，环境监测成为新蓝海。天融团队敏锐地抓住了这一机遇，于1997年成立了北京天融科技有限公司（主要参与人：朱彤、王昕竑、赵文峰、郭炜），朱彤任董事长，王昕竑任总经理，赵文峰主管营销，郭炜负责技术，致力于环境监测仪器的硬件和软件的开发。王昕竑和赵文峰两人在上学期间就是好搭档，配合默契。在拓展天融环境监测业务中，屡创佳绩，营业收入以每年50%的速度增长并持续10年！1999年他们合作完成了在北京的200套设备销售；2003年完成第一次对日本出口；2006年业绩收入达到4 000万元/年。在王昕竑和赵文峰的带领下，2007年公司打响了"C5战役"，短短一年时间内，公司的产值就增长了近3倍，从2006年的4 000万元，达到了2007年1.5亿元的销售额，创造了业内奇迹。郭炜现在已成为国内环境监测领域的知名专家、中国环境监测专业委员会副秘书长。但在当年，他还只是一个初涉环境监测行业的新兵。在他的牵头带领下，天融团队开始了早期的软硬件开发。而环境监测很难实现监测数据的实时传输和上报，这给团队的进一步发展带来了很大的难题。在母校80周年校庆时，朱彤和郭炜偶然了解到，一位老同学官涛正在从事软件开发工作。受到重托后，官涛与友谊深厚的老同学们一起开始了"闪电软件"计划，短短20天内，团队便实现了远程监测功能，成功达到了北京环保局项目验收要求。

通过多年的努力，北京天融科技有限公司已经成长为现在的中节能天融科技有限公司，公司的产品也从最早期的单一烟尘监测、污染源监测，

与 HORIBA 公司签署合作协议

扩展到二氧化硫、氮氧化物、VOC、COD、NH_3-N 等各类污染物的监测，开发了近百种产品，并成为国内的知名品牌。公司更是成为智慧环境及大数据业务的龙头企业。

1998 年北京天融环保设备中心成立（主要参与人员：朱彤、王昕竑、宋茂群），天融团队再一次开始了漫漫创业路。设备中心主要生产环保锅炉、除尘器，在公司起步阶段，朱彤与一起创业的几个校友共同感受到了从体制内走向商海的种种艰辛与不适应，却因为彼此的信赖而相互支持，没有放弃。朱彤至今仍记得，好几次在公司遇到困境时，是因为团队成员的"哈工大毕业生"身份，合作单位才愿意多给他们一次机会、多给他们一点时间。

当时的团队成员只有寥寥数人，大家不仅要负责锅炉的设计和制造，

创业时期的天融团队（2000 年）和开发的在线监测仪器

还得自己开着小卡车送货安装,由于人手不够,还要兼职承担财务工作。然而,经过团队的不懈努力,天融环保设备中心得到了快速发展。依靠在学校时打下的坚实技术基础,朱彤负责技术和总体;王昕竑负责销售,带领出了天融营销团队的子弟兵,并创造出了影响深远的天融"黄埔军校";宋茂群负责生产和安装,奠定了公司装备制造和工程安装的基础,同时创造出北京市内很多的首台套新技术锅炉的生产及工程业绩,包括第一套小型天然气锅炉,第一套水煤浆锅炉,第一套蓄能式电热锅炉等。设备中心在成立后的短短三年内,通过制造、销售、清洁锅炉,在北京市内销售了1 000多台锅炉,实现营业收入上千万元,在北京市内形成了卓越的环保效应。团队还注重在发展的过程中坚持创新,天融环保设备中心累计产生了近百项专利,团队最快的时候一天就写出了6个专利,还获得了中国专利博览会金奖和银奖,成为北京市早期的高新技术企业之一,为当时北京市的空气污染改善做出了很大贡献。

国家工业的快速发展,带来了大量的工业烟气排放,造成了严重的环境污染。于是,国家在"十五"到"十三五"期间,分别对工业烟气的除尘、脱硫、脱硝和超低排放颁布了新标准。天融团队抓住了这一机遇和挑战,于2002年与六合集团合资成立了六合天融环保公司(主要参与人:朱彤、王昕竑、赵文峰、郭炜、宋茂群),公司专注于烟气治理脱硫、脱硝技术。在没有资质,没有业绩,而且资金缺乏的情况下,六合天融环保公司快速引进并消化吸收韩国和美国

天融环保设备中心旧址

的技术，用短短5年时间，在天融大团队的支持下成长为年产值过亿元的规模型企业，迅速成为氧化镁法脱硫的全国甚至全球的领先者。

三个天融平台齐头并进、飞速发展，作为哈工大毕业生，天融团队成员都有着强烈的报国情怀，天融团队形成了统一的口号："以人为本，天地融合，创新求精，产业报国。"这彰显着天融团队为国家效力的初衷和初心。

聚合点滴，创生无限，天融人的新机遇和新挑战

> 每一项历史使命，都是由勇于承担责任的先行者来完成的。我们始终坚持"正道人本，天地融合"，希望祖国的"青山、秀水、绿地、蓝天"有天融人的一份贡献。
>
> ——郭炜

在这种产业报国决心的驱动下，2010年，天融团队策划并促成了央企中国节能环保集团公司入资六合天融环保公司，公司更名为"中节能六合

翟青（现生态环境部副部长）率队视察六合天融

天融环保科技公司"。2016年，公司又完成重组上市，更名为"中节能环保装备股份有限公司"。公司由朱彤担任董事长、总经理，赵文峰担任副总经理，郭炜担任总工程师。

加入央企后，天融人的肩上又多了一个重担。在创业时期，考虑更多

新老两代的天融团队

的是企业怎么活下去，而加入央企后，在更高的平台上，天融团队要去思考应该如何更多地践行国家战略使命和社会责任，如何多为祖国做贡献。

目前，中环装备公司已经形成"A+2N"（即 A+BN+CN）业务组合（A 代表智慧环境、生态大数据及智能制造业务，BN 代表基于现代生物技术和绿色技术的装备业务，CN 代表基于新材料的能效装备和大气治理业务）。公司坚定初心，为祖国的碧水、蓝天、净土持续努力奋斗。

在智慧环境、生态大数据及智能制造业务方面（A 业务），子公司天融科技（原北京天融科技有限公司）紧紧围绕成为中国领先的智慧生态环境综合服务专家的战略目标，积极拓展智慧环境及数据应用项目。天融科技已经成为国内综合智慧环境项目成功案例最多的公司（国内单体投资 5 000 万元以上的智慧环境项目，多数由天融科技公司实施），这也标志着公司完成了向智慧环境集成商的战略转型和向智慧环境大数据服务专家迈进。

在基于现代生物技术和绿色技术的装备业务方面（BN 业务），公司与

中国节能系统内的天融团队

哈工大任南琪院士团队合作，借助国家大力推进生物质天然气的机遇，以农业废弃物为原料，生产生物天然气和有机肥。并积极响应国家号召，自主研发生产国内领先的生态无水方便器、小型固废处理装备及水处理装备，积极服务国家新农村建设战略，助力全国农村人居环境整治工作，为实施乡村振兴战略、建设美丽中国做出新的贡献。

在基于新材料的能效装备和大气治理业务方面（CN 业务），公司自主研发生产的以石墨烯为核心的能效装备在京津冀地区年销售额近 10 亿元。六合天融环保公司在烟气治理领域持续发力，成为国内烟气治理领域的龙头企业，建设了世界上最大的钢铁烧结脱硫项目和国内钢铁行业最大的脱硝项目，并成功中标了全国最大的海外烟气治理项目（印度信实电厂烟气脱硫 EPC 总承包项目），合同金额 3.1 亿元美金。与清华大学联合开展的"烟气多污染物深度治理关键技术及其在非电行业应用"项目获得了 2019 年教育部科技进步奖中唯一的特等奖，也是整个环保领域第一次获得这一殊荣。

除了在中环装备公司，天融团队的其他成员也在其他公司继续为节能环保产业做贡献。王昕竑因亲属关系，主动离开上市公司团队，并成功实现了体制内再次创业，创建了由两家央企合资的中节能中咨环境投资管理有限公司，三年内创造产值过亿、利润过千万的传奇，带领团队将公司打造成为集区域或流域环境治理整体解决方案设计和投融资功能为一体的创新型节能环保投资管理公司。宋茂群创建了北京天融机电公司，同时成为央企上市公司的股东，并继续运营北京天融环保设备中心，将之打造成了新技术的孵化器，帮助更多的哈工大校友走上了创业道路。

不忘初心，言传身教，天融人的哈工大情怀

> 寸草春晖意，涌泉相报心。天融哈工大人必将竭尽所能，回报母校的培育之恩。
>
> ——宋茂群

天融人一路走来，忘不了的是母校的教诲，少不了的是校友们之间的互相帮助，天融人对母校始终保持着感恩之情，也尽自己所能回报母校。

电气工程系是母校哈工大的传统大系，多年来为祖国培养输送了众多电气工程领域的高素质人才，在祖国经济和社会建设的各个地区、各个部门和各行业贡献着智慧和力量。电气工程系的毕业生，有很多被分配到北京或者陆续在北京工作。经过多年的积累，形成了人数众多的校友群体。以往在京的电气工程系校友一般以班级的形式单独聚会，偶尔也有同年级的聚会，跨年级的联系非常少。电气工程系校友大范围的聚会，基本上为每年的北京校友会组织的蟒山登山活动。随着在京的电气工程系校友的不断增多，以及离

北京校友会电气工程系校友分会成立大会合影

开学校后对母校的思念不断加深，大家这种相互往来聚会的愿望越来越强烈，越来越迫切。于是，成立哈工大北京校友会电气工程系分会成为众多校友多年的祈盼。

在学校老师的支持下，在6系86~91级几届同学的共同努力下，同时也在天融团队的倾心协助下，2009年11月14日晚，哈工大北京校友会电气工程系分会（筹）第一次代表会议在小南国酒店311房间举行。会议决定2009年11月在昌平蟒山饭店举行电气工程系分会成立大会。参加成立大会的有：哈工大原党委副书记强金龙、时任哈工大副校长顾寅生、电气学院院长徐殿国、北京校友会会长熊焰等领导和老师。朱彤当选了首任执行会长。之后，电气工程系分会承担起了团结在京电气工程系校友的使命，开展了诸如蟒山登山、花园路年会、奥森徒步等活动，并承办了2017年北京校友会年会，将在京的电气工程系校友紧密地团结在了一起。

李克强总理在2014年夏季的达沃斯论坛中提出了"大众创业、万众创新"，2015年国务院办公厅印发《关于发展众创空间推进大众创新创业的指导意见》，要求加快构建众创空间，总结推广创客空间、创业咖啡、创新工场等新型孵化模式。乘着这股创业春风，母校在鼓励扶持大学生创新创业方面开展了大量工作。此时，天融团队主动返校，作为创业导师积极参与到师弟师妹们的初创企业孵化当中，他们还主动肩负桥梁纽带任务，为刚起步的哈工大创业园找资源、融资金，尽其所能去助力这些校友项目生根发芽。

创业园区作为哈工大双创基地开始筹建。作为哈工大培养出的创业者，天融团队也希望在"大众创业、万众创新"的浪潮里，为母校创业园的建设添砖加瓦。学校创业园建立了"功夫咖啡"创业咖啡厅，得到了时任黑龙江

作为学校双创路演专用场地的"功夫咖啡"创业咖啡厅

省省长陆昊的肯定和支持。咖啡厅后来成为学校双创路演的专用场地，并吸引了大量的投资人、专业机构持续入驻创业园。2018年11月，天融团队将功夫咖啡的资产及经营权无偿捐赠给了母校。

除了在校本部持续助力创新创业，天融团队还持续助力威海校区的双创建设。2019年，中环装备公司与威海校区协议共建了中节能—哈工大环保装备技术创新研究院。研究院作为校企地三方联合的桥梁，实现人才培养、科技研发、市场开拓等多方面的深度合作和融合，支持创新创业，建立特色环保产业集群，建设科技创新平台、成果转化平台，打造共赢产业链，进一步强化校企合作服务地方科技、经济和社会发展的能力，助推地方环保产业和绿色经济发展。

中节能—哈工大环保装备技术创新研究院启动仪式

在研究院的多家入选单位中，山东兆盛天玺环保科技有限公司作为中环装备与哈工大（威海）共同组建的高新技术企业成为第一批入驻该研究院的企业团队，也取得了经营业绩和人才培养的双重进步。在未来，研究院将持续搭建大环保创新生态体系，促进大环保人才培养，成长为节能环保领域国内领先的研发机构、人才培养基地及产业孵化中心。王昕竑还担任了威海校区创新创业工作组执委会组长，持续助力哈工大一校三区的创新创业工作的耦合。

除了在创新创业方面对

颁发"天融环保"奖学金

学校的支持外，天融团队还尽其所能来反哺母校。为了引导师弟师妹们在校期间能够早日找准、认清自身发展方向，他们多次返校与师弟师妹交流讨论。为了鼓励在校生努力学习，找准人生努力方向，在市政学院（现环境学院）设立了"天融环保"奖学金，每年资助和鼓励在环境科学领域表现出色的本、硕、博不同阶段的学生。此外，天融团队还非常注重对应届生的培养，为母校应届生们提供一个高水平的工作锻炼平台，对这些师弟师妹，团队亲自教、亲自带、亲自管，让他们在刚步入社会时就能得到快速的成长和进步。现在，中环装备也成为哈工大学子向往的就业去处，每年的校内宣讲会都是人头攒动。天融团队中的哈工大校友后继有人。

结　语

22载风雨，改变的是天融人眉头的皱纹、微白的鬓角，不变的是他们心中镌刻的"规格严格，功夫到家"和"正道人本·天地融合"。"志不求易，事不避难"，2020年，是实现全面建成小康社会的奋斗目标和完成全体哈工大人为之奋斗的百年强校梦的一年，站在新的起点再出发，奋斗仍然是天融团队和哈工大人牢牢握在手中的传家宝。天融人相信，无论到什么时候，无论走到多远的地方，都会始终牢记靠艰苦奋斗白手起家、靠艰苦奋斗创造辉煌的历史，他们都始终保持哈工大人身上特有的朴实作风和奋斗本色。唯有拿出领命先行的气势和滴水穿石的韧劲，才能在实现梦想的道路上越走越宽、越走越远,在接续奋斗中书写新的篇章,以优异的答卷向哈工大百年华诞献礼。在下个一百年，天融团队定能与母校一起，不负盛世，奋斗其时。

结缘**工大** 情系**威海**

宋森华

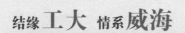

**HARBIN
INSTITUTE
OF TECHNOLOGY**

宋森华，1997级国际经济与贸易专业校友，上海泽世供应链管理集团总裁，哈尔滨工业大学（威海）上海校友会会长，哈尔滨工业大学（威海）创业导师。

我心中的"玄奘之路"

23年前,20岁的宋森华离开浙江小村,满怀憧憬地走进哈工大(威海)。踩在蜿蜒的校园土路上,树叶间是耀眼的初秋阳光,海风中夹杂着芬芳的书香与草香,简陋的教学楼中孕育着最美的青春梦想。

12年前,刚过而立之年的宋森华放弃国内许多生意,破釜沉舟只身闯荡非洲市场。站在陌生的异国街头,路边是大片的泛黄草地,空气中浮动着原始而粗犷的气息,广袤的天地中蕴藏着未知的崭新商机。

这是宋森华生命中两个重要的片段。在岁月无形的糅合下,哈工大的低调、踏实,浙商的舍得、敢闯等品质和他与生俱来的天性逐渐融汇,使他做事精干而为人方正,世事练达而纯善真诚,勇于开拓而长于坚守,天下为市而心系祖国。

与外界的声名及商海中的战绩相比,坐在我们面前的宋森华校友却给人一种巨大的"反差"。他穿着半新不旧的毛衣和外套,随身带着一个办业务时赠送的背包,手机听筒坏了许久,一直插着耳机继续"凑合"。"这个还能用,能用就行。"他的嗓音略显沙哑疲惫,笑容里却满是热情。说话的同时,他细心地在我们的杯子中倒上了刚沏好的普洱茶。

"其实我没有什么特别,就是一个'爱折腾'的人。"宋森华笑着说,"什么叫成功呢?这个没法子定义,每个人的人生都很独特。只要不光想着'好走的路',努力'走好自己的那条路',活得尽力,不留遗憾,这就是成功。"

这些年走南闯北，宋森华走过的路难以计数，但是有一条特别的路，却让他一直念念不忘。"我曾经重走了一段'玄奘之路'，感触很多。你难以想象在当时的条件下，玄奘在茫茫戈壁中孤身涉险，无法预知下一秒风暴会不会出现，变故会不会发生，但是一步都不会退缩。那种信仰和坚持，那种无畏和慈悲，就是我心里的图腾。"

人生：但求成长　莫求成功

"成功不是目的，成长才是。我想对年轻人说，时间是最大的筹码，与其多年以后叹息，不如现在开始发力。"

回想起在母校读书的日子，宋森华仍有深深的眷恋和怀念。令人敬重的师长、朝夕相处的同窗、下晚自习路上的点点星光……那些安静的旧时光缓缓铺展，再现一幅温暖的画卷。

画卷中的宋森华，身上有着跳跃的线条和斑斓的色彩。他是运动会上屡破纪录的400米健将，曾担任经管系学生会宣传部长和9732班班长，此外他还做了不少的兼职，卖电话卡、明信片、帮人跑腿、订火车票，用来"联络业务"的BP机里都是"客户"留言。大二时，他在团委的支持下创建了勤工助学中心，为生活有困难的同学提供更多勤工助学的机会。"赚钱一开始是因为生活所需，后来很多都是因为好玩儿，不安于现状是一种天性。"

宋森华出身普通农家，少年失怙，家境一度艰难。但是他头脑灵活，手脚勤快，敢想敢说，总能从生活琐事中窥见商机。小学时期，当工薪族日薪不足5元的时候，他跑了好几家批货商，找到优质低价的进货渠道，卖3个小时的冰棍净赚30多元。20世纪90年代初月薪普遍在200元左右的时候，他赊账养了几百只鸭苗，起早贪黑、喂食照料、清理粪便，一个暑假后转手净赚600多元。

大学时他的"生意经"更为精进。有一次几个高中同学来威海，宋森华想一尽地主之谊。他找到旅游公司，规划了一条适合大学生旅游的线路，条件是收费要低，而且每满10人要送1个免费名额。在他的张罗下，几十名在校生享受了一次低价旅游，而宋森华则带着朋友们免费游玩了各个景点。

大三时，他更是拉到了十多万的赞助，联络五星级宾馆和旅行社，组织近2 000名在校生外出旅游，并在清晨乘大巴看壮美的海上日出。这次难忘的旅行，至今还是许多人记忆中最美的风景。

他在创造丰富多彩的生活的同时，同样谨守学生本分，在学业上勤勉自律，年年获得奖学金。虽然自己手头不宽裕，但他每次都把奖学金捐赠给经济困难的同学。"那时候有的同学甚至买不起回家的车票，这些钱对他们更重要。"

谈及大学四年的生活，宋森华感慨"收获特别多"，比起专业知识，更重要的是在学校里"遇到了很多优秀的人，翻阅了不少的'杂书'，养成了严谨的思维习惯，怀有谦卑与敬畏的心"。

在大学里，宋森华还收获了一位风雨相伴、默默支持他的爱人，毕业第三年两人共结连理。"我结婚比较早，俗话说'兵马未动粮草先行'，先有一个稳定的大后方，冲锋陷阵才踏实。"他爽朗地大笑了起来。

事业：但问耕耘　莫问收获

宋森华是个"工作狂"，他的口号是"从大年初一工作到大年三十"。"我是个劳碌命。"他自我打趣道。

在事业的路上，他一路奔行，不断让自己"增值"。2001年，大学毕业的宋森华进入上海交运集装箱管理有限公司。入职不久，这个20出头的"毛头小伙儿"就给老总递交了一份企业发展建议书，建议实行多块分割的管理方式，实行后有效提升了企业营业额。入职三个月，他就被破格提拔为经理助理，半年后升任公司副总。

正当职位如"坐火箭"一样上升时，他却出人意料地主动递交了辞呈。"心里有明确的目标，眼前的得失都不重要。我看到了头顶的'天花板'，

宋森华校友为母校设立泽世"德才兼备"奖学金并参加颁奖

希望冲破它接受更多的历练。"那是 2002 年,上海一套小户型房子只有八万多元,而宋森华的违约金就高达七万多元,几乎耗尽了他全部积蓄。

随后他进入外资企业的物流和航运公司担任高级经理,五年内换了五个部门,深入地了解了各个管理环节和行业运行规则。2004 年起他开始边工作边创业,到了 2008 年,宋森华的生意已经风生水起,完全可以享受富足安逸的生活,但是他却选择了一条更为艰难的道路。在冷静分析市场供需情况之后,他以企业家的胆识和魄力,瞄准了非洲市场,并把之前的客户全部介绍给了朋友,没给自己留一条退路。"挑战就意味着机遇,有大舍才有大得。"

宋森华第一次闯非洲的经历很富传奇色彩,有种"孤胆英雄"的豪情。他背着简单的背包独自上路,在陌生的土地上顶着烈日四处奔波。当地语言不通、交通不便,有时候他用矿泉水就面包来草草解决一顿饭。街边的孩童看向他的目光中充满了好奇,咧嘴一笑黑黑的面孔上两排小白牙格外亮眼。

孩子们眼中这个特别的"异乡人",拥有沙漠灌木一般顽强的毅力。

宋森华校友

万事开头难,在非洲创业初期,公司曾一度遭遇重创,在苏丹赔得血本无归。但是宋森华很快从失败中走出来,重整旗鼓,再次出发。在艰难的打拼中,他的生意逐渐在非洲大地扎下了根,他本人也成为部落酋长的座上宾,非洲人民的友好伙伴。

"我觉得做人要像芦苇,风吹草低,风过后很快能再次抬头。不能像橡胶树,看着很高大,风吹过却连根拔起。坚韧常常比力量更重要。"

熬过了创业初期的艰难,生意逐渐走向正轨,业务快速扩张,发展势头迅猛。2008年公司从100万注册资金起步,2012年泽世(国际)供应链管理集团成功组建,集团总部设在上海,并在新加坡、安哥拉、赞比亚、坦桑尼亚等国家均设立了分支机构。截至2015年底,集团年营业收入已经攀升至五亿元。

作为一个先于国家政策走出去的企业家,宋森华当年"走进非洲"的决定高度吻合了国家正在倡导的"一带一路"号召。宋森华说,身处非洲,更能切身体会到祖国的强盛和大国担当,也更能感受到非洲人民的乐观与热情。能为中非贸易做一些贡献,是一件幸运和自豪的事情。

信仰：但行好事　莫问前程

宋森华对电影《蜘蛛侠》中的一句经典台词印象深刻：力量越大、责任越大。生意场上，他博求成就；生活中，他知情重情，感恩母校。

毕业十多年，母校始终是牵住他心头的那一根线，只要有时间，他就要经常"回家看看"。"母校的发展太快了，校园这么漂亮，跟我上学的时候比真是有翻天覆地的变化。"他关心在校的学弟学妹们，2006年起事业刚起步时，他就开始每年资助4名学生的学费，后来增加到12名，截至目前已累计捐款273万余元。他也把爱心播撒到其他需要的地方。在商学院进修时，他找机会拉着其他企业的老总一起去江西农村跟孩子们"结对子"一对一帮扶；在非洲工作时，他为小学捐建办公楼，让老师们不用坐在大树下批改作业。"好的教育太重要了，教育能改变人的一生。"

与中国传统的"父子传承"观念不同，宋森华从未想过把大部分财富留给儿子。"我告诉他，我会给他创造好的教育机会，但是企业属于社会，我的财富也要回馈社会。"这些年来，宋森华通过为优秀员工分股份的方法，不断稀释自己在公司的占股，"大家一起创造价值，就要一起分享价值，赚钱只是手段，不是目的"。做生意的过程中，比起赚钱，他更高兴的是"能解决国内一部分过剩产能，帮助非洲老百姓就业，为社会经济做出了一些贡献"。

做生意难免受些挫折，他也很看得开。"生命中遇到的人都是贵人，换个角度讲，伤害过你的人反而更是贵人，因为这些人会让你在伤痛中更快地成长。我感恩遇到的每一个人。"

十几年商海纵横、世事纷纭，宋森华依旧保有赤子之心。"在我内心深处，我的家还是在浙江农村，我还是那个爱'折腾'的村里孩子。我每时每刻都在思考，我人生的使命是什么？我追求什么样的幸福？我时常提醒自己要走好脚下的路,守住自己的心,其他种种,都是浮云。"

在母校知名校友讲座时,宋森华和在校学子分享时谈道:"到底什么才是成功的人生,不同的人有不同的定义和诠释,而我对成功的理解是追求心中所向往,就像我所走过的'玄奘之路',哪怕经历过退缩、彷徨,但无论多少艰难险阻,都不能阻挡脚步向前。历经艰辛困苦之后到达胜利彼岸之时,便是我成功之时。"

结缘工大 情系威海

王吉特

HARBIN INSTITUTE OF TECHNOLOGY

王吉特，哈尔滨工业大学（威海）1998级校友，机械设计制造及自动化专业，哈尔滨工业大学（威海）新世纪讲坛的创始人之一。现在哈尔滨空调股份有限公司工作，担任哈空调北京研发销售中心负责人。哈工大（威海）创业导师。

商海驰骋 创变人生

顺应时代的奋斗者

初创大学社团——能力初体验

王吉特是1998年入校的,回忆起当年入校时学校的情况,犹记得那时学校还属于基础建设初期,但老师都是从哈工大校本部派过来的,学校"四大名捕"名不虚传,教学水平和质量都很高,所以大家都觉得在这里学习也挺好。

其中他感触最深的就是学生可以自由地发挥自己的特长,因为在校区建设初期,很多学生组织都不健全,都是需要学生们自发自主带头去做的,尤其是学生社团活动。王吉特便是校园初创社团——新世纪讲坛的创始人之一。王吉特一开始在校广播站做副站长,由于工作出色就被负责老师抽调到新世纪讲坛。当时讲坛刚刚成立,一切都是从零开始,从成立外联部、主持人部、编辑部,到制定新世纪讲坛的规章制度,这些都倾注了当时一批创始人的心血,王吉特对那段日子也是终生难忘。

每期讲坛组织的全校科技文化类讲座,对于当时资源和信息匮乏的威海校区,都是一次珍贵的"金课",对于当时在校青年学子都是难得的学习和获取大千世界知识的机会。因此,新世纪讲坛的系列讲座,越来越受校园学生们的欢迎,同时也督促讲坛团队的小伙伴们不断提升讲座数量和质量,克服一切困难四处邀请校内外专家、老师、名人做各类讲座。每场讲座都是人气爆棚,当时学校大教室没有多媒体,就用黑板做背景,主讲人讲得生动,学生们听得入神,互动提问不断,经常延时结束,大家都意犹未尽,而讲座组织者们还要在结束讲座后进行活动收尾工作,忙到很晚。即便是这样,王吉特他们仍旧感到热情高涨,成就满满,因为办讲座的初衷就是让全校学子因此受益终身,启发成长,那句"启迪智慧,放飞激情"作为讲坛永久不变的口号语流传至今。

大学期间,王吉特就一直梦想和规划着未来做一名技术型领导,想通过技术发展的途径,逐步积累经验,跨到技术管理,然后一步一步实现自己的梦想。大一大二时,更多的时间忙于社会实践活动,基础课成绩一度下滑,大三时他意识到专业知识很重要,必须要全力以赴把本专业知识学好,才能在未来的工作发展中有所作为。通过大三一年的努力,最后他取得很好的成绩,大三时平均分达 90 分以上,并顺利地加入了中国共产党,成为一名光荣的学生党员。

他在参加工作应聘面试时发现,其实企业更看重的是学生的综合能力,而不仅仅是成绩单上的数字。他认为大学生加入社团、学生会等学生组织非常重要,在学生组织中工作,能够锻炼与人沟通的能力,培养自己较强的组织、协调能力,不管未来从事什么工作,都要与周围的人沟通,到了参加工作的时候会非常有用。他回忆自己在社团时所学所感所悟,每一个活动更是带领团队亲力亲为,面对很多困难和挑战,虽然很累,但过程中积累的经验能力,在日后工作中起了很大作用。

初创技术团队——创业初体验

2002 年大学毕业,王吉特第一份工作是在航天系统,两年后到了大唐环境产业集团股份有限公司,那时大唐冷却技术事业部刚成立,他是创始人之一。

在大唐工作五年后,他到了哈空调,开始创建哈空调北京研发中心,作为中心负责人的他也是白手起家。现在回想这段创业过程,他总结自己当时的创业理念和思路,与当年创办新世纪讲坛的经历相似。经历了真正

的创业之后,他才发现大学里很多想象的东西都成真了,在学校时如果工作出现失误或许还有补救的机会,可是到了真正的工作中犯了错误是要付出代价的。在学校社团的组织活动中多跌几次跟头,多经历一些社会实践,到了工作后才能尽量少犯错。俗话说得好,"性格决定命运,格局造就人生"。遇到事情一定要把自己的格局往上抬高,把事情放在大格局中去想,问题会更好地得到解决。

哈工大的校训"规格严格,功夫到家"一直贯穿在他创业的十八年中,校训语言质朴、内涵丰富,曾经有人说哈工大的校训技术味道浓了一些,他的理解不是这样的,校训是站在"道"的角度下的定义,以道驭术,也就是说不管我们做什么,要以"规格严格,功夫到家"的要求来做事,不只是做技术,包括我们做管理、创业、开公司等都要以这种标准来严格要求自己,我们以"规格严格,功夫到家"的心态来做任何事情,就没有战胜不了的困难,终将会达到胜利的彼岸,共谱哈工大人前进的篇章。

说起校训对自己的影响,王吉特记得刚参加工作时,赶上项目紧,需要到工地配合施工队伍熟悉图纸,在半年多的时间里他和几位同事长期在工地出差,每天的饮食都很应付,居住条件也很艰苦,女朋友到北京看望他也要到工地见面,连一个坐着说话的地方都找不到,每天中午的休息,是在山坡上,而且居然还能睡着。

他当时内心的感受很不好,觉得自己大学毕业了,居然在工地工作,与其他同学联系,好像只有自己是在工地上班,他当时在北京换一份工作还是很容易的,于是内心处在挣扎之中。这时,想起校训"规格严格,功夫到家",他想到自己是哈工大毕业的,还没有把工作做好,怎么能够轻言放弃?就是离开,也要把这份工作做到极致之后,再潇洒地走开。在激烈的思想斗争之后,还是坚持下来了,半年后,只有他一人从头到尾坚持了下来。第二年公司进新人,领导层一致的意见,是新人交给他来带,领导说:交给别人不放心,小王能吃苦,肯担事,新人的老师要选这样的。也是这个项目的积累,参加工作的第二年,他顺利当上了项目负责人,开启了社会认知的另一片新天地。如今,王吉特作为北京研发销售中心团队的掌舵人,将哈工大人的精神文化融合贯穿于团队文化中,带领全体员工一道,在建设国家制造业高质量发展征程中,奋进拼搏,展翅高飞,展现了新时代哈工大人的精神风貌。

加盟校友会——扩大哈工大(威海)朋友圈

2016年初,王吉特担任了哈工大(威海)北京校友会的第二任会长,他带领北京校友会骨干,动员北京校友力量开始办起了哈工大(威海)北京校友会年会,从2016—2019年,每年办一次年会,极大地促进了校友会的发展,北京的校友们找到了家的感觉,把"校友帮校友、校友帮母校、母校帮校友"的理念贯彻到实际中,通过北京的示范效应,全国各地的校友工作热烈地发展起来。

王吉特同时参加了哈工大环保圈的各项活动,他发现这个领域是未来的朝阳产业,但是大家的见面机会比较少,于是他与朱彤师兄共同策划了环保联盟,朱彤师兄是会长,他是秘书长。联盟章程要求,参加环保联盟的校友必须是担任企业董事长、董事、总经理职务的哈工大校友,从2015—2019年,他作为秘书长共组织了5次年会,每次都引起了不小的轰动,经过5年的不断建设,环保联盟已经发展到100余家会员单位,影响力与日俱增,不断扩大哈工大人在环保界的影响力。

在他的眼中这一切都是有依托的——因为我们都是哈工大人。无论我们做什么,做事业也好,做人也好,我们都要以校训的精神来要求自己,以道驭术,时刻发扬"规格严格,功夫到家"的精神。

不忘初心——感恩母校,践行校训

初心,是激励每个人在人生路上坚持走下去的力量,王吉特的初心就是那份感恩母校和践行哈工大校训的机械人的精神再现。看到他,会被他身上的闯劲、韧劲深深地折服,如果说创办一个大学社团是一件困难的事,那么很难想象创办一个部门甚至是一个研发销售中心要经历多少的挫折和困难，再到加盟校友会，都是那份对母校感恩和践行校训的初心与使命在不断激励着他砥砺前行。

不忘初心，牢记使命。不忘母校大学四年的培养和老师的谆谆教导，不忘前进路上的困难都是未来的宝贵财富，不忘携手并肩战斗的同伴，不忘母校关怀和校友们互帮互助，这便是一位哈工大机械人的初心和使命。母校即将迎来百年华诞，作为哈工大（威海）北京校友会原会长，王吉特在2019年威海校区北京校友会年会上代表广大校友发言中自信地表达："我们的母校——哈工大（威海）建设发展得越来越好，我们每位校友都有责任和使命去建设她，母校'三帮一平台'让我们互帮成长，我们将不负母校期望，团结凝聚在校友会大家庭中，携手共进，共同谱写母校明天新的辉煌。"

结缘**工大** 情系**威海**

翟佳禹

翟佳禹，1983年毕业于吉林建筑工程学院建筑工程系，获工业与民用建筑专业学士学位。在吉林省规划设计研究院、吉林省建设厅工作5年后，于1988年考取哈尔滨工业大学管理学院管理工程专业研究生，毕业获硕士学位。1993年在山东省威海市从事房地产开发管理。1996年自主创办民营企业，后发展为今天的"山东大屋集团"。

市场经济的"探路者"

大屋集团自创办至今发展了20余年，资产规模总额达到10亿元以上，被山东省政府授予"先进民营企业""山东省民营企业质量管理先进单位"的荣誉称号。翟佳禹本人先后获得"发展经济优秀带头人""威海最具影响力经济年度人物""威海市优秀企业家""和谐建设楷模""中国企业百名管理英才"等荣誉，曾任威海市第九、十、十一、十二届政协委员，现任山东省工商联执委、威海市工商联副会长、全球吉商副主席、威海市吉林商会会长，被中共威海市委统战部、威海市工商业联合会授予"中国特色社会主义事业优秀建设者"奖章，并在威海市委统战部、海外联谊会、光彩事业促进会、外商投资协会等团体担任职务。

"规格严格，功夫到家"是哈尔滨工业大学的校训，也是翟佳禹20多年创业历程中始终坚守的信条。

名校之所以成为名校，在于它的精神内涵和校风学风塑造了一代又一代的精英学子，而这些学子在社会上取得的成就与荣誉反过来又成就了名校之名。

正因为有在哈尔滨工业大学管理学院求学的经历，翟佳禹才能够以更敏锐、更理性的思维预判社会经济走势，下好企业发展的先手棋；以规范管理、精益求精的理念引领企业，打造了"大屋"企业品牌和企业家品牌；以管理学理论科学指导企业合理布局，促进集团长期健康发展。

精准预判　敢为人先

创新,是企业家精神的灵魂。在翟佳禹创业的 20 多年里,时时处处体现着创新精神。

20 世纪 90 年代初,国家取消福利分房制度。基于对山东省威海市自然地理条件、经济发展条件的认知和预判,翟佳禹毅然选择在威海房地产行业创业。

要想在行业中脱颖而出,产品首先要在市场上走在创新前列。大屋公司最早开发的高端海景疗养中心和精装海景住宅,引领了威海海景住宅开发的热潮,又与国际最大的分时度假交换组织 RCI 合作,扩大旅游房产的外延,为客户打造了一个可以在全世界流动的"家"。

房地产业的兴起会带动产业链下游——比如建筑装修装饰材料的市场需求,这不仅成为大屋集团房地产项目开发的新方向——当时威海唯一一个集中了品牌装修装饰材料的建材商城,同时也是大屋企业涉足商业物业经营与管理的一个新契机。

2003 年起,翟佳禹多次出席在马、日、韩等国召开的世界华商大会,又随威海市经贸旅游推介代表团出访欧洲英、瑞、意等多个发达国家。在西方国家先进城市建设理念的启发下,翟佳禹大胆地打造了威海第一个"城市综合体",这是大屋集团发展的一个新的里程碑。

产业创新、产品创新、市场创新、商业模式创新、组织创新……这一切,都需要创新者具有打破常规的理性思维和过人胆识,作为哈工大人,翟佳禹都做到了。

整合资源打造"作品"

创业之初,翟佳禹将校训"规格严格,功夫到家"在创业中具体归纳为"创房地产名牌产品,做现代化一流企业"。为了将大屋集团打造成货真价实、响当当的金字招牌,无论是在经营上还是在管理上,集团都不惜重金,走国际、国内联合的道路,聘请业内名家和高水平的合作伙伴共谋发展。在项目操作

过程中,高标准、严要求,将每一个项目做优、做精。

翟佳禹独立开发的第一个金海湾花园海景公寓项目,聘请了业内最知名的建筑院校及建筑研究院专家出具设计方案及施工图方案,建筑与周围山海景观融为一体,成为知名度很高的一道城市风景线,被建设部评为"全国百家放心房"。

大屋建材商城项目是当时山东省单体面积最大的"开敞式"建筑,被威海市政府评为"房地产开发精品工程"。建成后,精到的管理使大屋建材商城被评为"山东省物业管理优秀大厦"。

威海市第一个单体规模最大的城市综合体建筑——海悦国际大厦,是由香港何显毅公司本部人员进行建筑设计、加拿大毕路德公司进行室内设计、"鲁班奖"得主的威建工程公司为施工主承包商承建的。项目获得了山东省建筑工程质量最高奖——"泰山杯"奖(省优质工程),并被建设部评为"中国城市创新楼盘"。其中,住宅部分因聘请曾效力"万科"的万韬管理咨询公司进行管理咨询,而使"海悦国际"工程项目后来被中国住房和城乡建设部评为"全国物业管理示范大厦";项目内的饭店——威海海悦建国饭店,是威海唯一一家以"海文化"为主题的旅游涉外饭店。

在项目开工建设前,翟佳禹就与素有饭店业、管理业的扛把子之称的"北首旅、南锦江"多次深入沟通,最终选择与首旅建国酒店管理公司长期合作,后者在建设前期参与饭店建筑布局设计、运营前期外派本部专家级管理团队亲自经营、长期实施成员酒店管理,并对饭店核心管理团队成员长期培养。如今,"首旅品牌酒店"的管理标准已一板一眼、扎扎实实地在威海落地生根,饭店先后获得"山东省服务名牌""山东最具竞争力旅游星级饭店""最受商务人士喜爱十佳旅游度假酒店"荣誉,并被全国旅游星级饭店评定委员会授予旅游饭店最高级别的荣誉——"金叶级"绿色旅游饭店。"海悦建国"已成为威海饭店业的龙头品牌,是山东省名牌战略推进委员会认定的"山东省服务名牌"。

正在投资建设占地 4 600 亩的"威海拉漫庄园"项目,聘请了设计过世界顶级酒店的英国阿特金斯公司担任项目总体规划设计。拉漫庄园农业基础建设，从正式建设开始前，就邀请国内第一流农业学院的院长和专家进行现场指导。建设期间，这些院长、专家多次来访，实地勘察，进行技术指导。葡萄酒酿造时，邀请到在全亚洲排名第一的葡萄酒学院的专家们参与酒品品评和酿制工艺的指导工作。

但凡了解大屋集团发展进程的同业都不住赞誉：大屋集团不是在"做产品"，而是一直在"做作品"。

长远规划稳健发展

把握市场脉搏，借经济上行趋势进行单纯的房产地开发与销售，快建快销，或许可以获取快速滚动和增值的金钱。但翟佳禹并不愿意这样做，他志不在此。

"一业为主、适度多元"是大屋集团为了稳健发展而秉承的核心发展理念，即以旅游地产为公司发展主导方向，项目建成后，一部分出售收回投资，一部分便转化成商业物业进行自营或管理，成为长期稳定的商业实业发展的基础。

从最初的以民用房地产开发为主业，到之后的产业链向下延伸至物业服务、建材销售，再到以商业地产为核心，发展商业零售、商业物业服务、餐饮客房服务，翟佳禹就像下围棋一样，据一点、虑一局，步步为营……

1999年，在很多人还不知道超声波计量器具为何物的时候，翟佳禹看到高科技电子节能计量产品在未来市场上的发展潜力，便与持有技术专利的人合作投资，作为最大股东建立了博扬电子公司，并一直担任该公司董事长。目前，该公司已在新三板上市。

在中国旅游行业蓬勃发展的21世纪初，翟佳禹在众多质疑声中和观望下，以一个民营企业家的身份投资建设威海规模最大的五星级标准的涉外饭店。

2003年，早在东北亚经济圈、环渤海经济圈在经济全球化中的重要地位还没有被充分认识、国家战略还没有出台"打造山东半岛蓝色经济区"政策时，翟佳禹就在其核心地带长期租赁了 4 600 亩土地，作为集团未来发展的核心资源储备。

今天，上千亩的葡萄种植园已建成。扎根本土、具有浓郁胶东地方特色的"拉漫庄园"酒已成为高端葡萄酒消费者的新宠。其中，"海悦干红"成为唯一入选首届威商大会的红葡萄酒，得到与会来宾的广泛赞誉。

而葡萄种植园所在的区域，已升级为国家级经济技术开发区，拉漫项目已列入威海"十一五"规划，翟佳禹正在从房地产开发商向城市运营商的角色转变。

充分的土地储备、多元化经营战略，使得大犀集团有能力在未来发展的若干年内，不受单一行业发展趋势的限制，稳扎稳打，不断开拓大犀集团的事业版图。

授人以渔，大道无形

作为一个民营企业家，翟佳禹一直重视企业文化建设，致力于将大犀集团的团队打造成为一个学习型团队，使每一个大犀人都秉承"诚信、责任、融合、创新"理念、具有"好学、敬业、执着、服务"精神。他认为具备这种精神的人，才可能踏踏实实地为社会创造财富，履行一份应尽的社会责任。

正因为凝聚了这样一群大犀人，大犀集团才以多年的"诚信"在威海打造了属于自己的品牌。旗下的企业自 2002 年起就连续被评为"山东省消费者满意单位"，是省级"守合同、重信用企业"，是当地纳税先进企业。同时，大犀集团还不忘自己的社会责任，在地区基本建设、政府和城市形象宣传、中小学和职业学院教育等方面捐资数百万元。

专注于正确的目标，专心完成每一件事，打破常规，突破过去，精益求精，不断创造新价值，这，既是翟佳禹作为一个企业家的理想，也是大犀集团能不断成就辉煌、不断开创未来的信心和力量所在。

沈智杰

结缘工大 情系威海

HARBIN INSTITUTE OF TECHNOLOGY

沈智杰，2003年毕业于哈尔滨工业大学（威海）计算机科学与技术专业。现任任子行网络技术股份有限公司总裁。哈工大（威海）创业导师。

成长·承担·成就
——国家网络安全的守护者

沈智杰回忆说,伴随任子行网络技术股份有限公司一路走来,可谓困难重重,几经考验。在实践中不断总结成长,几度受命、数担大任。在见证公司日益成熟、渐趋完善的过程中,也品味着自己日积月累的那份"小有成就"感!

一帆风顺非成长。刚进任子行网络技术股份有限公司的时候,他只是一个纯粹的技术人员,也经历过不少失败。当时,他主要负责解决公司产品的稳定性和其他性能问题,连续四个月驻扎深圳,几乎每天都是晚上十一点半才回宿舍,带领团队经过技术攻关大大提高了产品的稳定性和性能。然而,产品还是不如竞争对手的。随后,他继续带领团队通过八个多月的努力重构了任子行网络技术股份有限公司产品的整体架构,但是产品依旧在同行业中没有竞争力。后来他又与同事合作带队开发信盾,最后产品还是没能在市场上生存下来……

毋庸置疑的是,这两个产品都是市场所需要的,也有产品已获得了极大成功。因而他们进行了深刻反思,找出失败的原因主要有三点:(1)没有调研用户的痛点,只是闭门埋头做事,没有去了解和确认客户真正的需求。(2)在客户打磨期间,产品肯定会有各种各样的问题,产品和研发总认为是销售的问题,比如觉得销售不了解产品、销售不给力等。事实上,好的产品都是熬出来的。(3)技术攻关不足,在一些客户关心的关键技术上,缺乏攻关的决心。

当然，成长中也获得了许多成功。在北京重构的主机审计系统，替换了原来的主机审计系统，稳定性大幅提升。在公司上市过程中业绩压力特别大的情况下，沈智杰带团队拿下首个一千五百万的集成项目，接着又带团队拿下两个总合同额近九百万的软件项目。当时客户要求的工期很紧，团队的小伙伴都非常拼，那半年多的时间几乎没有周末。项目的顺利推进得到了公司领导的认可与赞誉。其实成功的背后都是团队的拼搏与付出！

经历了成功与失败的洗礼，沈智杰获得了较快成长，逐步开始承担起把握公司大型业务方向的责任，其中就包括运营商业务方向和海外业务方向。每负责一个业务方向，对他而言都是一次涅槃。最初负责的是运营商业务，那时的运营商业务每年仅有五百万左右的销售额，自己也不知该往哪个方向发展，通管局有个三十万的项目也需要带人去调研、投标和开发。后来自己逐步了解到通管局在业务和管理上的痛点，并在公司总经理的指导下顺利在江苏拿下通管局的第一个业务管理系统。与此同时，制定了工信部关于IDC信息安全管理标准，机会翩然而至——工信部在全国选了四个试点省份，通过努力成功拿下了试点省份的通管局和运营商，为公司在这个行业的发展夯实了基础。标准发布后，团队不分昼夜地筹备运营商入网测试；与供应商进行谈判、制定商务策略；拿下项目后组建实施团队，完成全国实施。最终顺利完成了联通项目，拿到了运营商真正的入场券。在通管局和运营商的两侧发力下，同时通过资本并购亚鸿，强强联合，奠定了公司在这个细分领域的领先地位。

初期的海外项目感觉就像从天而降的榴梿，外部都是刺，里面很多肉，没有人做这事情。接不好会深深地扎伤自己，接得好能吃到美味的榴梿肉。当时项目紧、人手不足、不确定性多，很多事情都是第一次接触——沈智杰从带领团队进行四个月封闭式开发，到接待海外客户，进行商务谈判和合同签署，再到带领团队在现场克服各类难题，按时圆满地完成了项目，并且在客户需要时刻发挥了关键作用，得到了客户"中国速度，中国质量，中国精神"的赞赏。接下来沈智杰研究了海外市场和相关产品，发现这是一个产业，于是他致力加强与政府的联系,开拓了国内的渠道商,积极运作原有项目的升级。通过近五年的努力,公司成功通过不同的部门和渠道商联系到了海外客户,不断结合客户痛点完善解决方案,持续组建、培养团队,攻克相应关键技术,积累了资源优势,多个项目成功落地。

在分享自己的成功经验时,沈智杰说:"我不想过多描述项目中的艰辛,更多地是想分享我的体会。

"——机会是给有准备的人的。海外项目首先是语言关,从外企出来后,我未曾想过我还会去做海外项目,但依然保持着每天早上开车上班听二十分钟中国国际广播电台英文新闻的习惯。当海外项目机会降临时,我储备的英文能力和技术功底发挥了很大的作用。

"——做好各种问题的预案。由于这些项目大部分都是第一次接触,为了确保一定成功,我们在每个环节都做了预案,有效降低了失败概率。

"——真正理解客户痛点,创新解决方案。国内外的法律法规、经济文化和企业股权结构都有很大的差异,我针对这些情况提出新的解决方案,优化实施流程,投入研发攻克核心技术点。做出了真正符合客户需求的、高性价比的解决方案。

"——明确目标、灵活变通、排除万难、坚定执行。海外项目虽然做了大量的预案,但是在陌生的国度,还是会遇到各式各样无法预测的问题。这就需要我们以满足客户需求为目标,灵活变通各种方式,解决各类困难,同时团队需要有坚定的执行力。

"非常感谢任子行网络技术股份有限公司,这个平台给予我的最大收获就是'自信'。自信不是自负——对自己的能力不了解,盲目相信自己,这是自负;充分了解自己的优缺点,不断完善自己,学会整合资源,知道自己能够做好什么,才是自信。经过这么多的磨炼,希望我对技术、产品和市场的经验能启迪更多的任子行人、哈工大人走向更大的成功。"

2015年沈智杰所获的深圳市青年科技奖证书

宋再军

结缘工大 情系威海

HARBIN INSTITUTE OF TECHNOLOGY

宋再军，1998年毕业于哈尔滨工业大学（威海）机电控制与自动化专业。现任青岛博瑞福田智能门窗科技有限公司、青岛博瑞福田信息技术有限公司、百福泰（青岛）门控科技有限公司总经理，山东省门业协会副会长兼秘书长，哈工大青岛校友会常务副会长兼秘书长，哈尔滨工业大学（威海）青岛校友会会长。

宝剑锋从磨砺出
梅花香自苦寒来

1994年,山东省乐陵第一中学一名高三学生,在高考志愿书上自信地填写了第一志愿为哈尔滨工业大学,随后以全市第五名的成绩顺利地被心目中的大学殿堂——哈尔滨工业大学录取。只是,录取通知书上用铅笔标记了报到地址是山东省威海市文化西路2号,威海分校!他就是本文的主人公宋再军。当时威海校区建校时间短,校园环境和条件比较艰苦,但是这并不影响哈工大扎实的学风,"规格严格,功夫到家"的校训给宋再军打上了深深的烙印。因为94级是威海校区第一届本科生,学校方面给予了极大的资源倾斜支持,四年的大学生活比较充实,学业也很顺利,1998年毕业之前学校安排宋再军所在班级9411班来到哈尔滨校本部进行毕业设计,在哈尔滨校本部的学习更加夯实了宋再军对母校校风校训的理解,宋再军对专业知识的学习也上了一个小台阶。校本部老师对威海校区来的这31名学生的学习成绩和认真的求学态度给予了高度的评价。

1998年毕业后,宋再军进入青岛澳柯玛集团工作,澳柯玛集团当时是青岛市企业界五朵金花之一,有中国"电冰柜大王"的称号,是沪市主板上市公司。宋再军先后担任澳柯玛厨洁具事业部生产科科长、售后服务中心主任、上海分公司经理、河北分公司经理、晋蒙分公司经理等职务,四次被评为集团销售状元，2003年升为青岛澳柯玛科技电器有限公司副总经理，分管销售工作，直至2006年劳动合同到期主动要求不再续签。

之后宋再军开始了艰苦而精彩的创业之路。

第一次创业宋再军瞄准了中国电动自行车行业，成立了青岛金棠电子科技有限公司，注册了电动车行业海棠和惠而浦商标，基于在澳柯玛八年的工作经验和商业资源，海棠电动车迅速进入市场，首年度营业额就超过了3 000万，之后中国电动车产业迅猛发展，一窝蜂地涌现了几千个电动车品牌，随后两年电动车行业进入了无序竞争阶段，市场上各类品牌质量良莠不齐，电动车事故频发，随着行业标准的制定和市场的不断规范，海棠牌电动车逐渐淡出市场，宋再军的第一次创业宣布失败。

2008年10月，宋再军加入德国格屋旗下格屋福田自动门（青岛）有限公司，担任销售总监。该公司主营自动门、旋转门产品。2012年初，德国格屋集团因国际金融环境的影响陆续撤出在中国的投资，格屋福田公司正式改制成民营企业，更名为青岛博宁福田通道设备有限公司，随后经和博宁福田公司董事会成员多次磋商，宋再军组建了青岛博瑞福田智能门窗科技有限公司，原公司自动门、旋转门、速通门三类产品纳入博瑞福田业务，开始了第二次创业。目前公司拥有发明专利三项、实用新型专利和软件著作权若干，福田品牌旋转门被青岛市政府评为青岛名牌，青岛博瑞福田智能门窗科技有限公司成为国内同行业中的佼佼者，2019年被青岛市高新区政府评为创新型企业。

有了第一次创业的经验和教训，宋再军在管理企业的过程中稳扎稳打，一步一个脚印，逐步把博瑞福田推向全国，目前福田牌旋转门市场美誉度和占有率逐步提高，青岛博瑞福田智能门窗科技有限公司也成为中国建筑金属结构协会的理事单位。

2019年初，国内精酿啤酒逐渐盛行，宋再军又组建队伍涉足精酿啤酒行业，注册"哈工德宋"精酿设备商标，引进资本在山东菏泽注册哈工德宋酿造设备（山东）有限公司（筹），全力打造国内最大最全的精酿啤酒产业链业务,涵盖精酿设备的生产、精酿啤酒酿造、啤酒原料的研发和物流配送。

基于在威海校区和校本部的学习与成长经历,宋再军对母校有着很深的感情,自毕业起就重视和当地校友的交流,积极参与校友会工作。2017年筹建威海校区青岛校友会,2019年参与哈工大青岛校友会改选并担任常务副会长兼秘书长职务,热心校友会工作,积极组织青岛地区的校友活动。宋再军表示,在以后的生活和工作中,会拿出更多的时间和精力,为母校服务,为校友服务,为母校做更多的贡献。

程晓亮

结缘工大 情系威海

HARBIN
INSTITUTE
OF TECHNOLOGY

　　程晓亮，哈尔滨工业大学（威海）2004级校友，工商管理专业，北京天屹智造科技有限公司总经理，哈尔滨工业大学（威海）北京校友会秘书长。哈工大（威海）创业导师。

工业互联网的追梦人

  2004年程晓亮从陕西来到远在千里之外的哈工大威海分校求学。第一次到这么远的地方，十几个小时的颠簸丝毫没有影响他对新环境的期待，以及对未来的憧憬。在填报志愿时他不知从哪里听来了MBA这个词，说读了MBA都是可以出来当老板的。年轻的程晓亮就报考了哈工大的工商管理。

  自认为"不务正业"的程晓亮在校期间跟一个宿舍的兄弟卖过面包，被楼管追着满楼道跑；发过传单，一天跑断腿给了20块钱，放在钱包里舍不得花，琢磨着让它能鼓励自己奋发图强，无奈学期末的时候没钱买馒头也给花了，终归没有扛住肚子的抗议。现在回想都不自觉地嘴角上扬，自己感觉当时是多么快乐的时光。

  哈工大工商管理的学生有天生的理科基因（高中都是理科生），在校期间他自学了PS、AI等平面设计软件，在校门口开了一个平面设计室，店名叫春天花开设计室。开门大吉，好伙伴们给放鞭炮庆祝开业，鞭炮没有白放，可喜可贺，生意兴隆。垄断了校门口所有摊位的传单，承揽了学校大小晚会的海报等宣传资料。放鞭炮的小伙伴们每天中午准时报到，校门口饭馆儿吃饭，乐在其中。第二年设计室就关闭了，赚的钱都捐给了饭馆，没钱交房租了……

  大学四年很快就过去了，回想大学四年，程晓亮觉得大脑一片空白，知识还没出校门就还给老师了。得意于自己幸亏学分修满，正常毕业。幻想着工作之后意气风发的人生，笑容还挂在脸上，校招就给了一个大大的下马威，专业不够专，成绩不够好，没单位要。气愤、沮丧、担忧，一股脑全部涌现。一直以为自己是人中龙凤，原来都是错觉。离校的时候大家都哭得很伤心，不知是因为不舍这段校园情还是否定了骄傲的悲伤。后来他凭借自学的设计技能在北京的招聘会上找到一份电力行业企划工作。

2012年底程晓亮成为供职公司副总，职业上升已经到头，决定创业，注册了一个公司，开始了开挂人生。一天24小时都在工作状态，员工没几个，老板、财务、人事、销售、网管、保洁等都是自己来。自学技能都派上了用场，重新拿起书学习；一天24小时都在焦虑状态，担心甲方不签合同，担心业务不连续，担心喝多回家晚了爱人和父母担心。所有身不由己、不可控的事情带来担心、焦虑，头发开始变白。自己选择的路，只有微笑面对。自己鼓励自己：黎明就在前方，坚持！

"不积跬步，无以至千里；不积小流，无以成江海。骐骥一跃，不能十步，驽马十驾，功在不舍。"甲方经常对他说一句话："程总你很实在。"也许是个人的魅力对公司的影响，公司员工跟客户以心换心，替客户出性价比最优的方案。公司业绩逐步好了起来，业内口碑也逐渐建立起来，员工在北京也有了体面的生活。

爱折腾不知道是好还是坏，2015年程晓亮又开始折腾了。当时在整个电力施工领域营销模式比较单一、工业维护领域还纯靠人力维护的时候，他就觉得未来科技的发展肯定会带来产业的升级和营销结构的改变。于是他就跟公司股东商定公司从工程公司向科技服务型公司转型，开始做工业物联网的研发。现在听到工业物联网这个词可能不新鲜了，当年在电力行业概念还是很超前的。这个鲁莽的决定拖累了公司三年的利润率，使公司游走在亏损的边缘。

又一轮新的焦虑开始了，学工商管理的哪里会什么技术开发，但箭已上弦，不得不发。重新规划公司的业务方向，整合公司的营销体系，建立公司的服务体系。头发又白了不少，还开始脱发。他再次鼓励自己：微笑面对，坚信自己的判断。

2015—2017 年是艰难的三年，公司从施工领域获取的利润基本全部投入到了物联网的研发以及市场拓展上。公司转型基本完成，但是也把公司从盈利拖到了盈亏平衡点。2018 年，整个能源数据上云及可视化市场突然莫名地感觉热闹起来了，公司业绩也有所好转。处在电力物联网的最前沿，春江水暖鸭先知。国网要转型，行业要大变动。2019 年初，国家电网提出"泛在电力物联网"的战略发展，一下子带动了电力物联网行业。公司就类似于风口上的猪，储备了几年的技术终于迎来了春天。2019 年 9 月，公司参与制定了配电室智能运维的标准——全国第一份在这个专业领域的标准。公司在市场业绩方面也有了跨越式的发展，成为电力物联网服务领域北京第一梯队公司。

痛苦有时候是阵痛，忍一忍就过去了；有时候是长痛，没忍住，军心涣散，功亏一篑。程晓亮感慨道："感谢母校教给我不屈不挠、善于思考、微笑面对困境的能力，我还在路上……"

李 川

结缘工大 情系威海

HARBIN
INSTITUTE
OF TECHNOLOGY

李川，哈尔滨工业大学（威海）2003级测控专业。青岛力磁电气股份有限公司/青岛威巴克消毒技术有限公司董事长。哈工大（威海）创业导师。

中国智造　乘势追风

制造业是国民经济的主体,是科技创新的主战场,是立国之本、兴国之器,一大批中国高精尖制造企业,用喷薄的创新热情和坚定的使命感,与祖国一起迈向"中国智造"。

力磁电气作为其中一员,也正在实现由中国走向世界的宏愿。

在创始人李川眼中,这不仅是个人梦想的征途,更是川涌奔流的赤子情怀。

非典型理工男

"在我先前的刻板印象里,《生活大爆炸》里的谢耳朵就是理工男的标准模板,木讷、执拗、不解风情,甚至和现实生活有点脱节。"

采访李川之前,为了能深入了解这位"理工男",我先搜集了一些他的资料:山东省最年轻的首席技师、威海市发明协会副秘书长、威海市青年创业形象大使、威海市技师协会会长、威海市社会组织联合会常务副会长、第十三届威海市政协委员、哈尔滨工业大学(威海)校友理事会理事、哈尔滨工业大学(威海)青岛校友会常务副会长……可谓头角峥嵘。

时间的指针很快走到见面当天。力磁电气的总部位于青岛城阳区的天安数码城内,我们到达青岛的时候,晚春的凉意尚未完全褪去,但这片海风吹拂的土地,正值樱花吐蕊、新芽探绿,令人心有暖意。

见到李川之后,我们卸下了之前所有的顾虑。他热情友善,知道我们是第一次来青岛，第一件事就是带我们去吃地道的青岛海鲜。尽管他很忙，席间一直电话不断，但仍会帮旁边的人舀上一大勺蛤蜊，告诉我们白灼章鱼配上芥末酱油最棒、花馍配上当地的腌萝卜才够正宗，把大家照顾得妥妥当当。他很健谈，从人生中的第一件发明到力磁最近的成果动向，再枯燥的科学原理都能讲得简明有趣。

和他的助理聊天时，我又得知了另一个不一样的李川：比如无论前一天工作到多晚，第二天一定准时出现在办公室；企业的各项技术科研项目，他都亲自参与，狠抓质量。他记得员工的生日和家庭情况，聚会时会亲自下厨做一大桌菜；加班太晚的时候就让司机先走，自己开车回家……

第二天的行程是拍摄封面大片，原本我们担心他会不习惯，但全程都能听到他爽朗的笑声，标志性中气十足的"哈哈哈"三连拍，让整个气氛轻松又活跃。

山东，自古就是钟秀之地，古有孔丘传授儒学，有王羲之挥毫兰亭，有孙膑驰笔兵法，有辛弃疾凭诗咏怀；如今更是诞生了万达、海尔、海信、张裕等一大批著名企业与品牌。

在这片充满奇迹与智慧的土地上，出生在山东威海的李川，也正在运用磁力技术征服并改变着世界。从山村孩子到一手创办力磁电气的行业领军人物，他的征途是星辰大海。

他深情爱着生养他的土地。2017年，力磁电气在威海乳山新建生产基地，成为全球最大的注塑机磁力模板工厂。新的生产基地使用具有人工智能的全自动6轴库卡机器人进行自动化装配生产线，磁力模板装配环节90%以上的工作将会由机器人完成。

力磁电气迈出的一大步，也是李川梦想的飞跃。太平洋的风几十年如一日抚过黄海海面，当年那个在威海乳山的山村里出生长大、热爱发明的少年李川，如今把现代化工业的种子播撒在家乡的土地上，打造当地高端制造业工程，被列为威海市的重点项目。

这就是李川，刚柔并济、有情有义的山东儿郎。

天生"发明狂"

对李川的采访在力磁电气的茶室里进行。茶室和他的办公室一样,都是极简风格,没有多余的装饰,但每样东西都整整齐齐,令人舒服。

我试图通过他的成长轨迹来进一步了解他身上与众不同的能量。而他的故事令我想起著名科学家尼古拉·特斯拉,他们都是天赋异禀、涉足的领域与电磁有关、深刻影响着人们的生活,不同的是100多年前特斯拉是用交流电,而现代的李川则是充分运用电控永磁技术走在了时代前列。

王小波曾说:"根据我的经验,人在年轻时,最头疼的一件事就是决定自己这一生要做什么。"但对于李川来说,他没有为此头疼过。

从小他就对电器有着非同寻常的痴迷,总是把家里的电器拆拆装装,初中时就会帮乡里乡亲修电视;想学编程却苦于家里太穷买不起电脑,他就想办法找来一台小霸王游戏机,把键盘接在电视上,用来自学最基本的编程语言。"从小就对电器这般好奇喜欢",因为喜欢所以痴迷,再大一点的时候他甚至在家里开过一个小小的家电修理部,邻村的人都会专门跑来找他帮忙修理家电,生意很好。"但我从来不为挣钱,就为了能够在维修的过程中学习到更多的知识。"他笑说。

力磁电气董事长李川

中专时他选择的是服装设计专业,虽然心仪电器维修专业,但他考虑到当时的服装专业"包分配工作",这样可以帮家里减轻负担,这是自己从农村走向城市的机会。毕业后，他被分配进服装厂，从基层工人干起一路做到设备科科长。工厂里没有任何设备问题是他搞不定的。

他心中的发明热情从未熄灭，并且总能做很超前的事儿。熟知服装生产又懂电气技术的他发明了缝纫机节能器，一经推出就卖了三万多台。这个发明专利对他意义重大：一是这是他的首次创业，并为自己挣来了第一套房子；二是他更加感受到发明的力量，不仅改变他自己的生活，也能影响和帮助更多人。

缝纫机节能器火了，不久之后市面上仿冒货四起，李川决定"不干了"，转身投向磁力技术研究。瓶颈也随之而来，"自己的知识和技术跟不上了"，他很焦虑。

拥有9个一级学科国家重点学科、8个国家级重点实验室、培养出无数中国优秀科学家的哈尔滨工业大学，是他向往的知识圣殿。哈工大威海校区离他当时上班的工厂很近，他不知道多少次在校门口徘徊，心里又向往又苦闷：自己高中都没读，怎么能迈进这个大门？徒有心无力而已。

另类旁听生

乔布斯生前在斯坦福大学的一场演讲中，提出了著名的"connect the dots"，意指人生原本就充满未知和变数，唯有坚持你的天赋和喜好、在明确的目标下不断追寻，才能将所有的"意外"（dots）连接起来，实现梦想，开启与众不同的人生。

从小就知道自己喜欢什么、要做什么的李川，一边工作一边搞创新发明，积累了许多自己的dots。而他的努力自持，也为他引来了生命中的诸多贵人。一次偶然的机会，他结识了当时的哈工大教务处副处长孙教授，孙教授见这个年轻人天赋和创新热情极高，又渴望学习，便为他争取到旁听的机会。2003—2006年，在哈工大当了三年"旁听生"，没有学籍、没有档案的李川，凭借过人的天赋和努力，在知识与技术的武装下如虎添翼，如今已成为哈工大的卓越校友，是哈工大第一个被认可的旁听生，2010年还与哈尔滨工业大学（威海）共同设立磁力技术研究所并出任副所长。如今力磁电气的许多科研项目，都与哈工大保持着紧密的联系与合作。

也有不那么好的 dots。"天将降大任于斯人也，必先苦其心志。"2007年，李川花两年时间研发了一套电永磁夹具系统，是当时磁力行业内最先进的一套系统。原本他信心满满，但市场反应却很冷淡，一共只卖出去两套。究其原因，当时的行业市场处于早期阶段，李川的发明太过超前，可以应用的地方和场景几乎没有，在10年后却被普遍使用。回想那次失败，李川笑言自己得到的一个教训是："现在我做东西，一定是未来五年内可以用上的，而不是十年以后。"

2009年，李川代表威海市参加中央电视台的《青年创业中国强 我是城市榜样》节目，初登场时，作为评委的航美传媒董事长郭曼评价他"虽然是中专毕业，但看上去像一个硕士生"。彼时的李川，已经创业7年、手握9项国家发明专利，胸中已经构建了以技术创新推动行业进步的蓝图。经过激烈的比拼，他最终胜出并被授予"威海市青年创业形象大使"荣誉称号。

乘势追风者

创新已经成为这个时代的主题，"智造"是世界各国的竞技场。2017年3月5日，李克强总理在全国两会上做政府工作报告时提出，要深入实施《中国制造2025》，加快大数据、云计算、物联网应用，以新技术新业态新模式，推动传统产业生产、管理和营销模式变革。把发展智能制造作为主攻方向，推进国家智能制造示范区、制造业创新中心建设，深入实施工业强基、重大装备专项工程，大力发展先进制造业，推动中国制造向中高端迈进。

这已经是"中国制造2025"连续第三年在政府工作报告中被提及、强调。无疑也向我国企业释放了狠抓创新、由制造向智造转变的发展信号。

时代属于乘势而上的人，李川无疑就是其中的激流勇进者。"每个企业都要顺应时代和国家发展的规律与要求。"他很清楚这一点。

在涉足制造业伊始，李川就敏锐地意识到制造业企业只有走高精尖的路线才会有未来，才能改变中国消费者蜂拥国外寻求高品质产品的状况。时过境迁，他看到自己当初的判断得到证实："中国消费者开始理性了，中国制造在国际上越来越有底气。以华为为代表的手机开始媲美苹果，打败三星；以吉利汽车、比亚迪汽车为代表的国内汽车品牌开始崭露头角……这些都是我们的骄傲，也是国家转型升级的过程。"

在他的主导下，力磁电气与哈尔滨工业大学进行产学研合作并共同创建磁力技术研究所，全力推进电永磁技术进步，目前拥有几十项电永磁技术相关国家专利，并全面通过 ISO 9001 国际管理体系认证和欧洲 CE 认证；在技术研发方面不断投入，是获得国家认定的高新技术企业；与中国科学院联合研发的具有人工智能的全自动机器人装配生产线，打破了全球范围内磁力模板自动装配生产线行业空白的局面，通过三一重工、北汽福田、比亚迪、东风汽车、海尔集团、海信集团、美的空调、西门子等知名企业验厂认证，而且与国内外知名注塑机生产厂家建立良好的合作关系，并成为长期战略合作伙伴……

驾驭时代东风的人

事实上至少在 3 年以前，他就给未来的制造业下了十字定义：个性化定制、规模化生产。"只有规模化定制的产品才能有高利润，满足大多数消费者的需求，但如果个性化定制不能规模化成产，成本就又会太高。"

在这个方向下，李川将"3 分钟换产"作为未来力磁的核心技术方向。流水线生产最大的问题是规模庞大，难以实现快速换产，但力磁能够做到在其所负责的生产线上实现 3 分钟自动化。"比如这条线上 3 分钟前生产的是宝马 X1 的配件，3 分钟后就能快速换模生产宝马 X5 的配件。"李川举例说，"并且全程实现自动化，不需要人工参与，大大提高企业的生产效率。"

目前力磁在研发上已经实现了这样的创举。采访中，他向我们展示力磁自主研发的快插连接板,这种机械装置可以在不使用任何工具的情况下,快速、简单、保险地重复连接和断开几乎任何流体或气体管道。而这只是力磁实现为自动化生产而研发出的众多发明专利中的一项。

对于企业来说,效率就是生命,是核心竞争力之一,力磁在这个方面的突破,对千千万万企业意义重大。

一谈到力磁的创新与发明,李川就变得兴奋异常。放下快插连接板模具后,他又拿起一个"神秘"的黑瓶子介绍说:"这是我这两年的研究成果,威巴克消毒液,无毒无味无污染,可以用于农业、医疗、工业、家居……各种各样场景都适配。"

这个瓶子里装的是用威巴克按比例调配的免洗洗手液,我在他的示意下好奇地伸出双手,他往我手上喷了几下,我稍作搓洗,不一会儿果然就没有了油腻感,很清爽。

"我们的目标是让消毒成为生活习惯!目前市场上缺少安全无毒无残留、能够让消费者放心使用的消毒液。"李川说。

"这个技术有可能会改变世界。"他的心中燃着一把火,这把火无关乎要通过这项技术挣多少钱,而是能够对社会产生多大的作用。

让我更惊讶的是,他决定先通过微商的方式做第一阶段的推广。"高精尖产业+微商传播",这样的组合还是第一次听说,十分有趣。这就是李川,真正的人如其名,他懂得并接纳这个时代的诸多新鲜事物,并且能够灵活运用,正应了"海纳百川,有容乃大"这句话。

"做企业就像吃饭一样,要吃着碗里的、想着锅里的、种着地里的。"在给股东们开会时,李川常常这么说,"我们必须把这个行业未来20年的方向看清楚,然后踏实做好眼下三到五年内的事。"这是企业必须自修的内功。

唯有如此,当时代潮流奔涌而来、当国家号角吹响、当发展的东风刮来,才能如他所言:"等到风来的时候,我能飞。"

人才"收割机"

中国古话有云,人定胜天。企业的成功,人的因素至关重要,尤其是以高精尖技术为核心的产业中。李川从不把力磁所取得的成绩归功于自己,而是在坚持技术创新之外,还有"贵人相助"。

刘备三顾茅庐，终请得诸葛亮出山；曹操赤脚迎接许攸，才得以打败袁绍、平定冀州；齐桓公拜管仲为相，称霸中原；李世民屈己纳谏、任贤使能，终成伟业……李川的识人用人之道，也为力磁的腾飞添了丰满羽翼。

李川身上仿佛有特殊的磁场，吸引了一批优秀的科技人才与他并肩作战。力磁电气里的许多员工，都是跟了他十几年的老将，还有许多人才是受到他的感召而来。力磁电气拥有实力过硬的专家技术团队，以哈工大孙教授为核心，形成了一个生机勃勃的研发生态。当年，孙教授将李川引入哈工大，如今他辞去所有的行政职务，在力磁电气全力支持李川。

除了自身的研发团队，李川还采取了委托研发、兼职研发、在职办公、异地办公等方式，不拘一格招揽人才，用"求贤若渴"来形容毫不为过。

"只要你是人才，各种方式我都可以和你合作。你人在哪里不重要，重要的是我们能一起做事情。"李川的人才策略，为企业注入了源源不断的新能量，也助推了企业科研能量的铺陈，目前，力磁电气除了在青岛总部有研发部门，在威海、无锡、西安等地也设立研发机构，为力磁电气未来发展奠定雄厚的研发基础。

李川带领着力磁人一起，走产学研结合的道路，致力于用高新技术影响、造福社会，让大众生活更美好，助力"中国制造"迈向"中国智造"。

从"中国的力磁"到"世界的力磁"

从中国的力磁到世界的力磁，是李川的宏愿。为此迈出的重要一步，便是上市。

2016年8月，力磁电气在新三板成功挂牌上市，成为快速换模行业首个上市企业。从公司创立到新三板上市，力磁电气只用了6年时间，从决定上市券商进场到提交股转系统文件并被受理，只用了3个半月！上市团队包括券商、律所、会所的工作人员都感叹力磁速度，他们从来没有遇到过任何一个新三板上市过程只用了3个半月就完成所有工作的企业。这得益于力磁电气创立之初就严格按照上市公司的要求规范管理，财务、法务各方面严格按照法律规定执行，"只有规范经营行为，企业才可以走得更远"。

也许在许多人看来，作为上市公司，力磁电气目前的体量稍显小了。但对力磁电气来说，挂牌新三板考虑并不在此，另有深意。

第一是规范公司的经营行为。爱学习爱读书的李川，研究过大量企业品牌的成功案例，他发现几乎大部分500强企业，没有一个是因为产品便宜而成功的，关键在于它们将产品做到了极致。因此他也坚持在成本可控的情况下，尽可能做到最好。

规范化经营后，商业化模式也得以成功调整。上市后，力磁电气的客户层次定位显著提升。通过这几年不断的转型和产品重新定位，力磁电气的产品可以适配的场景更多，实现了由低端制造业向高端制造业的转变，如今全球排名前几的经销商，都与力磁电气建立了紧密合作。这不仅需要技术的进步和深化，也需要商业模式的改变，两者缺一不可，而上市无疑加快了整个进程。

上市之后，李川对自己、对企业的要求也更加严格："力磁与生俱来的天职和义务应该是遵守社会道德，带领行业一同制造代表中国至高水准、更先进、更实用的科技产品，而非追求利润最大化。"

所以了解力磁电气的人会看到，力磁电气只保留最基本利润，让剩余利润尽可能转化成更高质量的产品和更加完善的服务。在李川看来，这才是力磁电气和整个行业持续发展下去的根本。珍视身后名，不图眼前利——他时常这样警醒自己，在他心里，更看重的是整个行业的正向发展。

太极生两仪，磁铁有两极。我们有理由相信，今天力磁电气的宏图，他日将会是这个智造时代浓墨重彩的一章。

田海龙

结缘工大 情系威海

HARBIN INSTITUTE OF TECHNOLOGY

田海龙，哈尔滨工业大学（威海）2003级经济管理学院校友，目前担任成都哈哈兄弟文化传播有限责任公司董事长，九三学社社员。

哈哈曲艺社

——跨界达人

威海初相遇

老家在山东高唐县农村的田海龙,小时候调皮,写作业也不安生,喜欢一边写作业一边看电视。后来,电视被爸爸故意"弄坏",他就转向了收音机,也从此迷上了收音机里的评书和相声。中学时代的田海龙如今是老师和同学们眼里的"传奇人物",上课喜欢睡觉、成绩一直不太突出的他,却在高考时一举发力,考入了哈工大(威海),成为03级工商管理专业的学生。初入大学的田海龙很快就感受到了传说中的失落与迷茫:来自农村的他跟班上许多同学相比,各方面都没有优势;对自己选择的专业并没有太多的兴趣,许多课程深奥又枯燥,他在自己一直向往的大学生活中陷入了迷茫。

大一上学期快结束时,田海龙一个偶然的机会认识了几位喜欢说相声的学长。十几年过去了,田海龙忆起当年还有些小兴奋:"学长们当时说想成立一个跟相声有关的社团,这对我来说无异于在沙漠中发现了绿洲。"很快,一个名叫"哈哈曲艺社"的学生社团出现在校园里,一群身穿大褂、手拿折扇的年轻人,开始频频出现在校内的各种演出中。"其实当时也不懂相声,就是觉得好玩儿。而且,别人都有特长,都会小提琴、钢琴啥的,我当时觉得相声就是我的专长了。"虽然没有受过科班训练,对相声也没有系统地学习和理解，但田海龙和他的伙伴们边学边演，节目既有传统相声的韵味，内容又贴近大学生活，在校内师生中广受欢迎。正是因为田海龙和哈哈曲艺社的出现，让相声这门传统的曲艺走进了哈工大（威海）这所工科院校的校园，为活跃校园文化、丰富师生的休闲生活做出了积极贡献。

此后三年多的时间，哈哈曲艺社一直是校园里最受师生欢迎的社团之一。大四那年，田海龙带着曲艺社的伙伴们举办了相声专场演出，成为校园里届届相传的传奇。

只是，当初的田海龙并没有想到，有一天这项专长会成为他谋生的手段。

成都再相逢

2007年7月，青梅竹马的恋人在四川大学毕业后留在了成都，大学毕业的田海龙也一路追随而来。最初的两年，他做过企业的HR、销售，后来相继在索尼、三星等外资公司做培训师，工作稳定，收入也比较可观。但身为山东人的田海龙依然没有完全融入异乡的生活，他多次跟爱人商量想回北方工作，直到2008年，他们亲历了"5·12"汶川地震。

当时，离震源只有不到100千米的成都震感强烈，田海龙也跟许多成都人一样，为躲避余震住了20多天的帐篷。地震虽然为四川人民带来了巨大的损失，但面对灾难时，四川人特有的乐观、豁达、包容与坚强深深地感染了田海龙。从那时起，他决定留在成都，同时，想继续说相声的愿望也一天比一天强烈。"相声不是一个人能玩儿的，得找到跟自己志趣相同的人才行。"于是，有大半年的时间，田海龙每天下班后的一个重要工作，就是在当时的人人网、豆瓣网等社交网站上发帖，寻找跟自己一样的相声爱好者。

终于，在田海龙的努力下，成都本地的相声爱好者被从城市的各个角落挖掘出来，聚集到一起，并于2009年10月成立了成都哈哈曲艺社。之所以依然沿用大学时代社团的名字，一是因为田海龙对母校的眷恋与情怀，二是这个名字本身就可以给人带来快乐。就这样，一群喜爱传统曲艺、有

志于传承传统文化、希望为大家传播快乐的年轻人，穿上大褂、手摇折扇，开始出现在成都街头的茶馆、剧场，为成都人民说相声。当时的哈哈曲艺社纯粹是一个票友性质的社团，演出也是四处打游击，哪儿让演就去哪儿演，也不收门票，还经常自己"倒贴茶水钱"。田海龙那时还是三星公司的培训师，白天上班，周末就跟同伴们去茶馆说相声，工作爱好两不误，日子过得简单又快乐。田海龙笑称那段时间是"快乐的草莽时代"。

有缘入师门

2010年4月，青海玉树发生地震，经历过汶川地震的田海龙已把自己当成了成都人，他和同伴们决定为玉树做点什么，于是，曲艺社组织了几次相声义演。义演活动被媒体报道后，受到了丁宝祥先生的关注。丁宝祥师承相声大师侯宝林先生的三弟子杨紫阳，是四川最正宗的相声传承人之一。当时已经75岁的丁宝祥先生对这帮热爱、坚持说相声的年轻人格外喜欢，他不但每周到现场给曲艺社的演员们讲课，指导大家排练，还将田海龙等5名年轻人收为徒弟。老前辈的支持和鼓励让田海龙他们无比感动，备受鼓舞。

进了师门后，田海龙和师弟们肩上多了几分使命感和责任感。"之前小打小闹说着玩儿，但拜了师父就不能给师父丢人，做就得好好做，正儿八经地做出点成绩来。"田海龙和师弟们虽然入了师门，但相声作为传统的曲艺形式，说学逗唱的本事讲究从小练起。这些并没有童子功的年轻人都是半路出家，一是靠祖师爷赏饭吃的天赋，二就是要靠平时苦练功夫。经过多年的学习与磨炼，田海龙在单口相声、对口相声、评书等方面都小有建树，相声中捧哏逗哏的角色他都能来。说起相声中的技艺，田海龙颇有心得："传统的说法是三分逗七分捧，其实不是说捧哏更重要，而是更难。逗哏进入角色之后就尽情表演，捧哏要同时关注观众的反应，他说的话既是固定的又不是固定的，随时把现场观众的状态反馈给逗哏，把控好节奏，才是最重要的。好的捧哏并不是最出彩的，反而是把自己隐藏在演出中，观众感觉不出你的存在，顺利自然圆融无碍，你就成功了。"

在台上演出不只是为了逗观众乐呵，更多的是要与观众互动，引起大家的共鸣。田海龙说，相声里的包袱不仅仅是逗乐的，更是来源于生活中的实例，所以，相声演员要广闻博学，见多识广。"不能只靠网上看来的搞笑段子，更重要的是要关注生活中方方面面的热点。说到底，相声是一门通俗的艺术，只有扎扎实实地生活，才能达到相声的通俗美，让观众愉悦。"

哈哈曲艺社在成都成立最初的几年，演出地点多次变动。最早的时候没有地方演出，为了吸引大家的兴趣，他们就去成都最繁华的春熙路上"撂地儿"（艺人在街头演出）；后来，从老牌的悦来茶馆到东门大桥旁的香香巷、劳动人民文化宫、大慈寺路一家茶馆；再后来，演出地点固定在峨影厂附近的闲亭店和武侯区天仁路附近的水木清科茶馆。刚开始门票10元、20元，场场卖光，没想到一个月后，观众不干了，要求他们涨价，因为觉得太便宜了，怕他们坚持不下去。成都人对传统相声的宽容和欢迎让田海龙他们备受感动。田海龙说，正是成都这座城市的文化氛围和成都人对文化休闲活动的喜爱，让相声这种诞生于北方的曲艺形式在这里得以生存与发展。

抱团再出发

2014年，几个一起学相声的师弟大学毕业了，他们想靠说相声谋生。经过慎重考虑，田海龙辞去了收入不菲的工作，与大家一起凑钱成立了一家文化公司，开始专职说相声。真正开始创业后，田海龙才知道创业的艰难。作为西南地区最专业的时间管理、终端销售、语言技巧的培训师之一，原本他在企业有着相当不错的收入，如今每天睁开眼，就面临着十几口人吃饭的问题，再加上团队管理、市场运营等日常事务，常常让他感到焦头烂额。好在，公司这两年逐渐引入了专业的运营、管理团队，各项管理工作正走上正轨，田海龙可以逐渐脱出身来，专注于他喜欢的曲艺研究。

曲艺社目前有16位专职演员和几位兼职演员，绝大多数是80后、90后年轻人，他们面向的观众，也大多是年轻人。如今，两个演出场地每晚都有演出,演员们除了晚上的剧场演出,白天会在宽窄巷子、锦里等景点演出。曲艺社的演员们来自五湖四海,大学里的专业也是五花八门,虽然工资不高,但大家因为对传统文化、传统曲艺的热爱聚到一起,因为梦想而执着前行。台下的他们也是人们眼中的小鲜肉、小清新,穿上大褂上了台却像换了一个人,折扇、醒木、方手帕在手,快板、评书、金钱板样样精通,他们讲时事、谈生活,语言接地气,段子里不时冒出成都的地名和四川方言,川味十足,现场欢笑声、掌声、叫好声不断。有许多网友在网上留言:"在这个年代,还能看到年轻人这么用心地说相声,真是难得!""想象不到成都还有这么传统的地方,更没想到,这么传统的地方,从演员到观众都这么年轻。"在演出现场,记者也遇到一名四川大学的大一女生,她从微博上得知哈哈曲艺社的演出消息后,连续3天晚上买票来现场听相声。虽然从学校要转两次地铁才能到演出现场,但她一点都不觉得麻烦。"我不觉得相声是给中老年人听的,我就特别喜欢相声这些传统文化的东西。哈哈曲艺社的这些年轻人都很棒,以后有机会我会常来现场听相声的。"演出结束后,曲艺社的全体演员都会在门口列队欢送观众。很多哈哈曲艺社的老粉丝见过演员来来去去,见过他们演出状态最好的时候,也见过他们陷入低谷的状态。对这些"衣食父母"的支持,田海龙始终心存感激。

几年来,有演员因为说相声红了,去了电视台、电台做主持人,也有人因为工资不高、看不到未来而离开,但也有新成员不断地加入进来。"虽然还面临很多的问题,但我们的影响力在年轻人中越来越大,这是最让人欣慰的。"对于离开的人,田海龙也表示理解,毕竟有很长一段时间,他拿的工资只有三千块左右,不过是在外企工作时收入的零头。

说相声的同时,田海龙还在四川旅游学院等高校开设选修课,为大学生普及相声的相关知识,引导更多年轻人喜欢相声,喜欢传统曲艺。曲艺社也面向社会常年开设相声培训班,每季度一期,每期招收10名学员,报名来学相声的有公司白领,有火锅店老板,也有建筑工人,"许多人天生就吃相声这碗饭,学3个月就能上台,有些人3年也未必能表演,但只要喜欢相声，我们都尽心尽力地去教"。田海龙常对学生说的一句话就是："为本分人，说良心话，行有情事，做自在艺。"

在学习、演出之余，哈哈曲艺社的演员们还结合时代特色和时事热点，积极创作新作品近百段，内容涉及日常生活、娱乐热点等各个领域，嬉笑怒骂中蕴含生活的哲理，广受观众好评。作为成都市曲艺家协会团体会员、成都劳动人民文化宫曲艺分队、防震减灾志愿者文工团曲艺分队，曲艺社为各种公益活动提供免费演出，为成都的老百姓送去欢乐！

多年的努力和积累赢得了成都观众的认可，也为曲艺社带来多项荣誉：2011年曲艺社演员唐浩峰作品《看电影》荣获天津市"红桥杯"相声创作大赛全国一等奖；2011年12月，田海龙、李阳作品《成都学电台》荣获四川青年表演大赛曲艺组银奖……因为相声，田海龙也成为中国曲协会员，担任了四川省曲协副主席、成都市曲协副秘书长、全国青年曲艺工作者联盟副秘书长等职务。田海龙和伙伴们曾多次登上成都电视台和中央电视台的舞台，向更多的人展示相声的独特魅力。在采访期间，中央电视台综艺频道的几位编导也慕名来到哈哈曲艺社，为节目挑选作品和演员。"哈哈曲艺社在传统曲艺和地域文化的融合中做了不少工作，相声作为北方的曲艺形式，能在成都发展这么好，哈哈曲艺社的贡献不能忽视。"

谈到母校，田海龙满心怀念。"毕业十多年，大学里学的很多专业知识早都忘光了，但'规格严格，功夫到家'的校训一直都记得，很多艰难的时候，就拿这个来激励自己，再多坚持一下。"虽然毕业后曾回过几次威海，但每次都来去匆匆。听记者介绍校园里新建的博物馆、公寓、图书馆和各式园林，田海龙语气里都是欣喜："真羡慕现在的学弟学妹们，有时间，我一定回学校看看。"

对于未来，田海龙说，他只希望市场稳定，政府能对传统曲艺给予更多的政策支持，他们可以在现有的基础上小有发展，让更多人特别是年轻人喜欢听相声，更喜欢说相声，将这项传统的曲艺好好传承下去。"习总书记不是多次强调我们国家的文化自信吗？我们也希望能有更多机会，为传承中华曲艺多做点事情。"

"让相声在四川得到更好的传承与发展，让想说相声的人有舞台去演出，让想听相声的人有地方去听。做一个制造快乐的团队，为更多人带去欢乐。"这是当年田海龙和同伴们成立哈哈曲艺社的初衷，也是他们这些年一直在坚持的信念。毕业十多年的时间，从威海到成都，从学生到演员，跨越数千里，心中的热爱与执着却始终未变。

对传统文化的坚守和传承，注定任重而道远，田海龙和他的哈哈曲艺社，一直在执着于梦想的路上。

张 渊

结缘 工大 情系 威海

HARBIN
INSTITUTE
OF TECHNOLOGY

张渊，1998年毕业于哈尔滨工业大学（威海）机械制造工艺及设备专业。青岛博世通智能装备有限公司总经理，哈工大青岛校友会和哈工大（威海）青岛校友会副会长。哈尔滨工业大学"规格严格，功夫到家"的校训，深深地铭刻在他的心里，影响着他以后的工作和创业之路。

匠人精神　精益求精

　　1996年张渊刚入学时，正值威海校区成立初期。因经费掣肘、步履艰难，校区显得十分简陋和荒凉。当时心高气傲的张渊，本来由于高考发挥失利而上专科就心有不甘；刚一入校，再看到这样一个正值初创、不具规模的校区，感觉分外失落。但是很快，他就被学校特别是所学专业治学严格、学风严谨的氛围所感染，也对学校老教授和年轻教师们渊博的专业知识、扎实的教学功底产生由衷的敬佩。尤其是教机械加工的老师给张渊和同学们讲了他亲历的一件事：当时机械加工老师所属的团队在进入材料实验室的时候，人数都有限制。因为进去人多了，体温会影响室内温度，会对加工精度、实验结果产生影响。这件事对张渊震动很大：这些在生活中看起来极其平易近人的老师，原来都是一些搞研究的科学家！他们无论是在教学还是在科研过程中，都是那样严谨，不轻易放过任何一个细节！如此浓厚的学术氛围深深地浸染着张渊，他很快融入到了大学的学习和生活中，如饥似渴地汲取着大学的知识，认真地磨炼自己的品性，学习着哈工大的传统精神。在学校生活中，太多的老师给他激励，给他感动。当年的毕业设计，因为没有合适的教室，就在曾经的小食堂里（新食堂启用后腾出来的）来做，条件异常艰苦。六七月份的威海，天气炎热，指导毕业设计的刘会英老师一直和同学们在一起，轮番指导每位同学，常常讲着讲着，汗水就流下来了。年纪很大的王启平老师，为同学们讲解的"互换性技术与公差"

课程，比较抽象难懂，但王老师在教学和指导中丝毫不马虎，细致周到。老师们不但在教学中严谨、不怕苦，而且在学习和生活中，也切身地为学生着想。1998年7月张渊毕业的时候，朱昌盛老师还帮他寻找就业机会。虽然最后因为一些原因没有进入那个单位，但是老师那种真挚和不求回报的精神，让张渊非常感动。张渊说，在后来他遇到需要帮助的人，他都会尽量帮助。老师的教诲，极大地影响了这个成长中的青年，在张渊的一生中，种下了真善美的种子。

张渊经常在与朋友聊天中说，在大学的学习和生活里，哈工大"规格严格，功夫到家"的校训已经慢慢地融入了他的血液。他说，对自己所做的每一件事，只有投入热爱、专注、严谨，才能有源源不断的热情和动力把这件事做到、做成、做好！只有真正达到"规格严格"，才能在行业中真正做到"功夫到家"。或许在人生的每一个阶段，都没有真正的完美，但是你却一直走在通向完美的路上，就像这些朴实的老师，他们从来都没有把已经取得的成就放在嘴边，而是在每时每刻的践行中，用自己的行动影响着一届又一届的学生。张渊正是这千千万万个学生中的受益者之一，到后来创业做实体，做自己的产品时，这种精神一直推动着他追求产品品质，不断提升为客户服务的质量，力求做到最好。

1998年，张渊怀着对母校的无限留恋，离开了学校。但是，对于一个胸怀大志的青年来说，机会永远属于有准备的人。张渊曾经担任过电工、销售工程师，以及销售区域经理。在每一段职业生涯中，他都做得非常出色，受到了领导和工友的好评。他说，作为哈工大的毕业生，无论在哪个岗位上，都不允许自己工作懈怠，这既是对自己，也是对公司最大的尊重。

2004年，张渊抑制不住内心创业的冲动，在冷静地分析了形势之后，开始了自己的创业之路。他创建了青岛博世通智能装备有限公司。创业初期，因为没有资金，他只能主要从事自动化零部件的销售贸易。虽然做贸易只是提供给客户标准的零部件，但是张渊一直秉承着对客户尽心尽责的原则，用所学到的知识和积累的专业经验尽可能地帮助客户解决他们遇到的困难，尽可能为客户提供最优质的服务。在他的精心经营下，公司运营良好，受到客户的信任，进入良性发展期。

2008年，随着公司的发展和资金的积累，张渊的公司开始转型设计、生产、安装调试非标准化自动化生产线及设备，也真正开始了他把在母校学到的知识实实在在转化为商业产品的实践。俗话说，万事开头难。一般在项目投标时，大多数公司要看参标公司的实力和往期成功案例。因为公司初创，缺少案例，张渊的公司最初投标时，存在很大困难。为了中标，张渊要求自己的团队，做每一个项目，无论大小，都按照高标准；每做一个项目，都要让它成为自己下一次投标的名片。就这样，一步一个脚印，张渊的公司承接项目的范围慢慢扩大，逐渐拓展到汽车动力总成非标自动化装配生产线、机器人应用、AGV 设计及应用，以及其他非标设备等，公司也发展为集设计研发、加工制造、装配调试及销售服务于一体的高新技术型企业。

随着公司一路奋勇向前，张渊则一路冷静踏实、精细规划。他走得非常稳，尽管在创业开始的前几年，曾经历了多次国际国内经济低迷的严峻考验，但在张渊强有力的领导下，公司一直劈波斩浪，稳步发展，从而能够为工业生产自动化、智能化提供系统解决方案，公司自主研发制造的非标准自动化设备广泛应用于汽车、机械、电子、家电、太阳能、化工等

张渊校友在公司

行业，在同行业中有着越来越大的影响力，同世界500强企业如BMW、GM、FORD、VOLVO、ABB、SGMW等公司建立了良好的合作关系，获得了客户的一致好评。

在公司的不断发展中，作为一个理工科出身的人，张渊深知自己在公司管理方面需要提升，所以这些年他既激励自己，也鼓舞着周围同事不断地刻苦学习管理知识。在繁忙的工作中，他抽时间参加了众多如MBA总裁班、现代管理课程、股权激励等课程的学习。他总说，我是理工科学生，是哈工大造就了我精益求精的专业精神，这是我一生恪守的原则；而作为一个经营者，我也要学习和运用管理知识，才能更有效地管理公司。青岛博世通智能装备有限公司在他的带领下，规模越做越大。随着发展，公司也开始承担起越来越大的社会责任。2012年青岛博世通智能装备有限公司被青岛市人民政府评为创业明星企业，2014年张渊被青岛市人民政府评为青岛市十佳创业标兵，2015年和2018年青岛博世通智能装备有限公司又获得高新技术企业证书，并受到青岛市科技局的嘉奖。在此期间，公司自主研发的产品获得了发明专利、实用新型、软件著作权等30余项。公司已经拥有一支高素质的研发团队和一套成熟的项目管理经验。

张渊一贯坚持"创造精品，传递价值"的精神追求，秉承"一切以客户为中心"的经营理念和"机器能做的事，就让机器去做，让人做更有创造意义的事"的研发制造理念，不断为客户提供物有所值、满足并超出客户需求的自动化系统及设备，不断实现公司的社会价值。

而每每和别人聊起公司时，张渊都会自嘲愚钝，公司发展慢。但是他也坦言并不后悔，因为这些年他尽自己的最大努力，将机械自动化理论知识转化为产品，为众多行业、众多公司解决了人工紧缺的问题。公司所做的自动化设备让众多工人解放了双手，实现了他的人生价值。

2018年，青岛博世通智能装备有限公司搬迁到胶州国家经济技术开发区，同机械科学研究总院开始合作。这一年，张渊几次和机械科学研究总院领导和专家交流洽谈，寻求更大的发展优势和共同的发展空间。他已经找到了新的发展方向与平台,他的公司又将开始下一段更精彩的征程。

从毕业工作,到创业,到下一步发展,每一个阶段,张渊都投入了十二分的热情。他希望能将自己的所学不断运用到他的企业经营中,并实现不断创新。这个时代,是一个飞速发展的时代,每个产业更新换代非常快,但是作为机械行业,不但要审时度势,与时俱进,还要发挥工匠精神,创精品,做细活。张渊就是这样,他在专业发展中,不温不火,追求卓越;在公司经营中,他不是闷头走路,而是适时地搭上时代的顺风车,既稳健踏实,又快速灵活。

一路走来,张渊非常感恩哈工大给他专业和其他各方面的训练和熏陶,这让他一生受用不尽。现在他非常羡慕在学校学习的学弟学妹们,他希望幸运而优秀的学弟学妹们,能好好珍惜在学校的学习时光,放空自己,让自己像一块海绵,尽情吸收哈工大的知识和哈工大的精神。哈工大的每一位学子,无论在哪个行业,哪个岗位,都是发光的,闪亮的!张渊在繁忙的工作中,积极参加了学校青岛校友会的工作,认真对待和帮助每一位接触到的年轻校友,希望能把自己的经历、经验讲给自己的学弟学妹们,让他们少走弯路。他同时也积极为校友会活动组织捐赠财物,让校友会各项活动办得更加温馨出色。

母校音容心底藏,栽培恩泽永难忘,欣看桃李繁枝果,仰望松楠大厦梁。张渊说,这几句诗最能表达他对母校哈工大的感情,创业过程中总会遇到困难,但是从母校传承来的坚毅品质,总能转化为他心底无穷的力量。感恩是他最想说的,他也祝母校越来越好,培养出更多更优秀的人才!在不同行业、不同岗位上,一起创造哈工大更加美好的明天!

结缘**工大** 情系**威海**

李纪奎

HARBIN
INSTITUTE
OF TECHNOLOGY

　　李纪奎，哈尔滨工业大学（威海）1999级校友，信息与电气工程学院自动化专业。2010年创立深圳市新创中天信息科技发展有限公司；2014年创立深圳尚桥信息技术有限公司，担任深圳尚桥信息技术有限公司的创始人和CEO，哈工大（威海）深圳校友会会长、哈工大（威海）校友理事会理事以及哈工大兼职硕士生导师。

道之通畅　行之安全

——大数据时代的创业者

漫漫求学路——滋润丰盈，内心成长

李纪奎有一个哥哥和三个姐姐，作为家里老幺从小调皮捣蛋、不爱学习，到高中时，因为家庭变故才开始发奋读书，无奈底子太薄、进步太慢，高考最终也没能过本科线。本来打定主意复读，但幸好那年哈工大（威海）（那时还叫哈工大威海分校）负责济宁地区招生的老师到了李纪奎所在的县，他们幸好又机缘巧合地见了面。招生老师介绍了哈工大悠久的历史和辉煌的成就，并鼓励他进校之后学习成绩优秀可以专科升本科。这样他打消了复读的念头，高高兴兴地走进了哈工大的大门。

进入大学后，有了更充足的时间和更强大的动力继续追逐自己高中时定下的上本科的梦想。学校给每个专科班两个专升本名额，不埋没任何有志于深造的学子。专科两年里李纪奎几乎没回宿舍睡过午觉，每天学到夜里十一点多。辛苦没有白费，他最终以班级第二名的成绩升入本科。

其实，当时学校各方面条件还是很艰苦的。说到艰苦，更多的是和哈工大（威海）近些年的发展及巨大变化相比较才感受到的，那时李纪奎根本没这个概念，因为一来从小调皮捣蛋的他根本没想过能够考上大学，二来他对大学是什么样子根本没有概念。

当时威海校区每年招生不多,上课形式几乎都是小班或中班,老师们跟学生们都很亲。学识渊博的老教授们,学业上对学生要求极为严格,但生活上又像父辈一样和蔼可亲、平易近人;治学严谨的青年教师,是老师,更像兄长。大姐般的辅导员党庆新老师,慈母般的系主任张秀珍教授,板书工整的许承斌教授,经常叫李纪奎几个小老乡到家吃饭的高庆节老师,还有专科实习就开始接触的导师张华强老师……五年下来,老师们那种严以律己、宽厚待人的态度潜移默化地影响着他,"规格严格,功夫到家"的做事态度熏陶着他,让他受益良多。

李纪奎常常怀念在哈工大(威海)自动化研究所实习的那几年,那是学习和实践相结合、快乐又充实的日子。从专科毕业实习开始,李纪奎就跟着张华强老师做课题,那时候自动化研究所所接的大都是企业委托的横向课题,比如康威公司的电话程控系统、热电厂计量系统等,通过这些项目,活学活用、学以致用,既提高自己的动手能力,又拓展自己的知识面,学到很多书本上没有的知识。由于所参与的几个项目都做得很好,张华强老师考虑为了方便本科学生的网上交流、学习,同时也为了方便函授学生网上选课、答疑、成绩查询等,决定建立哈工大(威海)第一个专业教学网站,也是哈工大(威海)历史上最早的网站——自动化网站,并将这个任务交给了李纪奎。在网站建设过程中,他突发奇想,想在网站上建一个属于学生自己的社区——"观海听涛",具体方案拟订后,得到了张老师的大力支持和赞助,由此也就诞生了观海听涛BBS。

2003年,李纪奎本科毕业后考取哈工大航天学院的研究生,完成一年的基础课和理论课的学习后,又从祖国的冰城哈尔滨到了南端的经济特区深圳,在哈工大智能交通研究所(深圳)实习。在此期间收获颇丰,为他立足深圳、从事智能交通行业奠定了基础。

拥抱大数据时代——追逐梦想新方向

国家大数据时代来临,大数据共享平台及交通云技术应用逐渐发展,为李纪奎的创业梦想提供了新的方向。从2005年起他就进入智能交通领域，开始从事基础性研发工作，如交通违章处罚类产品的研发等。随着对智能交通系统认识的加深和对国内交通现状的逐渐了解，他愈发体会到中国交通问题仅仅靠违章处罚是解决不了的，它是一个系统工程、大课题，需要逐步探求、摸索方能解决。随着研究的深入，他愈发对这个行业产生兴趣，并且立志为交通拥堵的解决、交通出行的安全做出自己的贡献。千里之行，始于足下，他立刻将关注点和精力转移到智能交通系统首要环节——交通信息采集与分析，这一眼前的问题。他在2007—2010年间对视频动态交通信息采集系统进行深入研究，在研究过程中曾发表论文若干篇，并对所在哈工大智能交通研究所(深圳)的交通信息采集设备进行了技术升级和产品换代，事业迈出了万里长征的第一步。

李纪奎于2006年初硕士毕业后，开始从事研发工作，三年多的研发实践，提高了技术思维能力，奠定了坚实的研发基础。与此同时，他渐渐地发现与抽象的研究相比，自己更喜欢与人打交道，对市场营销和企业经营管理兴趣渐浓。于是他2008年主动请缨，不惜降薪60%，转岗到市场营销部做了一名普通销售工程师，因成绩优异于2009年被公司任命为技术支持部经理。这些经历都为后续创业积累了丰富的经验。

自2010年起，李纪奎踏上创业的旅途。创业初期以交通信息采集领域为突破口，先后研发出国内第一台一体化视频车辆检测器、国内第一台高清视频车辆检测器，该系列产品获得若干项发明专利。在城市道路交通信号优化控制、城市快速路匝道控制、高速公路交通流量调查、交通诱导、隧道流量控制与道路节能等子领域得到广泛应用。截至目前，已在国内多数省份得到大批量应用，也得到易华录、银江、海信等智能交通行业骨干企业的认可和应用，获得了极好的经济效益和社会效益。

交通信息采集类产品在市场上得到认可的同时,他又把目光转移到技术还比较落后的交通信号控制和交通诱导上来。2014年底再出发,又成立尚桥公司,主要从事交通信号控制和交通诱导产品及系统的研发。在缺兵少粮的状态下,公司成立的第一年企业收入就突破一千万,经过几年的发展,公司取得若干项发明专利和几十项软件著作权,通过ISO管理体系认证发展成为国家级高新技术企业、软件企业,形成下设一个子公司,湖南、北京和东北几个办事处的公司布局。

饮水思源、回馈母校——校企联合共发展

回首创业之路,李纪奎感到始终有一双大手托举着自己,那就是母校哈工大。

乌鸦都知道反哺,人岂能不饮水思源?为了帮助母校培养更多、更专业的智能交通人才,打破高校科技成果转化壁垒,进行智慧交通前沿基础与应用的研究。2017年,深圳尚桥公司与哈工大联合成立"哈工大-尚桥智慧交通联合实验室",经过几年发展也硕果累累。"基于可联网道路动态车流调控时长的智能交通信号灯的研发"获得中国产学研合作促进会产学研合作创新奖;哈工大与尚桥联合培养的哈工大硕士毕业生程星振同学,从事的"基于多模态信号的检测方法",获得山东省人民政府学位委员会、山东省教育厅颁发的山东省专业学位研究生优秀实践一等奖。

时光荏苒,转眼已到不惑之年,回首成长发展之路,李纪奎不胜感慨唏嘘。年少贪玩,学业一塌糊涂,为人处世也懵懵懂懂,高一父亲因病去世,才恍然觉悟,开始发奋学习。他常常说,扪心自问,如果没有专科、本科及研究生阶段的埋头苦读,没有那么多兢兢业业的好老师的谆谆教诲，怎么会有这扎实的基础知识、科学的技术思维和完善的自我人格！是谁让他面对困难挫折时能仰面笑对？是谁让他顺利组建一支能荣辱与共、披荆斩棘的团队？又是谁让他能在缺兵少粮的创业阶段，得到客户的包容和支持？这一切正是哈工大教给他的，他相信，哈工大精神必将使大家终身受益。

　　李纪奎最常说的一句话就是：感恩我是哈工大人，我要用哈工大教我的知识和能力为智能交通行业和交通强国实现做出贡献，使道路更畅通、出行更安全。同时，我也要用我的成绩回馈我的母校哈工大！

胡荣华

结缘工大 情系威海

HARBIN
INSTITUTE
OF TECHNOLOGY

胡荣华，哈尔滨工业大学（威海）2013级软件工程校友、天云净品创始人兼董事长、哈工大创业校友联合会（丁香会）副秘书长。哈工大（威海）创业导师。

商海驰骋　创变人生 | 131

取舍有道　赢在转折

　　他高中的时候就宣称未来要成为一个企业家，6年后他果然创办了自己的公司，因为想用最干净的水和空气回馈每一个热爱生活、热爱工作的人。

　　他会在25岁生日的时候，驱车千里去珠峰山，给600多个孩子送去健康直饮水，然后在海拔4 200多米的318国道上点燃生日蜡烛。

　　他喜欢文学，空闲的时候会写作。在他的个人公众号上，你会看到他毫无掩饰地哀叹逝去的爱情，用忧伤的诗歌来表达纷乱的思绪，字里行间透露出少年维特般的烦恼，他就是哈工大校友胡荣华。

　　"是金子终会发光。"胡荣华忆起自己的高中时代，说自己曾做过一次重要的决定，这可能是他人生的第一次转折。2012年，胡荣华参加第一次高考，由于当时数学考题异常难，他在做了10道选择题后，剩下两道不会做，于是没有涂机读卡，想着后面大题做完，再去做剩下的两道选择题，最后一起涂机读卡。但是，由于试题较难，胡荣华大题还没做完，考试时间就到了，交卷时他忘了涂机读卡。尽管他那50分选择题全对了，但是却没有得到那50分，最后他只超过了重本线几分，被西南石油大学录取。一天，胡荣华在石油大学校园散步，发现几个同学在树荫下打扑克牌，他本来心情低落，见此更加五味杂陈。于是胡荣华主动提出退学，回到家乡绵阳中学进行复读，准备再次参加高考。当时他想再给自己一次拼搏的机会，哪怕来年高考再失误只能上个二本大学，他也不会遗憾。2013年高考，虽然发挥得也不太好，但胡荣华的分数能上四川省几乎所有的211和985高校。

胡荣华想在大学创业，他觉得互联网创业相对容易，于是他查询了计算机专业高校排名，发现第一是清华大学、第二是浙江大学，而这两所高校他都上不了，于是他选择了排名第三的哈尔滨工业大学。百度后他才发现哈工大有个威海校区，于是平行志愿 A 他选择了哈工大本部的软件工程专业，平行志愿 B 他选择了哈工大（威海）的软件工程专业，录取结果他以 2 分之差无缘校本部，而去了哈工大威海校区（当时在四川哈工大威海校区调档线较低）。尽管如此，回顾过去，他总是感到很幸运，因为后来正是哈工大的师长和校友，为他的创业之路提供了莫大的帮助。当胡荣华在绵阳中学 60 周年校庆作为优秀校友参加校庆典礼时，他分享了自己的这段经历，并告诉学弟学妹们一个"草绳理论"。他说："我们都是一根草绳，绑在大闸蟹上会卖大闸蟹的价格，绑在青菜上只能卖青菜的价格。"他很荣幸，他这根草绳绑在了一所百年名校哈工大上面。他也建议学弟学妹们高考后可以优先选择学校，再选择专业。

胡荣华刚进入哈工大（威海）的时候，由于高中担任过学生会主席，再加上曾多年担任班长的经历，在读大学的时候，他不想再多参加其他学生活动，心中只有"创业"两个字。创业对于那时的他来说，是个陌生而又熟悉的词。陌生的是，自己从未真正创过业，什么也不懂；熟悉的是，这个词从高中开始，已经在他的脑海里浮现了千万次。所以在第一次班会上，很多人报名竞选班长，而他，登上讲台后，对全班同学表明了自己

胡荣华校友

想在大学期间创业的想法并希望志同道合的同学加入。

胡荣华的大学生活，平凡又丰富多彩，创业是他人生的主旋律。从大一到大四，他都不停地"折腾"。大一，创立了火柴人创业团队，经营校园文化产品。大二，建立哈工大威海青年众创空间（大学生创新创业基地的前身），成立哈工大校级学生组织青年创业协会，并任第一届主席，同时成立火柴科技股份有限公司，获得上市公司的 300 多万投资。历经三次创业项目的失败，他又很幸运地到上市公司的南方区任总经理。而后他辞职，创立了天云净品公司，重走创业路。

值得大书特书的是，胡荣华带着火柴人团队进行了三次创业，包括卖明信片、做软件外包、做移动互联网项目。

明信片项目，虽然算不上所谓的创业经历，却是胡荣华赚得第一桶金的实践。那时，他聚集了火柴人团队的 13 个初始成员，因为不懂创业，也不明白创业应该怎么去做，因此，他们没有注册公司。不过胡荣华想，创业得有本金吧，又觉得大家和他一起创业，不想让大家出太多资金，承担太大风险，于是他和小伙伴们商量，每人出 100 元的启动资金，凑足了 1 300 元。当时也不知道 1 300 元应该做什么项目，正在迷茫的时候，胡荣华就读清华大学的高中同学罗先给他邮寄了一张清华大学的手绘明信片，他觉得非常漂亮，就想回寄一张哈工大明信片过去，可是找遍全校也没有看到理想的明信片，这时他萌发了做哈工大手绘明信片的想法。经过调研，他发现很多同学都有这方面的需求，于是胡荣华和伙伴们就开始做明信片。首先胡荣华在校园里拍了十几张照片，邮寄给他高中学生会的宣传部部长，这位同学大学学习的是景观设计专业，胡荣华请她帮忙绘出一张张精美的手绘图片，然后开始印刷。经过比较，胡荣华他们发现，在网上做一套明信片要接近 7 元钱，如果他们售价 15 元，利润才 50% 左右，于是胡荣华自己骑着自行车，跑遍威海，终于找到一个比较大的印刷厂，他和老板胡姐说明想创业的想法，希望她给予支持。胡姐很感动，只收取胡荣华一元一套的印刷成本，自己并不获利，要胡荣华赠送她一些明信片用来赠送朋友就可以了。接下来，1 300 元印刷了 1 300 套，胡荣华标价 25 元一套，实际销售 15 元一套，刚开始在学校摆地摊卖，几天就销售一空，他们的资金瞬间增加了 14 倍。紧接着，胡荣华做了第二期、第三期明信片。第三期正赶上哈工大威海校区 30 周年校庆和哈工大总校 95 周年校庆，胡荣华借此机会在哈工大校友圈众筹，校友积极参与，竟然几天内便获利数万元。明信片项目他们赚了 28 万余元，这也成为他们团队未来做其他项目的基础。现在，在威海校区的校园里，还能看到火柴人版权的明信片，胡荣华将版权免费赠送给了天恒文化创始人魏俊秋，希望他能在哈工大传承火柴人的精神。火柴人培养了一种"勇往直前，屹立不倒，追求梦想"的精神品质，还秉承了一种"火柴虽小，却能照亮一方天地"的公益精神，做了不少公益活动。

  大二那年，在自己创业的同时，胡荣华也很想服务学校的大学生创业团队，帮助大家把创业想法付诸实践。那个时候，学校的创新创业服务还处于萌芽期，大学生创业团队，还没有成型的创新创业服务体系。2015 年，胡荣华被哈工大创业校友联合会（丁香会）聘为副秘书长，他去哈尔滨校本部参加揭牌仪式，途中参观了时任省长陆昊拨款 5 000 万元建立的大学生创新创业园，深有感触。他想到威海校区还有很多大学生创新创业团队还在公寓寝室办公，没有系统的支持与服务。回到威海，胡荣华开始策划成立哈工大（威海）大学生创新创业基地，当时徐晓飞校长刚到威海任职，他就抱着一本关于成立哈工大（威海）大学生创新创业基地的策划方案，去找徐校长，向徐校长陈述了自己关于创业园"创业教育""创投基金""产业对接""创业服务"四个方面的想法。徐校长非常认可，让胡荣华去学校找闲置的场地。胡荣华在研究院找到了 1 000 多平方米的场地，徐校长批准建立哈工大（威海）青年众创空间。当时遭遇资金短缺，胡荣华和学工处老师一起走出去到威海人社局寻求支持，在众位领导的肯定和热心帮助下，众创空间终于初具规模，后来整体搬迁到 N 楼，胡荣华也成为管理基地的学生组织青年创业协会第一任主席。而对于对胡荣华有着"知遇之恩"的伯乐徐校长来说，年轻人们能够把教育和实干理想一代又一代地传承下去，也是他想要的"薪火相传"。当年那个得来不易的创业基地，现在已

向周玉校长、徐晓飞校长等领导汇报青年众创空间建设情况

扩张到 6 000 平方米，并获评了山东省省级大学生示范基地称号，青年创业协会也办到第五届了。胡荣华说道："真的要特别感谢徐校长当年的支持和信任，他让我们'敢于去走别人没有走过的路，做自己热爱的事'。"

由于团队大部分队友都是软件工程专业的学生，所以胡荣华团队开始接的都是一些软件外包项目。他们还开发哈工大（威海）校友网，捐赠给母校，作为母校30周岁的礼物。后来胡荣华觉得单纯的软件外包开发，未来没有太大的成长空间，于是他开始做移动互联网项目。

在做移动互联网项目的时候，胡荣华的创业公司获得了第一笔投资。随着公司逐渐步入正轨，胡荣华经历了人生的第二次转折。当团队要进行A轮融资的时候，投资人要求胡荣华团队休学去创业，当时的情况就是，如果创业公司要发展，就必须放弃学业；如果不放弃学业，创业公司将得不到下笔融资，迟早会走向衰亡。在和合伙人充分交流后，胡荣华他们得出结论，感觉现在团队的项目，在商业模式、运营推广、技术研发等方面都不具备核心竞争力，于是胡荣华果断地选择了放弃这个项目，坚持完成

火柴人团队为学校开发的校友网,献礼30周年校庆

学业。果然,不到一个月时间,生产该项目同类产品,号称融资2 000万美金的同类公司宣布破产清算。在经历这件事情后,胡荣华经常向很多朋友说:"大部分创业者很容易迷信自己的项目,觉得自己一定能成功,其实是当局者迷,所以很多时候要和其他的创业者多碰撞,发现自己项目的问题。有问题就解决,改方向,实在不行,就放弃。选择性放弃对创业者来说,不是一件丢人的事,否则坚持错误的事情,既浪费了投资人的期待,也浪费了自己的青春,这才是一件可悲的事情。"在不愿意放弃学业这件事上,胡荣华也经常向朋友提到恩师徐晓飞校长讲到的一句话:"休学创业,那是不务正业;学有余力,创业出色,那叫才华横溢。"

这个项目,胡荣华当时持有火柴科技79%股份。放弃该项目后,此项目还有200多万元胡荣华可以自由支配,但是胡荣华选择了将剩余投资款还给投资人。大四阶段的软件工程专业,基本已完成了所有的专业学习。很多同学开始出去实习,而胡荣华却产生了一段时间的迷茫。他还想创业,却没有找到新的方向,想去互联网企业实习,他又不甘心。正在这时,之前的投资人和他沟通,问他想去哪里发展,胡荣华说他想去深圳发展,因为深圳是他们相识的地方。当年,胡荣华到处寻求投资,由于前期资金已经消耗殆尽,他曾在北京住过地下室,那阴暗潮湿、散发霉味的地下空间,让胡荣华对北京望而却步;而在上海,晚上打车回宾馆时,由于路途不是很远,多次被出租车司机拒载,让他感受到城市的冷漠。胡荣华觉得这两个城市天生不适合他,所以他选择去深圳。而深圳湾创业广场的路演,使胡荣华感受到这个年轻城市的活力与包容,这更坚定了他去深圳发展的决心。

投资人邀请胡荣华去他深圳上市公司的南方事业部做渠道总监。刚到深圳的时候,受徐晓飞校长引荐,胡荣华见到了徐校长的博士董峥师兄,他们相谈甚欢。董师兄是做风险投资的,有丰富的投资经验与人脉,他知道胡荣华做的是环保相关行业,便引荐胡荣华和他相交多年的朋友张萍女士结识。张萍女士是深圳市低碳产业商会会长,在她的帮助下,胡荣华在深圳的明华轮酒店主办了他的第一次招商会,此举打破了集团单场招商会的业绩纪录。在自己的业绩推动和投资人的支持下,胡荣华开始在行业崭露头角,出任公司南方区高级总经理。当时,他才大四,年仅22岁,是行业中最年轻的上市公司体系大区总经理。大学毕业后,胡荣华继续在公司工作、学习与成长。在很多人看来,胡荣华以后会很顺利地在体系内发展,而一直想创业的他,按捺不住创业的冲动。2018年6月,在深思熟虑后,胡荣华毅然放弃了公司几百万的限制性股票、高额年薪,向公司提出离职申请。他召集之前的合伙人,创立了天云净品(深圳)科技股份有限公司。这是胡荣华的第三次转折。很多人不理解胡荣华的想法,不知道他为什么做这样的决定。胡荣华告诉他们:之前公司是一家

胡荣华深圳留影

偏传统的企业，胡荣华感觉自己并不能更好地融入这家企业，他觉得自己一个人也不需要过太稳定的生活，而应该独自去闯荡一片属于自己的天地。他坚信"爱拼才会赢"，天云净品于是应运而生。他难忘离开母校来深圳打拼的前夕，徐晓飞校长和他漫步校园两个小时的长谈，徐校长希望他"三年内从企业里面出来，确定新的目标与项目，五年内成为行业知名人物，十年内成为行业大企业家"。胡荣华一直铭记恩师的教诲，他用了两年时间，从体制内出来再创业，提前完成恩师的第一步期许。

天云净品总部位于深圳市南山区粤海街道深圳湾创业投资大厦12层，楼上20~24层是华为深圳代表处，旁边是腾讯滨海大厦，后面是百度深圳总部和阿里巴巴深圳总部。选择在这里扎根，是因为胡荣华2015年在这里邂逅深圳，邂逅投资人。胡荣华常和合伙人说，我们选择在这里扎根，就是要在BAT等先驱企业的夹缝中求生存、求发展。天云净品，是胡荣华的再次创业，也是真正意义上的第一次创业。得益于胡荣华"物联网+环境大数据+大健康产业+运营制"的先进理念，以及他提出的"资源驱动营销"

在威海召开股东会

的方法论，公司于 2018 年 8 月成立后，短短几个月时间，创造了近 2 000 万的业绩，或许这就是哈工大师长常谈及的厚积薄发。2018 年 8 月，天云净品股东会在哈工大（威海）召开，天云净品正式在哈工大（威海）成立校内实践事业部，营销事业部先后在青岛、无锡、重庆落户。2019 年，公司又在全球经济萧条的情况下，获得众多资本的青睐，成为掌握行业物联网技术、行业供应链资源、行业优质渠道的平台型企业；布局全球市场，支持"一带一路"，从东南亚的泰国到非洲的安哥拉都有天云净品品牌的身影；与中欧膜技术研究院、哈尔滨工业大学、苏宁易购等建立战略合作，院士赋能、技术加持、服务保障、强强联合……

一路走来，胡荣华非常感恩他的合伙人——李冉。李冉曾经获得俞敏洪数百万投资，在移动教育领域奋斗多年，胡荣华让他加入他们，去青岛带团队，李冉毫不犹豫地同意了。在青岛时，由于胡荣华工作忙，难得抽空指导，全靠李冉自己摸索，现在李冉能得心应手地独立领导整个业务团队。陈仕东，考研的时候，问胡荣华学的什么方向，他跨专业考研，放弃了哈工大本部，考到深圳校区，只为离胡荣华更近，以后能到一个公司。陈少特，哈工大 2019 级最具影响力毕业生，胡荣华的一个电话，陈少特放弃了多个名企的 offer，毅然决然加入胡荣华团队，并且在校内组建校内实践事业部，为胡荣华公司后续源源不断输送人才。刘虎，上市公司知名 club 负责人，辞职加入胡荣华团队。王洋，哈工大深圳校友会秘书长，他全身心投入天云净品公司产品体系与海外市场布局。张鑫，放弃中建三局铁饭碗，重归天云净品团队……

胡荣华总结 6 年多的创业与工作经验，常说："轻财足以聚人，律己足以服人，量宽足以得人，身先足以率人。"每个领导者都应该有宽广的胸怀与格局，这样，才能成为一名成熟的企业家。同时他说，应该拓展自己的思维，去指导自己未来的事业，避免走不必要的弯路。

谈及未来，胡荣华坚信会带领公司继续扬帆远航，逐步实现自己的梦想，在这个过程中，可能会遇到多次转折点与抉择，但只要在这个过程中取舍有道，则必然赢在转折。

卢致辉

结缘工大 情系威海

HARBIN
INSTITUTE
OF TECHNOLOGY

卢致辉，哈尔滨工业大学（威海）电信学院2003级校友，自动化专业。毕业后自主创业，成立深圳(香港)科比特科技有限公司，专业从事多旋翼无人机系统的研发、生产和销售服务。

曾先后担任中国无人机产业联盟副理事长、中国民用航空应急救援联盟应急无人机专业委员会第一届副主任、全国航空器标准化技术委员会无人驾驶航空器系统分技术委员会委员、深圳市无人机行业协会常务理事长、深圳市电子装备产业协会副会长、深圳市安全防范企业协会副会长、深圳市航空业协会无人驾驶航空器专业委员会副主任。

从 6 000 元到 5 亿
——一个创客的进化之路

好友相携、从零起步——科比特诞生

卢致辉是无人机行业最早的那一批老兵。2006 年还在上大三的卢致辉作为当时初创团队的 2 号员工加入了大疆无人机。2009 年，卢致辉用 6 000 元人民币作为创业资金，成立了科比特，诚如斯言，这是如假包换的从零起步。

2006 年，无人机还是一个非常小众的行业，仅在某些专业领域有少量应用，而所谓消费级无人机的概念还闻所未闻。当时无人机的主流是如直升机一般的单旋翼设计，它们价格昂贵，操作难度高，巨大桨叶安全性差。"当时想毕业时选择一些比较年轻的、没有饱和的领域，我不太喜欢过于传统的行业和工作氛围。不太传统的企业，至少还有机会；特别传统的行业，机会不大。"2006 年的卢致辉还是一个实习生，根本没有创业资本。"当时那种不完全创业的公司是比较适合我的，但我并没有把控整个行业方向的决策能力。"卢致辉说。在 2009 年的时候，他所在的团队就已经制作出了一款消费级无人机，成本非常低，当时公司也已经具备了制作无人机的条件，原型机也研发出来了。但是当时的公司认为消费级无人机没有市场，并不同意把产品推向市场。"当时我已经掌握了一些航模的销售数据，这些数据让我看到了消费级无人机的潜在市场。我们用 6 个月时间把样机开发出来，当时打算再利用 3 个月把样机产品化，推向市场。"但是，当卢致辉把自己的想法和当时的领导汇报后，并未得到领导的赞同。"我花了整整一个月的时间与领导层沟通，期望他们能够同意我的想法，但是每次都是无功而返。"

刚开始创业的卢致辉所做的事其实很简单，就是跟几个朋友"Happy"地捣鼓无人机，用现在比较流行的话来说就是"搞机"。2006 年德国 Microdrones GmbH 公司推出了最早的具有开创意义的四旋翼无人机系统，而售价却高达 100 万元人民币左右。卢致辉看到了其中的商机，与小伙伴成功 DIY 了能实现类似功能的无人机，成本却低得令人咋舌。于是卢致辉开了一个网店，以 980 元的价格出售全套组件和技术方案，第一个月就卖出了 300 套，并且全部是预付款，卢致辉称之为"无人机最早的众筹"。

当时卢致辉的团队日常工作就是挤在一个 20 平方米的房间里，把成批买来的电子元器件、螺丝等零件分拣成套，然后快递给各位客户。在他看来，深圳有最大的元器件市场和最好的加工市场，他们只是做了一个桥梁，批量把元器件买回来，然后把加工件、图纸加工件和软件代码、硬件原理图卖给他们。那时候公司没有长远打算，每个月赚的钱都一分不剩地进行分红，每人能分到上万元，日子过得不亦乐乎。

打破"魔咒"、"老郭"转型——企业里程碑

卢致辉起了个网名叫"老郭"，在各大网络平台、发烧友论坛上发帖，在圈内赢得了不小的人气，卢致辉也很享受当"网红"的快感。但这种躺着挣钱的日子没持续多久，几个月之后网上冒出了多个卖同样产品的店铺。当时的客户群体非常小，仅仅是高校学生、实验室、研究所、个人 DIY 爱好者，竞争之下价格很快被压了下来。

卢致辉决定升级销售模式，完成元器件焊接、程序灌装的工作再卖给客户。客户需要做的事情只剩下简单的组装。这一模式又一次取得成功。

此后，围绕摄像卢致辉团队做了很多改进，设计了几款云台，加入安防摄像头等摄像设备、遥控快门，产品慢慢有了雏形。这时卢致辉做无人机仍然是一个发烧友享受 DIY 的过程。

到了 2011 年，无人机行业的"狼"来了，大疆的四旋翼无人机开始出现在市场上，它就像一颗炸弹，彻底改变了原来 DIY 圈子里"玩技术"的状态。"大疆做完这个事情之后，我一下就醒了，冬天已经来了，春天也就不远了。"卢致辉感慨。

现在有人说大疆的无人机不过是航模而已，那么科比特当时推出的无人机恐怕连航模都算不上——它甚至没有外壳，所有元器件都是裸露在外的。限于巨额的开模费用，卢致辉一直犹豫不决。而要产品化还不只是外壳，可能要投入科比特半年乃至一年的利润去做开发，但是最终能有多少销售收入却是未知的。"完全用自己的钱去做一个产业链的时候，极其害怕血本无归，然后我又被打回原形了。"卢致辉说。而由于卢致辉的犹豫不决，此时的消费级无人机市场已经是大疆的天下。

考虑之后，卢致辉决定放弃以前做得很舒服的 DIY 产品，向工业无人机转型。当然，当时还没有工业无人机的概念，科比特所做的只是续航能力更强的无人机。无人机的最大短板是续航能力，行业内早期推出的产品续航时间不过 15 分钟，这大大限制了无人机的使用环境。而在电池技术没有大的突破的情况下，动力系统效率是决定续航能力的关键因素。

卢致辉带领团队做出了国内第一套动力系统效率的测试系统。利用这套系统，科比特推出了一款名为 4006 的改进型电机和配套的螺旋桨，它成为科比特的主要收入来源，最多时一个月能创造 10 万元的利润。没过多久，之前的"魔咒"再次重现，由于本身技术门槛并不高，网上出现了大量 4006 电机的"山寨"品。无奈的卢致辉只能寻找下一个产品方向，这一次是碳纤维机身。碳纤维轻便、坚固，并且防雨、防高温，是非常理想的无人机机身材料。

2010 年，四旋翼无人机先驱 Microdrones GmbH 推出了一款名为

md4-1000 的产品，这款无人机续航时间长达 1 个小时，它采用的就是一次成型的全碳纤维机身。科比特找到深圳一家名为世纪南方的公司，无人机设计技术与碳纤维材料生产技术的完美结合，使世纪南方成为国内首家掌握自主知识产权并制造碳纤维一次成型无人机机壳的公司。

对于科比特来说，这款产品具有里程碑意义，它是第一款有外壳的完整无人机产品。这款产品也让科比特摆脱了"魔咒"。"材料科技非常复杂，确实有人模仿我们的产品，但是仿了之后发现完全达不到性能指标。所以我们曾经一度垄断了国内大部分的市场。"卢致辉表示。

成功融资、光速发展——"潜在独角兽"

2015 年上半年，科比特完成 2 700 万元人民币的 A 轮融资，估值 1.5 亿元，投资方为国信证券旗下国信弘盛和上市公司大族激光。继而，2016 年科比特完成 5 000 万元的 B 轮融资，估值 5 亿元以上。

A 轮融资之后，科比特迅速扩充团队，公司人数从原来的 8 人增长至 130 人，在短时间内组建了北美、深圳、哈尔滨工业大学三个研发中心，将大疆最早的一批研发团队成员几乎又重新聚集在麾下。同时快速进行产业链的整合，控股了之前的合作方世纪南方，通过收购新成立了电机事业部、电池事业部，并深入到飞控、图传、任务载荷、地面站系统、后期软件等一系列产业链条的末端，在 2020 年又控股了国内一家比较知名的氢燃料公司，成为业内首家打通上下游产业链的企业。

2014 年，科比特销售额仅有 650 万元，2015 年在完成融资后的 3 个月内，销售额快速翻番。而 2016 年的销售目标是以 10 倍速增长。在资本的催化下，科比特走上了与此前 8 年完全不同的发展道路，这大概是当年揣着 6 000 元创业的卢致辉所不曾想到的。

2017 年，在无人机产业出现降温和大面积洗牌的情况下，科比特不仅没有发生像国内外一些无人机企业裁员甚至倒闭的情况，反而从未放慢发展脚步，在 11 月完成 2 亿元人民币 Pre-IPO 轮融资。该轮融资正是 2017

年以来无人机领域资金规模最大的一轮融资。

在销售上,科比特提倡事业和创始人合伙精神,从各大公司吸引来一批销售干将,组建完善的销售体系,包括市场部、国内军警事业部、国内能源事业部和海外事业部。并以深圳为总部,先后设立了八大研发中心以及国内外分公司和办事处,初步完成了着眼于全球的布局与规划。同年,全资子公司——浙江科比特科技有限公司无人机项目也获得第六届中国创新创业大赛先进制造行业总决赛初创组冠军。

2018年6月,在第十八届中国企业未来之星年会上,科比特成为无人机行业唯一入选"未来之星",成为"未来三年(2018—2020)中国最具增长潜力的企业;2018年7月,在"粤港澳大湾区独角兽高峰论坛"上,科比特以2亿美元的估值成为深圳地区"潜在独角兽"企业。

全新姿态、未来可期——"让天空为世界所用"

在2019年第十七届中国国际公共安全博览会上,科比特作为全球工业级无人机行业应用的佼佼者,以"科技安防,天目护航"为主题,携多款自主研发的无人机精彩亮相,充分展示了科比特航空的雄厚实力,为现场观众带去了真实丰富的智能体验,成为展会关注的焦点。

而在科比特公司快速成长过程中,卢致辉也在与其一同进步:2017年当选"创新嘉兴·精英引领计划"创业人才,浙江省嘉兴市南湖百杰优秀人才;2018年当选改革开放40年深圳装备工业创新发展企业领军人物;2019年被评选为深圳市宝安区高层次产业类人才。

回想起这段创业历程,也是机遇与挑战并存。如今,科比特正以一个全新的姿态引领工业级无人机行业的发展,继续不断深化技术创新,实现科技强国,让科技惠及各行各业,创造更多社会价值,"让天空为世界所用"。

焦清国

结缘 **工大** 情系 **威海**

HARBIN
INSTITUTE
OF TECHNOLOGY

焦清国，哈尔滨工业大学（威海）05级软件工程专业校友，工学硕士。现任青岛弯弓信息技术有限公司董事长、总经理。

"会挽雕弓如满月"的创业者

焦清国是一位从软控股份有限公司成长起来的创业者和企业家。多年来的一线实践工作,使他在上位机的开发与实施领域里积累了丰富的经验。为了能更好地提升自身在专业领域的综合能力,借助更高的专业知识平台进行理论知识体系的纵深学习,他选择了与哈尔滨工业大学结缘,把对未来的期盼与梦想紧紧地与哈尔滨工业大学联系在一起。

在哈工大攻读软件工程硕士的两年多时间里,他深切地感受到哈工大求真务实的治学理念和严谨善思的治学风气,并被授课老师渊博的专业造诣深深折服。他结合在工作中发现的不足和瓶颈,在学校努力提升、丰富和完善自己。

在哈工大学有所成之后,焦清国回到软控股份有限公司,他把在哈工大所学的理论知识与工作实践相结合,创造性地解决了离散制造企业在计划物料动态调度、质量全面管控、产品全程可追溯等离散制造MES瓶颈方面的诸多问题,研发出了软控股份有限公司第一套工业信息化产品——数字化生产执行系统(MES),成功开发了软控信息化的第一个客户。随后,焦清国先后担任软控股份有限公司信息工程研究所所长、信息工程事业部常务副总经理、信息物流系统事业部总经理、智慧智造事业部总经理,部门规模从十几人发展到数百人,产品从数字化生产执行系统(MES)扩展到全自动化流程生产线、工业视觉检测系统、工业机器人、大数据分析系统等。2014年,他在橡胶轮胎行业率先提出"智慧工厂整体解决方案"。

随着产品技术的不断发展,焦清国的思想也在不断转变,他一直都在思考产品的下一步出路在哪儿,这个团队的出路在哪儿。2017年,结合软控股份有限公司机制变革的时机,焦清国带领团队成立了青岛弯弓信息技术有限公司。公司成立后,经常会有人问他为什么给公司起名叫弯弓?他说:"会挽雕弓如满月,西北望,射天狼。"这里的"天狼"不是我们的敌人,而是目标,他希望公司能朝着目标如拉满弦的弓一样,勇往直前,不断努力追求,不畏惧不退缩。他明确公司的定位就是面向橡胶轮胎、橡胶制品、化工、军工、新能源等工业制造领域,通过智慧制造软件、智能生产单元、大数据生产管理平台、系统集成等业务产品,为客户提供软硬结合、管控一体的智能制造信息化整体解决方案,满足不同行业客户对智慧制造的多元化需求。

青岛弯弓信息技术有限公司在他的带领下,已获得多项软件著作权及专利,通过了包括ISO 9001质量管理体系、软件企业国际认证CMMI3、ITSS运维三级、ISO 20000信息技术服务管理体系等认证;他带领团队多次承担国际创新基金、科技部火炬项目、国家发改委计划项目和国家"863"等项目,参与制造执行系统(MES)国家标准制定;"弯弓信息工业装备组态平台软件"被评为2018年第一批山东省首版次高端软件,"弯弓MES信息管理系统软件"被评为2018年山东省优秀软件产品和青岛市优秀软件产品;公司获得了2018年山东省优秀软件企业和青岛高新区优秀软件企业称号,2019年通过了高新技术企业、青岛高新区创新型企业考核,作为中国轮胎智能制造与标准化联盟理事单位,承担多项国家行业标准制定。他个人先后获得3项国家奖励,2项省、市级奖励,在国家核心期刊上发表论文11篇,已有27项专利获得授权或得到受理,承担的"制造业数字化工厂项目"成功入围青岛市第四批"人才特区"项目。焦清国和他所带领的团队,已具备为制造业提供智慧工厂整体解决方案交钥匙工程的强大实力。

焦清国认为,他能取得上述成绩,除了他和团队的同心同德、坚毅拼搏外，还有一个重要的原因，就是通过哈工大结识了许多有共同语言、能相互扶持的兄弟姐妹，大家分散在不同行业、不同公司、不同岗位。有困难，大家齐心协力一起帮你渡过难关；有需求，大家群策群力为你找资源。往往是你需要的技术、资源，我这边正好有，那我们就强强联合，优势互补。这两年，弯弓信息技术有限公司分别与青岛博世通智能装备有限公司、中国电子科技集团公司第二十二研究所等企业建立了长期合作关系，一起携手并进。焦清国常说他的这帮兄弟姐妹就像一个庞大的"智囊团"，给予了他和弯弓信息技术有限公司非常大的帮助，他非常感谢这帮兄弟姐妹，感谢哈工大给他创造了认识他们的机会，他也非常想为大家多做一点事。在哈工大威海校区青岛校友会成立之初，他非常激动，他觉得能为母校、为校友做点事是快乐的，能在杰出校友身上学习到经验也是件自豪的事。他希望能为身边有需要的人提供帮助，向前辈、优秀校友取经。校友会从筹备到成立、再到组织各类活动，即使工作再忙，他也积极参加。哈尔滨工业大学青岛校友会智能制造与软件分会成立后经常组织校友论坛、企业经验分享等，与母校保持密切联系，与校友相互扶持、相互激励、携手并进、共谋发展和进步。

弯弓信息技术有限公司成立以来，焦清国一直在和母校探讨，寻求合作的机会和方向。2019年，由母校王佰玲教授牵头，威海天之卫网络空间安全科技有限公司、哈工大（威海）、青岛弯弓信息技术有限公司等一起组成联合体，共同参与了"2019年工业互联网创新发展工程——工业互联网安全审计技术及产品"项目。这是弯弓信息技术有限公司首次参与工业互联网安全审计技术及产品研制，它不仅拓宽了弯弓信息技术有限公司现有的产品线，更是弯弓信息技术有限公司技术层次上的一次提升。通过这次合作，焦清国希望能与母校及其相关企业研究出一套合适的长期合作模式，在信息安全、网络安全、数据挖掘、边缘计算、人工智能等方面，借助母校的研究平台，与母校更紧密合作，实现共赢。

作为一个成立不久、正在不断向前的软件企业，需要不断地引入基础扎实、素质过硬的潜力新人。在读研期间,焦清国深知哈工大注重学生创新精神和实践能力的培养,坚持厚基础、强实践、严过程、求创新,在学生中大力营造"重学、思学、善学、乐学"的浓厚氛围,以朴实严谨的学风培养了大批基础扎实、创新能力强、综合素质高、社会责任感强的优秀人才,这正是企业急需的优质生力军。他们果然不负所望,过去几年公司陆续从母校录用的学生,都已独当一面,成长为公司的中流砥柱。张宇带领团队奋战在新疆一线,不畏现场环境艰苦与严寒,成功完成了公司产品的迭代和变更,使产品技术水平向前迈进了一大步;徐腾独自一人在巴基斯坦,完美地实现了项目上线运行,得到了客户的一致好评……这样的例子不胜枚举,母校培育的这些优秀学生,正在为公司发展贡献着自己的汗水和力量,今后还会继续为企业的发展发光、发热。焦清国希望母校能给予弯弓信息技术有限公司充分发挥软件工程教学实践基地的机会,为母校学生提供更多的实习、就业服务,能从母校引进更多优秀人才,壮大公司力量。

哈工大以优良的校风校训和深厚的文化底蕴,培养了无数的精英,他们多数已成为企业的骨干,为企业的发展做出巨大贡献,焦清国和他们一样,用刻苦创新、艰苦奋斗、共担困难、迎难而上的实际行动传承着哈工大"严谨、务实、博学、开放"的校风。作为曾经就读于哈工大的一名学生,焦清国始终感恩哈工大为自己及莘莘学子搭建的知识殿堂,希望自己将来能有更多机会与哈工大一起前行、一起成长。也希望哈工大的学弟学妹们珍惜时光,努力拼搏,不甘于平庸,不止步于优秀,永远努力做到更好。祝母校越办越好,为祖国培育更多的栋梁之材!

宋 磊

结缘 工大　情系 威海

HARBIN
INSTITUTE
OF TECHNOLOGY

宋磊，毕业于哈尔滨工业大学（威海）2005级软件工程专业。在校担任0511102班班长期间，所在班级曾获山东省先进班集体称号。现任深圳梧童科技有限公司创始人兼CEO。

世界是我们的,更是你们的

　　大学毕业后,宋磊考入新加坡国立大学攻读硕士学位,同时任职于Excelpoint新加坡总部,担任高级研发工程师。工作期间主导开发了Safetosleep儿童智能床垫,该产品先后获得多项国际大奖,包括"美国国家养育照护类产品银牌奖""JPMA儿童产品创意大奖""美国《华尔街日报》亚洲创意大奖"和"Eco最佳创新和最佳婴儿监测器银牌奖"等。

　　2014年,宋磊在美国硅谷和中国深圳联合创立了Darma公司(深圳市大耳马科技有限公司),并担任联合创始人兼CTO。公司基于全球领先的光纤传感技术精准监测人体生命体征及行为习惯,结合大数据管理进行健康疾病状况分析,持续为养老机构、康复中心、慢病管理机构等场所的介护智能设备提供技术解决方案,并先后获得美国SOSV、美国AMINO、明势资本、顺为资本等国内外机构的近千万美元投资。

　　2017年,宋磊离开Darma,在深圳创立了深圳梧童科技有限公司(www.wutton.com),由硅谷最大的创业加速器Plug And Play投资孵化,专注于人工智能教育机器人的研发。梧童的目标是,让成长更快乐,让教育更简单。梧童的第一款产品是指尖机器人,是一款让孩子动手又动脑的故事机器人。多感官拼搭交互,联屏显示,将传统的听故事,变成动手玩故事。

　　以梧童指尖机器人的设计和研发过程为例,向大家分享一下如何从0到1地做一款硬件产品。

首先是产品定位。梧童定位的目标用户是3～6岁学龄前的小朋友，针对这个年龄段的儿童产品，常见的可分三类：传统玩具、手机和平板、早教机器人。

3～6岁儿童常见早教产品

传统的玩具可以通过动手操作得到智力的培养，但缺乏信息传达和互动，在游戏和学习中只有单向的输出，难以得到有效的反馈；手机和平板则引发了家长对于孩子用眼健康的忧虑；鉴于现有的对话机器人技术尚处在发展阶段，早教机器人在实际运用的时候很难避免"填鸭式内容输出"的通病，缺乏对孩子创造力和想象力的培养。

当回忆童年或者观察孩子玩耍的过程时，发现孩子的日常操作几乎都是用手来完成的：抓握、拼接、堆叠、拿起和移动。在科学上，孩子通过用手来操作物品间的空间关系，以此学习和理解周围的事物。

梧童从孩子的这一行为习惯得到了启发，经过一次次的头脑风暴，决心开发一款最适合小朋友交互习惯的教育机器人。在人工智能时代，通

产品研发团队讨论设计

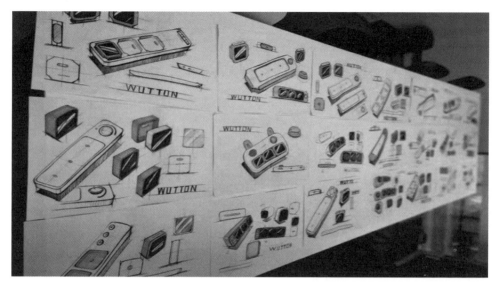

产品设计图片

过智能技术培养创造力和想象力是早教产品的发展趋势。

其次是确定产品目标。儿童产品的使用者是孩子,购买者却是家长。对于孩子,玩是一切的核心;对于家长,则更希望有教育意义。梧童的产品目标是好玩又有教育价值。寓教于乐也是所有儿童产品的设计目标。

研发过程

如何做到好玩?

(1)拼搭交互,分屏显示。

交互通过拼接、堆叠、摇晃、倾斜和翻转等手部精细动作完成,避免传统触摸屏上的点击、滑动、长按等成人化交互操作。

当感应到两个屏幕靠近时,根据情节进行联动显示,带来更有趣的视觉呈现。

游戏截图

产品内容展示

（2）游戏化的玩法。

将一个个故事做成了简短和易于操作的过关游戏，孩子不仅听故事，还是故事的参与者。孩子不断地动手操作，推动故事情节的发展，进而加深对故事内容的记忆和理解。

（3）丰富的内容。

以国内外经典儿童故事为蓝本，通过中心思想、情节、场景、人物和道具，联合儿童教育专家设计，打造成200+的内容，紧扣学龄前儿童的文学素养教育和各阶段能力培养，丰富的内容也能持续激发孩子的好奇心。

如何赋予教育价值？

孩子在不同的成长阶段需要培养和锻炼不同的能力，我们对孩子能力培养的重点是：

3岁——注意力和手脑协调能力；

4岁——方位辨别和空间感知；

5岁——记忆力和想象力；

6岁——文学素养和读写表达、社交和情商、审美。

最后通过精益开发方法,小步迭代,一步步验证。

经过22个月,42次迭代,梧童将每个内容的研发流程,循序渐进地分解为4个过程:设计、开发、用户测试、再迭代。开发过程中每两周进行一次用

产品展示

户测试,及时得到反馈,进行改进。做儿童产品需要倾注更多的爱心和耐心,认真地了解孩子的心理及认知水平,通过一次次使用、测试来迭代产品,为孩子创造更好的产品体验,让家长感到更多的教育价值。

宋磊的工作和创业经历,始终围绕着他所热爱和擅长的计算机技术,因此他也建议大家对职业和事业发展要有长远的规划,术业有专攻,选定一个方向然后通过长期的学习和工作来积累经验,不要轻易地去转变方向。

在学校里,一定要抓住一切时间努力学习,公司招聘应届生最看重的是学习成绩,因为学习成绩不仅代表了你的努力程度,还代表了你的态度。在好成绩的基础上,找到兴趣所在再加以实践。学校和社会最大的不同,就是社会的竞争更残酷。学校里大家以学习为主,比较起来起点都差不多,而进入社会后各自的起点就不一样了,所以大家要有思想准备,早点为进入社会做准备。

对于想创业的同学,宋磊的建议是先通过去公司实习来一步步积累经验,在实习的过程中除了得到技术或业务能力的锻炼,更重要的是对用户需求有了了解。创业必须要有产品思维,看得到用户需求,抓得住商业机会。

作为创业者,宋磊认为要有三方面能力。首先是健康的心态,一定要有渴望成功的欲望、艰苦奋斗的精神、虚心的态度和面对困难的勇气。商

业竞争是非常激烈的,公司在发展过程中,创始人永远是公司发展最大的瓶颈。创始人要始终紧绷一根弦,居安思危,艰苦奋斗,带领公司往前走。同时也要看清现实,时刻认识到不足和差距,虚心地学习和实践。就像爬山,心里设定了一个小目标,然后努力到达这个小目标。达成后再反思这个过程中有哪些地方是还可以提高的,再来定个更高的目标。创业的路上一定是充满了挫折和困难的,要有勇气去面对困难甚至是失败,宋磊总结了身边很多创业者的经历,几乎所有人都是克服一个个困难过来的。

其次是要有商业头脑,创业的本质是做生意,要非常清晰地知道做什么能赚钱,商业壁垒在哪里,往什么方向走有商业价值。公司存在的目的就是要为投资人、合伙人、员工创造商业利益,为社会创造价值。

最后是要有领导力,同学们要想创业,最好从大学开始就培养领导力。作为创始人,要有能力组建团队并吸引到各种人才,要让合伙人、核心团队、员工、投资人、客户都相信你能带领大家成功。创始人就是穿线的珠子,能把大家穿起来。

儿童学习体验产品

宋磊公司的职员，很多都是初入职场的年轻人，他也越来越感觉到一代人比一代人进步。从 80 后到 90 后再到 00 后，一代人比一代人的起点高，教育程度高。社会在进步，一代代人也在进步。年轻人是八九点钟的太阳，所以世界是我们的，更是你们的。大家一起奋斗吧，从做好手头的小事情做起。

曹 曼

结缘工大 情系威海

HARBIN
INSTITUTE
OF TECHNOLOGY

  曹曼，哈工大1986级环境工程专业毕业，北京大学环境与社会发展学博士，青岛天人环境股份有限公司董事长，生态环境部畜禽污染防治工程技术中心主任，中国城市环境卫生协会智慧环卫专业委员会主任，哈尔滨工业大学（威海）兼职硕士研究生导师。科技部"十一五"科技支撑计划大型生物燃气项目课题负责人，"十二五"科技支撑计划大型沼气项目课题负责人，曾受聘于亚洲开发银行担任生物质能政策专家，是中国沼气学会副理事长，被评为中国三农人物，拥有20余项专利技术，在国内外发表论文50余篇，是国家星火计划一等奖获得者。深耕环境产业20余年，2014年率先将互联网引入环境产业并在有机废弃物领域成功运用，组织建成全国首个有机废弃物全产业链物联网管控平台，组织召开2016、2017中国智慧环卫高峰论坛，推进智慧环卫团体标准体系检核，致力于搭建中国智慧环卫全产业物联网大数据云平台，实现垃圾智慧分类与利用，实现废弃物资源价值最大化。

中国沼气事业的开荒人

出于一种社会责任和行业情怀,曹曼将深耕中国沼气20年的经验、教训和认知,毫无保留地写出来分享,期望对中国沼气的发展和同行业的校友们,发挥有益的作用。

我们为中国沼气做了什么

开发中国沼气过程中的酸辣苦甜,只有经历过的人才知道。在现有的土地制度、补贴政策和商业模式下,中国沼气怎样才能成为产业,只有体验过沉痛的经历才能感悟到。

曹曼记得,2010年前后,天人公司签工程合同都要集中批量进行,几十个项目同时开工,人手跟不上,全国各地到处告急。公司集中员工到青岛做培训,按照当时的政策导向,给大家描绘沼气产业的宏伟蓝图。当时全国各地正在建设沼气能源站,逐渐取代现行的加油站和加气站。天人公司则在全国各地成立办事处和分公司,市场占有率名列前茅。天人公司快速发展的背后,是巨大的隐患,危险与机会同在。2012年的上市失败,给曹曼敲了个警钟,让他能静下心来反省,他很快有了大彻大悟的感觉。曹曼明白,做的项目越多,给国家造成的损失越大,犯下的错越多。他决定急刹车,但一系列问题接踵而来,尤其是老项目问题频出。他又果断决定停下新签订单,全力以赴做好整改和售后服务。在这个过程中人员开始流失,公司一度四面楚歌，收入急剧下滑，很快出现了严重亏损。特别是业主的项目不赢利，找各种理由不给工程设备款和质保金。无奈之下通过法律手段去解决，结果又带来更大的困扰。有的业主为了赖账，甚至用不合规的方式让相关部门出具证明，曹曼也多了份意想不到的人生体验。有很多没想到的事发生，如决定不做不能给业主带来利润的项目，尤其是以畜禽粪便和秸秆为原料的沼气工程，结果招来了很多麻烦，包括发生在公司内部的，引起了个别同行的误会，一度让曹曼痛苦难忍。同时，他告知主动找上门的客户，项目不能赢利，劝说他们别干了；非干不可的话，建议他们统一规划分期设施，先干小规模的试试，成功后再扩大。开始也不被客户理解，客户说送订单上门，没有劝说不干的，只有让干大增加合同额的。

介绍这些，目的不是说他自己比别人高尚，只是做的项目多，等于向行业交的学费多。量变实现了质变，量大到触动自己良知的程度，首先获得了醒悟。做的不赢利项目越多，投资浪费越大，内心的自责和愧疚感越强，曹曼认为有责任与大家分享，并为改变这个局面付出应有的努力。

有人说：天人公司对中国沼气的产业化做出了重大贡献。尤其是《天人之友》的双月刊免费发行，全国各地的义务宣讲，CSTR技术的引进与公开分享，对工业化沼气工程知识的普及和大中型沼气工程的建设，的确发挥了独一无二的重要作用。至今，很少有人知道CSTR技术是天人公司正式从欧洲引进的（政府间的合作项目）。

有人调侃：曹总是中国沼气"黄埔军校"的校长。不少沼气公司的老板和合伙人及核心员工，是从天人公司出来的，包括行业内大小民营公司和国有企业。言下之意：一是曹总管理太严，要求太苛刻；二是天人公司留不住人才，尤其是天人第一次上市失败，决定不承接不能实现赢利的农业沼气工程后。还有人给曹曼一个美称：中国沼气博士。同当时培训市场叫什么第一人相比，曹曼感觉收敛多了，没有感到不妥。他现在想起，第一感受是惭愧，第二反应是脸红。相反，再次提起"黄埔军校"校长，感觉是正面的，贬义变成褒义了。因他看到了"学生们"的优秀表现。

他现在想起,没有了荣誉感,有一些欣慰,更多的是内疚。虽然,不是故意的,而且管住了自己和公司,做到了及时叫停,不再接不能赢利的沼气项目,但前期的结果是错的,很多项目不赢利,浪费了投资,公司没有发展起来,个人和团队小伙伴的前途也被耽误了。

然而曹曼没有放弃自己的创新追求,调整了企业发展方向,经过近几年的艰苦努力,曹曼取得了一点阶段性成果,给他和企业团队的内心一点慰藉。特别是在"智能+"和工业物联网平台建设方面,现有技术可以做到厌氧过程降本增效 20%~30%,而且从理论上论证,有机废弃物综合利用全生命周期过程的环境数据,可无限地被利用(如给农产品做背书,能在线追溯),有区块链和大数据挖掘技术,其增效空间应是没有边界的。

伟大商业模式的基因:共赢

曹曼认为,商业模式的重要性,被越来越多的人认知。什么样的商业

2019 中国智慧环卫高峰论坛

模式才是好的，怎么衡量商业模式的好坏，没有统一的标准，可以说人云亦云。一般认为，好的商业模式具有赚钱既快又多，并且风险小、能长久的特点。

有人认为，找到好的商业模式，创业就成功一半了，剩下的一半就是努力去做。反过来讲，商业模式不好，付出的努力又突破不了模式的局限，自然就没有好的结果了。要获得好的结果，追求更好的结果，是创业者想要做和需要做的，也是大家期待的。

如果不局限于商业模式的好坏，而是将更高的追求视为伟大的话，那么伟大的商业模式与好的商业模式有什么不同，应具有什么特点？诞生的条件和土壤具备了吗？今天和曹曼一起探讨一下这些问题。

首先，曹曼认为共享经济的内核是共赢。传统经济的特点，反映在生产要素上是土地、劳动力和资金，反映在产业链上是线性或单向的，反映在发展趋势上有循环经济、生态经济和共享经济三种新模式。三种新经济模式的内核不同，分别是物质沿产业链的循环流动、物质沿生物代谢的循环流动和生产交易全过程参与者的共赢。为什么共赢是共享经济的内核？共享经济就其字面意义而言，是经济活动过程中，参与者共同分享经营成果。按什么原则来共享，才能使经济活动持续发展，这就涉及参与和分配原则。按优势互补、发挥各自所长的原则进行参与，按贡献大小分得各自所需的原则进行分配，是共赢的做法，容易达成共识，并能维持活动持续进行。

换个角度看，共享的标志是什么？一定是共赢。没有共赢的话，怎么能说是共享了呢？共赢是共享的结果，共享是共赢的手段。在共享经济活动过程中，需要有相应的规则，制定规则需要有原则，以共赢为原则，是实现共享的保障。

其次，曹曼认为共赢基于资源的充分利用。传统经济的竞争特点是商场如战场，结果是你死我活，或我取代你，即有你没我或有我没你。一方的赢，对应着另一方的输，如线上的电商取代了线下的商店。要实现共赢，意味着要创造新价值，才能不侵犯别人的利益。新价值不能无中生有，只能想方设法充分利用资源。

创造新价值的渠道主要有两个：一是改进或创新资源开采和利用技术，增加生产要素的利用率，减少废弃物的产生，生产出更多的产品，如生活垃圾的分类回收再利用；二是改进或创新产品的生产工艺技术，提高生产效率，减少原料和能源的消耗及副产品的产生，实现产品生产的多快好省，如某产品生产过程的节能降耗。

不同资源的开采利用和产品的生产技术有别，又都需要公共设施和公共技术，如交通、通信、供能、网络、计算、云等。即技术可分公共技术和非公共技术，公共技术主要需要跨界人才来解决，例如，食品追溯物联网平台，涉及的网络平台技术，需要食品、种植、养殖、IT、卫生等专业人士通力合作才能完成。非公共技术主要靠各行各业专业技术人才来解决。

再次，曹曼认为共赢是伟大商业模式的基因。实现共赢，不仅是人类价值观的进步，更重要的是技术的发展，二者缺一不可。大家知道，一百年前提出的共产主义，就是一种实现共赢和共享的模式。但是为什么一直没有实现共产主义？技术条件一直不具备是其中的一个重要原因。

既然共产主义是人类的伟大理想和追求，那么支撑其实现的商业模式一样是伟大的。不是对现有商业模式的简单改进，而是彻底颠覆。无论是其共赢的出发点，还是其共享的落脚点，都体现了过程中没有输都是赢的商业模式，这还不够伟大的话，恐怕再找不到一个更伟大的了。

需要找到伟大的基因，才能更好地利用它、发挥它的作用。伟大商业模式的基因，是有别于其他商业模式的，也是保持自身特性的要素。伟大的商业模式，不但能让资源得到充分利用，而且能调动越来越多的社会力量，发挥参与者的主观能动性，满足不同地区和不同时代（现在和未来）人们的需要，符合人类社会可持续发展的原则要求。

最后，曹曼以中国沼气为例进行诠释。我国沼气发展起于20世纪60年代，已有50多年的发展历史。我们一直习惯于按规模大小，细分不同的发展阶段，如小型（户用）、大中型和特大型。也有人根据产业性质粗分成两大阶段，30多年的户用沼气和10多年的工业沼气。作为一个产业，中国沼气经过几十年扶持都没有形成真正的产业。产业的一个重要标志是市场化，我国沼气工程建设长期依赖于补贴，近期开始通过行政命令，让大型国有企业来担当重任。特别是看到大型国有企业，在没有成功商业模式和项目案例的前提下，规划近期投资几十个亿建沼气项目，曹曼更是着急和不安。

为了尽快找到适合中国的发展模式，早日走出中国沼气产业发展的困境，在组织专家团队找到原因的基础上，结合我国人多地少的国情和产业生态化升级的发展战略，借助时代发展带来的新技术和基础设施红利，尤其是"智能+"和互联网平台，是利用碎片化资源和将产品分散利用的有效办法。如将分散的秸秆和畜禽粪便及相对集中的沼肥，通过智能收运和物联网平台运营管理，实现低成本高效利用。

就模式而言，从国内户用沼气和欧洲工业化沼气的经验来看，其核心都是建成了循环经济体系，而不是单独的沼气工艺系统。在户用沼气的基础上增大规模、解决原料问题的办法，除了土地流转外，多原料协同是值得探讨的一条途径。解决产品的办法，是在多能互补的基础上，增加多肥互补、原料的协同和产品的互补，从而促成产业的融合。

也就是说，适合我国国情的商业模式，应具备的核心要点是，多原料协同、多产业融合和多产品互补，构建循环经济产业体系实现共赢。例如，畜禽粪便与秸秆的协同可提高产气率，沼气与太阳能、水电能、风能等形成多能互补分布式供能站，沼肥与化肥及其他有机肥形成多肥互补分布式供肥站，通过原料和产品与种植、养殖、能源和肥料生产等产业融合构建循环经济产业园区。

就已建沼气工程而言，尽快盘活是首选的办法。结合垃圾分类政策和乡村振兴战略，消纳附近乡村和城镇的湿垃圾，以及城市污水处理厂的污泥，和其他可生物降解的有机废弃物，技术上是可行的，只需要做一定整改，主要是新增预处理单元，调整沼气和沼肥生产运营条件。就新上沼气项目而言,通过上述模式和技术创新,确保能成为产业实现盈利,一步到位是首选。

曹曼结语:利用"多原料协同、多产业融合、多产品互补"策略,和"智能+"与工业物联网平台技术,将小循环扩展成大循环,可形成中国特有的沼气产业商业模式。伟大商业模式的基因,非共赢莫属。

曹曼个人微信宣传照

科研报国
规格严格，功夫到家

科技是第一生产力，创新是引领发展的第一动力。他们用"不服输"的精神和"不能输"的态度，立足科研岗位、书写报国情怀。他们亲身践行哈工大"规格严格，功夫到家"的校训，时刻怀揣"爱国奋斗、建功立业"的理想，在民族复兴和时代发展的召唤中，谱写着不平凡的人生诗篇。

崔继文

结缘工大 情系威海

HARBIN
INSTITUTE
OF TECHNOLOGY

崔继文，1974年生，哈尔滨工业大学仪器科学与技术学科教授、博士生导师。

1998年毕业于哈尔滨工业大学（威海）机械电子工程专业，2000年获航空宇航制造工程专业硕士学位，2005年获仪器科学与技术专业博士学位。

现任哈尔滨工业大学超精密光电仪器工程研究所副所长，兼任中国计量测试学会理事、国家质检总局几何参量测量技术委员会委员等职务。

"见微知著"的攻坚人

2014年1月10日,猛烈的寒风也吹不散崔继文的热情与喜悦。这一天,由哈工大超精密光电仪器工程研究所申报的项目"大深径比微/小孔径超精密测量技术与装置"获国家技术发明奖二等奖,崔继文是该奖项的核心发明人之一。作为科研领域脱颖而出的青年教师,崔继文是如何成长起来,并且将科技成果应用到实现国家现代化的伟大事业中的呢?

仪器报国,宝剑锋从磨砺出

随着航空航天以及国防工业等领域的不断发展,在宏观核心部件设计与制造中引入超精密深微内腔技术可极大地促进新一代高端装备技术的发展,微小尺寸器件的地位与作用越来越重要。具有微细结构和几何形状的精密器件,急需在较大的尺度范围内寻找特定的微细结构及形状。要解决此类微内尺度的精密制造问题,必须先解决其超精密测量问题。该问题已成为制约我国众多重大装备及系统的技术瓶颈。面对国内传统的微小孔测量存在诸如测量深径比不够、测量精度低等致命弱点,同时国外高端的测量仪器又对中国禁运的两难处境,如何实现大深径比微孔径超精密测量的自主研发变得迫在眉睫。

崔继文正是这个项目的主要负责人,面对重重阻碍,他毫无惧色、迎难而上,毅然决然向国外顶尖技术发起挑战。经过上千个不眠之夜,终于在导师谭久彬教授(2017年当选中国工程院院士)的指导下,于2014年率先提出了基于双光纤共球耦合的微位移瞄准传感方法。该方法不仅实现了原理的创新,更成功解决了传统光学测头可测深度和孔径大小景深受限的难题,适用于制造现场的过程测量。接着,他又结合计量溯源性的需求,于2009年提出了基于微焦准直的微位移瞄准传感方法,可使测量系统的初级放大倍率高达2 000～10 000倍,分辨力达到1nm量级,适用于建立测量标准,成功解决了大深径比微孔径超精密的计量溯源性问题。功夫不负有心人,随着一项项难题的迎刃而解,国内第一台大深径比微/小孔径超精密测量仪在崔继文的不懈努力下终于研制成功!

该仪器一经问世,便受到航空航天院所、国家量仪产品质量监督检验中心等单位的欢迎,获得好评连连。国防科工局科技与质量司在鉴定报告中写道:"该成果解决了我国高性能武器装备中发动机和伺服机构大深径比微/小孔径超精密测量技术难题,并为我国建立相关标准装置提供了技术支持""在大深径比微/小孔径测量领域达到国际领先水平"。更令人欣喜的是,在与德国联邦物理技术研究院(PTB)对同一样品的比对测量中,中方的测量仪器在最小可测孔径、最大可测深度和测量不确定度三项核心指标上均优于PTB给出的测量结果。换言之,中方的测量仪器已经在大深径比微/小孔径超精密测量领域达到了国际领先的水平!这是多么令人骄傲的成绩!

醉心科研,吾将上下而求索

俗话说,机会总是留给有准备的人,崔继文的杰出成绩与他对待科研工作的事业心密不可分。自1999年留校工作以来,崔继文一直奋斗在教学科研的第一线上。时任超精密光电仪器工程研究所所长的谭久彬教授时常教导他说:"到我们这里,第一要吃得起苦,我们的研究工作没有星期天、节假日,而且每天工作三个单元,即上午、下午和晚上;第二要有很强的毅力和韧劲儿,要有一干就是十几年甚至几十年的劲头。"有一次,在实

实验室合影

验进行到最紧张的时候,他竟从家里搬了铺盖住到实验室来。虽说睡到实验室也算是研究所里的传统了,但那次为了拼抢项目的时间节点,他这一住就是 43 天!

  2005 年 7 月至 12 月,崔继文作为访问学者外派至德国 PTB 开展为期半年的合作研究。崔继文到德国后,依旧延续他追求完美、惜时如金的工作作风,主动要求加班(与德方签订自愿加班协议),为期 6 个月的课题仅仅花 3 个月就顺利完成了。他勇于挑战,利用剩余的时间又申请了一项课题,很快在两个月内再次顺利完成,并提前一个月回国!崔继文的事迹为 PTB 所震惊,以至在给崔继文的评价中连用了"Perfect"和"Excellent"两个词来表达世界级顶尖研究院对这位中国科研人员的认可和赞许!

  功夫不负有心人,凭借着坚定不移的事业心,崔继文先后主持国家自然科学基金项目 3 项、国家高技术研究发展计划项目 2 项、国家科技重大专项子项目 1 项、黑龙江省杰出青年科学基金 1 项、横向课题 3 项；在国内外学术期刊上发表 SCI、EI 检索论文 80 余篇，获授权发明专利 47 项、国际发明专利 9 项；获国家技术发明奖二等奖 1 项、国防科学技术奖一等奖 1 项、全国发明展览会金奖 1 项等，成为同辈青年教师中的佼佼者。

教书育人，蜡炬成灰泪始干

在醉心科研的同时，崔继文始终铭记自己肩负传道授业的使命，在教学工作中将教师的责任心体现得淋漓尽致。生于教师世家的他从小就听父辈们讲："别的师傅教徒弟总会留一手，只有老师是真心实意把东西全部教给学生。"童年的耳濡目染使崔继文深谙教师责任之重大，他本人也始终坚持以"对得起良心"来要求自己。他常说："学生的父母这么信任你，把孩子交给你，你有什么理由不全心全意地对待学生呢？"

自 1999 年留校以来，他一直在一线从事教学和科研工作，在 20 年的课堂教学生涯中始终把"教书育人"作为自己的指导思想。为提高课堂教学效果，他备课详尽、细致，精心设计教案，注重授课方法，探索和尝试新的教学方法，重视教学改革，充分发挥教师与学生这两个主体的积极性和主动性，让学生从"要我学"变为"我要学"；积极参与专业试点改革，大胆尝试开放式考试方法改革，避免学生在学习过程中死记硬背，同时培养学生的诚信意识。除课堂教学外，他每年还承担部分毕业生的论文指导工作，根据每一个学生的特点与兴趣爱好，结合实际需求，与学生进行面对面交流与讨论，为其确定合适的研究方向，并在材料收集、初稿写作直至定稿完成的整个过程中给予悉心指导，使学生在这一过程中更好地掌握专业知识，提升科研能力。

崔继文对待任何细节都力求躬亲，大到学生培养方案的制订，小到学生实验时间的安排，真正地做到了百无一疏。他耐心解答学生的每一道习题、每一个知识点；对学生的每一篇论文，无论是结构、标题，还是字体、字号,他都细心修改;每个月至少当面与每个学生交流一小时的课题进展;对学生的每一个答辩环节,他都亲自指导。"细节决定成败"是崔继文时常挂在嘴边的一句话。不仅如此,他更是将这种尽职尽责、尽善尽美的工作态度言传身教给身边的学生,使学生们也逐渐培养起做事认真、追求极致的工作习惯,这将为他们以后的人生之路提供宝贵的财富!

桃李不言,下自成蹊。崔继文付出的是汗水和泪水,收获的却是一份份充实、沉甸甸的情感。他用心去教诲学生,用心去培育学生,将自己最珍贵的爱奉献给莘莘学子,期盼他们从含苞欲放到纷繁绚丽的绽放。

在"规格严格,功夫到家"校训的启迪下,崔继文坚信"没有人会随随便便成功",发扬钉子"钻"和"挤"的精神,在科研工作和教学工作中"咬定青山不放松",长期坚持,迎难而上,收获了丰硕的成果。未来,他也将秉承哈工大精神,见微知著,坚定前行!

张 凯

结缘工大 情系威海

HARBIN INSTITUTE OF TECHNOLOGY

张凯，哈尔滨工业大学（威海）2008届海洋学院生物技术专业毕业生，后保送到中国科学院生物物理研究所读硕士。2013年博士毕业后进入剑桥MRC分子生物学实验室从事博士后研究，主要研究方向为动力蛋白(dynein)结构机理和冷冻电镜技术方法。现于剑桥MRC分子生物学实验室从事博士后研究。

在耶鲁大学筹建实验室的"科研达人"

2017年一篇有关完整人源动力蛋白（dynein-1）超大分子复合物高清结构的文章，发表在国际权威杂志 Cell 上，文中提出了迄今为止动力蛋白最详尽可靠的自抑制和激活机制。它的作者就是耶鲁大学新晋研究组组长、剑桥大学博士后张凯。

张凯是哈工大威海校区海洋学院 2008 届生物技术专业毕业生，本科毕业后保送至中国科学院生物物理研究所，2013 年博士毕业后进入剑桥 MRC 分子生物学实验室从事博士后研究，主要研究方向为动力蛋白(dynein)结构机理和冷冻电镜技术方法。攻读博士期间，张凯先后发表专业期刊论文 30 余篇，博士后期间以第一或通讯作者身份连续在 Science 封面、Cell、JSB 等期刊发表多篇有重要影响力的论文，以申请或受邀方式在专业学术会议上做口头报告 20 余次。2015 年，张凯的《动力蛋白激活因子 dynactin 结构》一文以封面文章的形式发表在 Science 上，文章介绍了 dynactin 复合物(23 个亚基)的近原子分辨率冷冻电镜结构，被评审人员称为"分子马达领域过去几十年最重要的成果之一，一次性回答了该领域若干悬而未决或有巨大争议的谜题"。凭借一系列重要的学术成果，他在过去两年先后获得了多家世界顶级研究机构的教职邀请，最后选择了耶鲁大学。目前张凯博士正在耶鲁大学筹建自己的实验室。

"蛋白质结构如同生命科学里的数学公式和物理定律,甚至在以后会充当生命科学里面的'化学元素周期表',除了帮助发现或设计新药等,它更重要的价值是作为最基础最上游的研究之一,通过影响一切与其密切相关的下游科学和技术,从而改变我们的世界。"笔者在与张凯交流时,他非常热情地介绍了自己现在的研究方向。"除了生物学研究应用,我也一直致力于冷冻电镜技术的发展,"他谈道,"当今结构生物学研究中普遍使用的冷冻电镜是 20 世纪七八十年代开始出现、近几年才飞速发展的革命性技术,它可以快速、简易、高效、高分辨率解析高度复杂的超大生物分子结构。但冷冻电镜所涉及的冷冻成像技术和图像处理算法一直都是瓶颈,伴随着直接电子探测器的发明以及高分辨率图像处理算法的改进,这一领域直到近几年才得以高速发展。"纯粹生物背景出身的张凯,在冷冻电镜数据处理相关的数学原理和计算方法方面造诣颇深。他在研究动力蛋白之余还独立开发了多款冷冻电镜程序,其中包括衬度传递函数(contrast transfer function,CTF)实时测定和矫正的程序 Gctf,以及高精度实时自动颗粒挑选程序 Gautomatch 等,在冷冻电镜领域被广泛使用,深受同行好评。

"科研达人"是怎么养成的呢?

兴趣与专业融合,1+1 > 2。张凯来自陕西农村的贫困家庭,上大学之前完全没有接触过计算机,但在大二第一次接触时他就非常感兴趣,在很短的时间内把学校图书馆里程序设计相关的书籍几乎翻了一个遍,仅用了 3 个月时间便自学完了"Visual

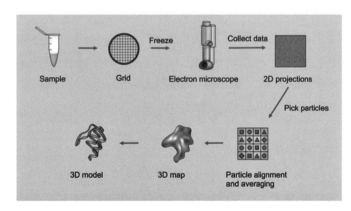

冷冻电镜样品制作流程

Basic""C++""Java""数据结构""操作系统""数据库"等课程。"遵循自己的兴趣爱好读书学习,这样主动性就比较高,效率自然也高。"大二时他就考取了"程序员"证书,大三时考取了"软件设计师"证书。

张凯在高中时就对数学与物理有浓厚的兴趣。"自己中学时代的数学基础比较好,虽然大学选择了生物专业,但出于兴趣,把学校数学专业所涉及的许多课程都翻过了。""近世代数""实变函数论""复变函数""积分变换""量子力学"等数学与物理的专业课程都是他在图书馆自学的。"得益于大学期间对数学和计算机领域的兴趣和广泛涉猎,在生物学研究过程中遇到的很多问题自己能够独立开发技术尝试解决,不会受制于人。"张凯深有感触。正是广泛的兴趣和钻研,张凯把自己与同领域其他研究人员区分开来,并且在自己的科研中发挥着巨大的优势。

广泛涉猎,培养综合能力。张凯的大学生活并不只有学习一项,"虽然那个时候学校设施条件没有现在优越,但是我们的生活一样丰富多彩"。从班级学习委员,到院会成员,再到党支部组织委员,学生工作的经历让张凯学会了分析与思考、竞争与合作、理解与宽容,提高了他的统筹安排能力以及与他人沟通合作的能力,更重要的是让他懂得了为人处世的原则。

校外兼职家教、辩论队成员、"两课实践"中都有他的身影。"当时邓小平理论课实践讨论会,很多同学都很不重视,而我却将此看作极其难得的锻炼机会,我代表班级演讲,当场引起强烈反响并赢得老师的高度评价,我由此信心大增。"原本不善于表达和沟通、还有些内向的张凯,在大学课堂外的工作实践和课余活动中得到了锻炼,这也为他日后从事科研工作打下良好的基础。

耐得住寂寞的苦学,练就朴实坚毅的科研品质。出身寒门的张凯学习上一直不敢松懈,"我知道自己不能改变出身,但我深知知识改变命运"。当有的同学沉溺于网络,在虚无的世界里消耗着宝贵的时光时,他却在图书馆里享受着"自然的奥秘";当室友们还躺在被窝里迟迟不愿起床时,他却早已在微弱的晨光下朗读起了英语;当有人"投机取巧"敷衍着繁重的作业时，他却将学习看作是最神圣的使命。谈起大二刚进入老师课题组接触科研时，张凯印象非常深刻。"先从查阅文献开始，之后是最基础的工作，像海水采样、过滤、灭菌等，简单烦琐，但是课题组的同学从不推卸责任，也没有偷懒的，每个同学自己培养一种微藻并观察研究。这些最基础的实验操作和最简单的研究工作，不仅极大地提高了我的实验动手能力，更重要的是让我体会到了科研工作的辛苦，培养了我吃苦耐劳的精神。"

有规划的人生才有机会触摸山峰。据张凯介绍，大三结束后，他就开始根据自己所掌握的相关知识，考虑未来的研究方向以及合适的研究机构。在这个过程中，他很幸运地在大四到中科院生物物理所进行毕业实习，其间了解到结构生物学和冷冻电镜技术，并产生了浓厚的兴趣。"它和大多数传统生物学方向不太一样，传统生物学研究主要依靠的是实验，但是冷冻电镜领域的研究把实验、理论和计算三大研究手段有机结合到一起，感觉特别适合自己，既能发挥自己数理方面的优势，同时又不至于偏离本职——生物专业太远。"本科毕业实习期间他在"电子断层三维重构"方面的研究就已取得初步成果，大四下学期他代表实验室赴广州参加"结构与计算生物学国际学术研讨会"，和美国国立大分子成像中心、休斯敦大学、贝勒大学、日本电子、美国 Gatan 公司等机构的教授和专家进行面对面讨论，并参加了之后的"冷冻电镜学习班"，拿到了由著名电镜结构生物学专家和资深教授签名的证书。

被问及生物学目前比较热门的研究方向时，张凯也提出了自己的见解："每个人的兴趣和优势都不一样，没有必要盲目从事所谓的热门方向。最有前途的方向一定是自己喜欢的，并且能够去建立、引领的方向。"他表示，自己在 2007 年开始接触冷冻电镜时，国内很少有人从事这方面的研究，正是由于先人一步，才给自己带来了不小的优势。"不要太趋向于热点问题，要根据自己的优势，去发现别人没有发现的方向、尝试别人没有做过的研究、解决别人没有发现甚至没有想过的问题，这才是健康的研究心态。一味地随大流，人云亦云，反而是一种不健康的风气。"

谈到自己在国外的经历，张凯表示自己印象最深刻的就是剑桥的多元化以及包容性。"剑桥的学院制给每一位学生和学者提供了充分的交流机会，各种文化和思想互相交融。在这种环境中会极大地开阔自己的眼界，积累不同的知识。"对于留学海外，他认为与学习知识相比，感受国外大学的文化氛围可能更重要，这些能够拓展自己今后的视野。

谈到母校，张凯说："哈工大是个非常棒的学校，在这里的学习和生活我终生难忘。"他非常庆幸最宝贵的大学时光能在哈工大（威海）度过。

张凯做博士后的剑桥实验室外景

陈贤帅

结缘工大 情系威海

HARBIN INSTITUTE OF TECHNOLOGY

  陈贤帅，男，壮族，1984年8月出生，中共党员，博士研究生，广西贺州人，2004年至2008年，就读于哈尔滨工业大学（威海）机械设计制造及其自动化专业，其间担任第四届第三任校学生会主席，参加创新实验室并代表学校参加"挑战杯"全国大学生课外科技作品竞赛，获得全国三等奖、省级特等奖；2009年至2014年，在香港中文大学师从加拿大工程院院士杜如虚教授攻读硕士、博士学位，并成为博士后和副研究员。陈贤帅是中国留学人员归国创业人才入选者，全国"最美奋斗者"候选人，广东"特支计划"科技创新领军人才、青年拔尖人才，中国科学院青年创新促进会成员，佛山市创业领军人才等。现任佛山市安齿生物科技有限公司党支部书记、董事长，广东省侨联常委，共青团佛山市委副书记（兼职），佛山市第十五届人大代表，兼任广州中国科学院先进技术研究所中心主任，工程领域权威杂志《中国组织工程研究》执行编委等职务。研究领域为生物医疗器械制造、精密加工与3D打印技术等，主持或参与国家级和省部级重点科研项目30余项（国家04专项等），获国家级奖励12次、省部级奖励9次，在SCI/EI等著名期刊上发表论文40余篇，申请专利163项，在牙种植体专利领域个人全国排名第一。

做中国自主品牌的高端医疗器械

陈贤帅毕业于香港中文大学精密工程研究所，是一名年轻的博士后。2010年，在博士开题会上，一位教授不经意的一句话提醒了他："工业零件的精密制造你能做，植入人体的医疗器械更需要精密制造，而这些器械基本被国外垄断，你能不能做？"于是，陈贤帅在恩师杜如虚教授的支持下，顶着压力和风险，将博士课题转变为研究植入式医疗器械，尤其是"牙种植体和口腔颌颌面修复材料制造"。

将工业的"螺丝钉"安装到人体上，陈贤帅的研究对象从机械变成了活生生的人，面对仿生生物医疗精密制造这一全新领域，他一家家医院去跑、一个个医生去请教，组建团队，将牙种植体从实验室的技

陈贤帅博士在第三届3D打印与口腔医学学术大会上进行主旨演讲

术研发导入到市场的产业化开发。世界首创的一门"黑科技"——基于影像技术和3D打印技术的个性化牙种植体终于诞生，这一技术可以按照患者牙根形状，打印出一模一样的种植体，拔完牙直接将种植体放进去，避免了通用型种植体在牙槽骨上打洞的二次伤害。这一技术不仅填补了国内空白，更打破了口腔种植系统长期被欧美国家垄断的局面，大大降低了种植牙手术费用，还将9个月的恢复周期缩短为3个月，减轻了患者的精神压力和病痛，为患者的恢复带来了更多的方便。

CCTV《朝闻天下》报道了陈贤帅博士担任广州中国科学院先进技术研究所中心主任期间，带领科研团队开发出世界首创的基于影像技术和3D打印技术的个性化牙种植体的事迹

CCTV拍摄的《创业英雄》纪录片，对陈贤帅博士的创业历程进行了持续宣传

放弃铁饭碗，坚持追逐梦想

在最初，陈贤帅与团队一起放弃中科院的"铁饭碗"工作、毅然决定一起创业时，便立志要做中国自主品牌的植入式医疗器械。2015年，在荣获佛山市创新创业团队"国际一流水平团队"后，陈贤帅在广东省佛山市南海区创立佛山市安齿生物科技有限公司（简称中科安齿），开启大健康事业篇章。中科安齿是中科院孵化的一家集研发、生产和销售为一体，具有国家二类、

三类医疗器械资质的国家高新技术企业,已获得中科招商、中海资本、广投集团等知名股权投资机构的四轮风险投资,被评为独角兽企业。企业拥有以加拿大工程院院士杜如虚教授、陈贤帅博士、中华口腔医学会口腔种植专业委员会副主任委员邓飞龙教授及国家外专局高端外国专家Olaf Eichst dt(德国)等为代表的一流产品开发团队。建有最高规格专业医疗器械GMP厂房,研发并建造了具有自主知识产权的医疗器械表面处理生产线,拥有德国3D打印机和瑞士车铣复合加工中心等世界先进制造设备和各种理化检测设备。如今公司拥有知识产权218项,其中专利189项,占国内牙种植体领域的40%,列同类企业榜首,实现了行业内生物医疗器械制造、精密加工与3D打印技术的领先。企业拥有"广东省新型牙种植体系统及临床应用工程技术研究中心""广东省先进生物医疗器械制造工程技术研究中心""广东省医学3D打印应用转化工程技术研究中心分中心"共3个省工程技术中心,以及"广东金融高新区股权交易中心挂牌企业""国家知识产权优势企业""广东省知识产权示范企业""中国医疗器械行业协会常务理事单位"等资质。

陈贤帅博士陪同中国工程院资深院士钟世镇教授,为中科安齿"广东省医学3D打印应用转化工程技术研究中心分中心"成立揭牌

攻坚克难，打破国外垄断

目前，由于国产牙种植体的研发和生产刚起步，中国市面上的牙种植体主要被欧美、韩国的品牌所垄断。牙种植体是最严格的三类植入式医疗器械，有极高的设计和精度要求，是融合了制造学、设计学、材料学、生

中科安齿自主研发的牙种植体产品及其配套手术工具

物学、医学等专业的复杂工艺集合体。尽管在中科院的团队里，陈贤帅已经网罗了各个专业的人才，但是作为团队的主心骨，他必须要熟悉这些学科。

另外，针对制约我国医疗器械发展的行业难题——材料及表面处理技术，作为一个工科博士，跨界材料学、生物医学工程，为了突破种植体的表面处理技术，陈贤帅带领团队翻阅了上千篇文献，再不断地和合作医院的医生进行交流，实验更是进行了上万次，最终才研发出了拥有自主知识产权的包括设备、材料、工艺的表面处理技术，可以大大缩短骨组织的生物结合时间，节省治疗时间，减少了患者的痛苦，极具创新性和实用性。中科安齿也因此成为全球仅有三家掌握"亲水性"表面处理技术的企业之一。陈贤帅在此基础上，还带领团队开发出极具市场前景的具有抑菌特性和骨诱导能力的植入式医疗器械表面处理技术。

在 2012 年到 2015 年间，陈贤帅把这个阶段看作技术完善和突破的阶段，于他而言，也是一个艰辛的过程。从实验室开发阶段到小试、中试、批量生产，从精密制造到表面处理，陈贤帅和团队成员全部亲自上阵，经过上万次试验，终于摸索出了一套自己的"秘方"。

陈贤帅团队针对"亲水性"表面处理技术，建造具有自主知识产权的植入式医疗器械表面处理生产线

2017 年，中科安齿的产

品和技术获三类医疗器械的相关许可证，通过 ISO 13485、ISO 9001 体系认证，产品销往东盟以及印度、土耳其、西班牙、俄罗斯等海外市场，还与华南地区 20 多家医院达成合作，为国产的医疗器械行业增加一位极具竞争力的成员，未来有希望完全打破国外品牌在牙种植体领域的垄断。

技术延伸，带动多个领域发展

在完成了传统加工工艺的牙种植体研发后，陈贤帅带领团队继续创新，希望实现金属 3D 打印技术在医疗器械领域的应用。传统金属 3D 打印工艺多用于大型机器设备的生产，远无法满足第三类植入式医疗器械的要求。通过技术攻关，陈贤帅将 3D 打印精度缩小为 0.01 毫米，实现较软的金属纯钛的力学性能突破，让个性化打印医疗器械成为可能。取得成功的陈贤帅，依然有着自己的不甘心，继续带领团队，逐渐将 3D 个性化种植体打印技术延伸到包括美容整形、癌症修复、创伤救治在内的新型个性化颅颌面修复领域，为内固定钛板产业化及相关创新疗法提供技术支持，不仅推动了国内植入式医疗器械的发展，更对提高我国口腔医学医疗服务水平，带动材料、制造、医学等多个领域发展起到重要作用。该团队在香港成功进行上百例口腔颅颌

陈贤帅博士出席美国知名杂志 FastCompany 全球论坛，并获颁"中国创新公司 50 强"和未来独角兽企业奖牌

面修复手术,有医生建言将该技术列为香港口腔癌的首选修复方式。

为确保公司的行业领先地位,陈贤帅正带领团队将研究领域从口腔颌面生物医用材料向骨科生物医用材料延伸,依托企业已有的院士和专家,再引进加拿大院士团队与美国的骨科专家,强强联合,汇集优质创新资源,建立国际先进水平的植入式医疗器械企业研究院,为瞄准国际科技前沿开展关键核心技术攻关奠定良好基础。这与佛山作为粤港澳大湾区核心门户城市的定位相匹配,并将显著提高广东乃至全国口腔修复、创伤救治医疗服务水平,给人类健康带来更多可能性,使中科安齿成为民族生物医疗器械品牌先锋,实现国产医疗器械行业在世界的崛起。

陈贤帅创新创业的成绩得到了各方的认可。2013年以来,陈贤帅团队先后获得"中国(深圳)创新创业大赛"一等奖、"中国创新创业大赛"优秀团队、"创业中国"全国一等奖、"中国青年创新创业大赛"全国金奖(商工成长组)、第四届"金博奖"创业突出贡献奖等荣誉。2016年,陈贤帅被广东省委组织部、省科技厅评为广东"特支计划"青年拔尖人才,获中国侨联颁发的第六届中国侨界贡献奖;2017年,被省委组织部、省科技厅评为广东"特支计划"科技创新领军人才;入选 *FastCompany* "中国创新公司50强"、"未来独角兽"创新企业。他的事迹吸引新闻媒体报道40余次,其中中央电视台采访5次,包括《朝闻天下》、CCTV-10纪录片等。

不忘初心创业梦,没"齿"难忘向前行

作为一名有着十多年党龄的中共党员,同时担任佛山市人大代表、共青团佛山市委员会副书记(兼职)、中共佛山市南海区桂城高新人才协会支部书记、中共佛山市安齿生物科技有限公司支部书记等职务,陈贤帅一直坚持深化党建引领,以身作则、发挥党员模范带头作用,为政府创新创业、人才引进等方面工作出谋划策。2019年10月,陈贤帅受邀参加佛山市"不忘初心、牢记使命"主题教育先进事迹报告会,并作为先进典型(代表)宣讲他带领中科安齿创新创业的先进事迹,与大家深入学习贯彻习近平新时代中国特色社会主义思想，带动广大党员干部不忘初心、牢记使命、勇于担当、乐于奉献，切实把参加主题教育焕发的热情转化为干事、创业的动力。陈贤帅一直积极参加各项社会公益活动，并以自己的方式积极履行社会职责，做到服务于社会、回馈于社会。他的服务精神得到了社会各界的认可，被评为全国"最美奋斗者"候选人（佛山唯一入选者）、广东省"向上向善"好青年、"广东青年五四奖章"提名奖等。

在中共中央、国务院印发的《粤港澳大湾区发展规划纲要》的指引下，以及佛山市政府深入实施创新驱动发展战略，中科安齿自成立以来发展迅速，将于粤港澳大湾区中心三山新城建立国际先进水平的口腔颌面修复医疗器械产业基地，进入商业化规模生产盈利模式。陈贤帅立足于粤港澳大湾区丰富的医疗和人口资源，开展植入式医疗器械的研发及产业化，将带动广东乃至全国材料、制造、医学等多个领域上、下游产业链的创新发展，带来良好的社会和经济效益。2019年，在佛港澳青年交流会上，陈贤帅与全国政协副主席梁振英先生同台做主旨演讲并参与圆桌讨论，为粤港澳大湾区融合发展贡献自己的一分力量。

中国工程院资深院士钟世镇教授、美国生物医学与工程院院士秦岭教授、加拿大工程院院士 Mo Elbestawi 教授等国内外一流专家均给予肯定，如秦岭教授所言，"陈贤帅博士团队开发的产品，是一项填补国内空白、提高中国

陈贤帅作为唯一企业家代表，在佛山市"不忘初心、牢记使命"主题教育先进事迹报告会上分享先进事迹

陈贤帅博士与全国政协副主席梁振英先生在"佛港澳青年交流会"上同台做主旨演讲,并参与圆桌讨论

植入式医疗器材水平的突破性研究成果"。

2017年,时任中央政治局委员、广东省委书记的胡春华到中科安齿调研,高度肯定了企业取得的创新成果,鼓励陈贤帅带领团队在创新驱动发展的征程上再接再厉,为人类健康事业做更大贡献。

2017年8月,时任中央政治局委员、广东省委书记,现任中央政治局委员、国务院副总理的胡春华深入佛山市安齿生物科技有限公司开展调研,陈贤帅博士做工作汇报

我与哈工大(威海):母校精神常铭记,栽培恩泽永难忘

提及哈工大(威海),陈贤帅直言,那段挥洒青春、美好灿烂的校园时光,给予他追求创新的执着、追逐梦想的勇气和实现目标的能力。4年的求学生涯,陈贤帅扩大了自身的知识面,掌握了扎实的理论基础,为创新创业打下了坚实的基础;3年学生会磨炼的经历,培养了他组织管理和高效协作的能力,让他明白成为一名合格的带头人应该具备哪些基本的素质;参与创新实验室

的各项活动，培养了他的创新思维，开阔了他的视野，提高了他的动手能力，使他养成敏于观察、勤于思考、善于综合的习惯，掌握了创新创业的方法与技能。在校期间，陈贤帅荣获"挑战杯"全国大学生课外科技作品竞赛全国三等奖、省级特等奖，省级优秀团干部、哈工大优秀团干部，哈工大（威海）首届"创新之星"等20余项荣誉。更值得一提的是，在哈工大（威海），陈贤帅还收获了爱情，找到了人生的另一半；贤内助的支持对陈贤帅走上创新创业路是莫大的鼓励。在哈工大（威海）经历的一切，都为成就他日后从高端机械手表设计制造跨界到精密植入式医疗器械、从填补国内技术空白到世界首创、从研发创新走向创业实践铺垫好了道路。

时光荏苒，转眼间哈工大已成立百年。一百年来，学校培养出了一批又一批各行各业的领军人物，他们都在全国各地各领域以自己的方式实现着人生价值。作为哈工大的一名毕业生，陈贤帅感叹：流逝的是时间，留住的是初心。他将终生谨记哈工大"规格严格，功夫到家"的校训，为了中国人的牙齿，努力做好每一颗"螺丝钉"！

同时，陈贤帅也深切感谢母校的栽培，并表示未来会密切关注母校的建设和发展。在母校百年华诞之际，他诚挚祝愿母校：积历史之厚蕴，更展宏图，再谱华章！为国家培养出更多的高层次人才！

哈工大（威海）党委副书记为陈贤帅颁发第四届第三任校学生会主席聘书

姜立标

结缘工大 情系威海

HARBIN INSTITUTE OF TECHNOLOGY

姜立标，哈尔滨工业大学（威海）2000级车辆工程专业校友，现任广东省华南理工大学机械与汽车工程学院副院长、副教授，广东省汽车产业技术研究中心常务副主任。主要研究方向为汽车系统动力学及电子控制、智能网联与自动驾驶技术。哈工大（威海）广州校友会会长。

让科学技术在服务社会中创造价值

每当秋风萧瑟、鸿雁南飞时，我们总有一份思念、一种淡淡的遗憾。不由得想起姜立标，他诚恳、聪明，脸上总带着一种笑意，忙碌在各种车辆旁边。

姜立标大学是在沈阳工业学院度过的，他大学期间主要学习机械制造工艺及设备，努力掌握专业技能。1987年他毕业后有幸分配到兵器工业部127厂汽车工程研究所任职。他热爱这个专业，并担任主任工程师职位，不断积累汽车设计及制造的实际经验。其间他曾经到吉林工业大学汽车工程学院进行汽车设计与制造方面的深入学习与进修，从此同汽车行业结下不解之缘！随着改革开放的浩荡东风，1994年，姜立标调到山东省威海市第二汽车汽修厂担任生产技术科科长。由于经常为哈尔滨工业大学（威海）车队服务，他与学校办公室老师和车队的师傅们建立了友谊。

1997年，位于黑龙江省哈尔滨市的哈尔滨工业大学汽车工程学院整体搬迁至山东省威海市，引起了姜立标的兴趣，他喜欢这种边学习边研究边工作的模式，而学校也急需一批能承上启下的中坚力量来充实教师队伍。因此他经申请并获批调入哈尔滨工业大学（威海）汽车工程学院任职，并于2000年在职就读哈尔滨工业大学（威海）汽车工程学院车辆工程专业研究生，获博士学位。回顾在威海校区的15年教学和科研生涯，他感叹学校发生的变化。他也曾是学校的建设者和开发者之一，回忆多次参加校园建设及植树活动、参与车辆工程学科建设及实验室搬家，辛苦也快乐；回顾先后讲授6门本科生课程的经历；回想自己跑遍了山东省，特别是威海市的一些汽车组装及配件企业，积极参加一些较大的车改科研项目，尤其值得纪念的是在荣成华泰研究宝马越野车的车改项目，这是汽车学院当时的一个大项目，他往来奔波、呕心沥血，项目成功而他在其中有历练，有成长，有收获；回想自己多次带领车辆工程专业的学生到一汽集团生产实习，轰轰烈烈地在实践中学习知识；回忆担任4届班主任，和学生朝夕相处、促膝谈心而形成的化不开的浓情，以至在多次参加本科生和研究生的毕业典礼及会餐时，依依不舍、洒泪相别。他诚恳地说："我非常感谢学校对我的培养教育，非常感谢一些老教授对我的指导，包括专业、人生、社会等方面。例如，周玉生老师、崔胜民老师、赵桂范老师、杨建国老师、宋宝玉老师等。我最好的青春年华是在哈尔滨工业大学（威海）汽车工程学院度过的！"

姜立标指导的两名2018届硕士研究生毕业并与其合影

工科院校一直强调动手能力，而姜立标的特点是始终在汽车工程领域深入耕耘。他深知实践出真知，做科研更是要身体力行，亲自动手钻研，不怕失败、不轻易放弃目标，要有持之以恒的毅力和决心。不要想着挣快钱和坐享其成。这既是哈工大"规格严格，功夫到家"的校训使然，也是自己努力使

姜立标在2019广东省汽车行业专家迎春茶话会上

我国的汽车工业赶上世界水平的初心使然。在教学和科研过程中姜立标深深感受到汽车行业是在前人引领下不断进步的，所以自己在取得成就的时候，不能忘记前人。他向后来的学弟学妹给出了三条忠告。第一，汽车是综合了机械电子的复杂系统，是集体合作的产物，"所以要感谢你的父母和支持你的朋友，要感谢那些启发过你的教授，尤其要感谢那些迫使你自学的老师。从整体看，自学能力是优秀的大学教育中必不可少的，将成为你成功的关键。你还要去拥抱你的同学，感谢他们同你进行过的许多次彻夜长谈，这为你的教育带来了无法衡量的价值"。当然，更要感谢哈工大。第二，在经济交往中要实现双赢。"在你们未来的人生中，做一个慷慨大方的人。在任何谈判中，都把最后一点点利益留给对方，不要把桌上的钱

2019年姜立标参加会议并讲话

都拿走。在合作中，不要把荣誉留给自己。成功合作的任何一方，都应获得大部分荣誉。"第三，保持你的好奇心。目前汽车在向智能化方向发展，"当你开启生活的新阶段时，请跟随你的爱好。如果你没有爱好，就去找，找不到就不罢休"。他认同雷锋同志的话："人的生命是有限的，可是，为人民服务是无限的，我要把有限的生命，投入到无限的为人民服务之中去。"他说："生命太短暂，所以不能空手走过，你必须对某样东西倾注你的深情。"

姜立标现在任职于华南理工大学机械与汽车工程学院车辆工程系，为本科生和研究生上课，累计指导研究生 50 余人。华南理工的机械与汽车工程学院条件很好，拥有仪器设备先进的实验室及各类科研机构，现有聚合物新型成型装备国家工程研究中心、国家金属材料近净成型工程技术研究中心、塑料改性与加工国家工程实验室、聚合物成型加工教育部重点实验室、金属新材料成型及装备教育部工程研究中心、金属新材料制备与成型广东省重点实验室、汽车工程广东省重点实验室、金属新材料制备与成型广东高校产学研结合示范基地、精密制造技术与装备广东省高校科研型重点实验室、广东省金属材料近净成型工程研发中心、表面功能结构先进制造广东省高校重点实验室和广州汽车技术中心。建有机械基础国家级实验教学示范中心、工程训练国家级实验教学示范中心和机械基础实验教学与工业训练广东省实验教学示范中心，拥有 UGS 制造业数字化大学生实验创新平台。实验室及科研机构总面积 20 321 平方米，仪器设备 18 850 台

2019 年 11 月哈工大（威海）广州校友会在知名校友企业参观交流

件,总价值约 2.97 亿元,为学院的教学和科研工作提供了良好条件。他依然相信习总书记的话,"中华民族伟大复兴,绝不是轻轻松松、敲锣打鼓就能实现的,全党必须准备付出更为艰巨、更为艰苦的努力"。他热情邀请学弟学妹们把华南理工大学作为一个选项,到广州学习深造和发展事业,为中国现代汽车的腾飞尽自己的一分力量。

2019 年初,姜立标与同在广州的哈工大(威海)师兄弟一起筹划组建了哈尔滨工业大学(威海)广州校友会,并担任校友会会长职务,他表示必定尽己所能,为更多的哈工大校友尽微薄之力。

最后,他感谢哈工大和哈工大(威海)的精心培养与过去的美好回忆,他会看准目标继续努力!

崔国峰

结缘工大 情系威海

HARBIN INSTITUTE OF TECHNOLOGY

  崔国峰，汉族，共产党员，哈尔滨工业大学（威海）2001级硕博连读应用电化学专业毕业生。

  现任中山大学副教授、博士生导师，广州钰芯传感科技有限公司董事长兼总经理、惠州市钰芯电子材料有限公司董事长兼总经理、广州钰芯智能科技研究院负责人、哈尔滨工业大学（威海）广州校友会秘书长。

重构自我　服务社会

崔国峰聪敏睿智，刚刚年逾不惑，正是干事创业的大好时机。他出生于20世纪70年代末，他的家乡在中国北部的黑河地区（现黑河市）。那是我国最寒冷的地方之一，也是我国的制造业与军工基地。黑龙江地区建起的军工厂与制造厂，为当地人民提供了大量的工作岗位。随着改革开放，中国积极发展军工科技与制造业，为了在激烈的国际竞争中占据优势，国内科技发展的热情无比高涨。

在一个相对和平稳定的环境里，崔国峰的聪明才智得到充分的发挥。他学习刻苦、努力，在初中时期就对化学产生了浓厚兴趣，高中时期立志成为像侯德榜一样的化学工程师，依靠氯碱工程的工程技能组建工厂，解决中国对烧碱的进口依赖。怀一腔报国之志的崔国峰在高中毕业时，报考的所有学科全部都以化工为主，后考入齐齐哈尔工学院进行精细化工中有机化学的学习。在齐齐哈尔工学院精细化工专业的4年学习中，他勤奋钻研，为后续的化工研发奠定了良好的科研基础。

为了增加自己的知识储备，2001年本科毕业后，崔国峰顺利考入哈尔滨工业大学理学院，从事电分析化学研究。主要依托毛细管电泳进行药物手性色谱拆分，以此进行硕士阶段的科研工作。研究生第二年保送入理学院电化学李宁课题组，进入硕博连读阶段。在哈工大李宁教授和京都大学仓知三夫教授的指导下，先后从事电化学扫描隧道显微镜、化学镀镍机理的探索等研究。在母校期间，导师无微不至的关怀和哈工大"规格严格，功夫到家"的校训，鼓舞着崔国峰。他牢记导师的教导，在一个领域，"板凳须坐十年冷"，必须精耕细作10年以上，才能做到厚积薄发，只有全面了解业务的每个细节，耐心坚持，才可以做到业务赶超前人。他也进一步体会到高尔基说过的话："我读的书愈多，就愈亲近世界，愈明了生活的意义，愈觉得生活的重要。"

其间，崔国峰在北京大学向吴云东院士学习，进行量子化学中密度泛函对分子反应机理模拟的研究。博士生第二年，崔国峰随李宁导师在哈工大（威海）海洋学院积极参与科学研究及实验室实际筹建工作。随着科研思维和能力的提高，崔国峰带领同课题组的师弟师妹完成多项导师交付的企业横向课题，并在广州番禺区陈涌村的化学镀镍生产线，进行产业化开发，解决企业实际问题。

学如弓弩，才如箭镞，正是把学习作为首要任务，作为一种责任、一种精神追求、一种生活方式，让勤奋学习成为青春远航的动力，让增长本领成为青春搏击的能量，2006年，崔国峰以哈工大优秀博士毕业生身份毕业，就职于中山大学化学与化学工程学院。当时，学院希望服务社会，依托原有的理科化学建立化工系。这期间，崔国峰有幸又一次成为化工系最早的"拓荒者"、三名筹建人员之一。当时化工系百废待兴，崔国峰以极大的耐心和毅力投入进去，从最初的小型研究院所、绿色中心，历时十年，建立成现在位居珠海的化工学院，在此期间，他也从讲师晋升至副教授和博士生导师，亦从最早的化工系秘书成为化工系副主任，又在中山大学研究生院培养处担任副处长。

执教期间，崔国峰牢记学校赋予的教书育人、科研探索和服务社会的目标，进行积极探索与实践，他懂得，要想在学生心中埋下真善美的种子，引导学生扣好人生第一粒扣子，老师就必须坚持教书和育人相统一，言传和身教相统一，坚持以德立身、以德立学、以德施教，自觉做为学为人的表率，成为让学生喜爱的人。他在教学方面获得中山大学优秀青年教师的荣誉，讲授了"应用电化学""化工前沿""线性代数"和"化工原理"等多门课程，其中"应用电化学"在全校2 000多门课程评教中排名第一。科研探索方面，他坚持研发最新一代化学传感器，坚持将传感器做到高稳定性、高灵敏度、高持续性以及高微型化的 4S 标准。

基于以上科研目标，崔国峰在多个交叉学科深耕细作，包括在化学传感芯片、系统集成封装、无线充电电池和分子训练 4 个领域展开研究。完成国家省部市级等 20 余项科研项目，发表 SCI 论文 40 余篇，同时获得台湾线路板协会和香港线路板协会的高度认可，多篇论文获得金奖荣誉，并与台湾线路板协会和香港线路板协会建立了紧密合作，申请专利 10 余项。

除去学术科研外，崔国峰还结合了哈工大培育工程师的特性，将成果投入实际应用，实现了产学研结合。

2012 年，崔国峰与哈工大同门师弟合作建立了广州钰芯传感科技有限公司，针对生物医疗、环境监测、公共安全、食品安全 4 个方面的分子检测相关传感芯片、快检仪器进行深入研究，并实现其产业化。结合中山大学具有中山医科大学及十几家附属医院的办学优势，进行医学即时快检仪器的相关研究开发，实施研产供销全方位的化学传感器的研发策略，取得了不错的效果。

2019 年初，崔国峰协同姜立标师兄一起筹划组建了哈工大（威海）广州校友会，并担任校友会秘书长职务，希望为更多的哈工大校友尽微薄之力。实现母校提出的"三帮一平台"的校友会宗旨，即"校友帮校友，校友帮母校，母校帮校友"的帮扶理念。

最后，崔国峰感谢哈工大和哈工大（威海）的精心培养，他恳切地说："自从在哈工大毕业后，我一直坚持两条原则：其一，自强不息、厚德载物之精神，将理想和信念付诸对学子的培养和教育之中；其二，坚守校训'规格严格，功夫到家'的敬业精神，将母校之所学应用于产业落地、服务社会的事业中。希望母校的师弟师妹在哈工大工程师的摇篮中茁壮成长，以服务社会、报效祖国为己任，担负起民族复兴之伟大梦想。"

作为校友，崔国峰愿与在校的师弟师妹及校友们保持良好合作，发扬哈工大精神，共创美好未来。

张福香

结缘工大 情系威海

HARBIN INSTITUTE OF TECHNOLOGY

张福香，哈尔滨工业大学（威海）1989级机械制造与设备管理专业。现任潍坊现代塑胶有限公司副总。

哈工大的"木兰才女"

1992年7月,张福香从哈工大威海校区毕业,她学的专业是机械制造及工艺设备专业。毕业后回到家的第二天,她就独自骑着自行车早早地出发了,先是到30多里地外的昌乐县城找工作。此时,对毕业学生的工作已经不再包分配,而是开始双向选择。到了县城,她漫无目标,只有沿着街道走,看见门口挂着厂牌就去问问要不要刚毕业的学生,可是一周的时间过去了却毫无收获。为了减少来回奔波之苦,她找到了县城附近的一个同学,晚上就住在同学的家里。后经多方打听,才知道当年企事业单位把需要毕业生的情况,早就报到了县教育局和人事局。于是,她就去了教育局,她的专业与机关、事业单位所要的毕业生的专业不符,只能去企业。她抄录了所有需要所学专业的工厂名字,一共十几家,接下来,便抱着极大的热情与希望开始了求职之路。

她先选择了在县城及县郊的5个比较大的、当时效益比较好的国有企业,心想只要有一家工厂留用就不再去下一家。可她花了5天时间跑完的这5个工厂却没有一家要她。这几家工厂,有的以不需要为由直接拒绝,有的以名额已满为由拒绝,有家工厂的领导一听专业,再看是个小女生,说一句"女的搞机械,能拿动几斤铁?不要不要!",干脆就轰她出大门。此时,她突然意识到,就业的思路要改变,必须先找到一个单位去上班,解决眼下吃住的问题。

几天后,经人介绍,她去了一个集体企业。上班以后才知道,该企业是一位60多岁的离休老革命三年前创建的,创建这个企业的想法就是为县里的部分残疾孩子提供自食其力的就业机会。工厂只有两个车间,一个是餐巾纸生产车间，共有 5 台生产餐巾纸的设备，30 多个工人中超半数是残疾人；另一个是机械加工车间，车、铣、刨、磨、钻设备一应俱全，当时主要产品是三用阀（煤矿单体液压支柱的核心部件，液压升柱、超载溢流、卸载降柱）。全厂大约有 90 人，其中有 8 个离退休老干部，背地里，年轻人称他们为"八仙"，除了老厂长，他们分别担任着各部门的主管或顾问；三四十岁的中年人不到 20 个，他们是各部门、各车间的主要负责人或技术骨干；其余的全是 20 岁上下的年轻人，他们是工厂的中坚力量，是工厂的希望和未来。

张福香是福利纸品厂新进的第一个大学生，被分配到机械加工车间实习，按照规定，实习期半年。那时，她的基本工资是每月 67 元，加上其他补助，出满勤每月的工资总额也不到 100 元。其他职工、后勤是岗位工资，一般能发到 200 元左右；一线工人是计件工资，比岗位工资要高。发第一个月工资时，她手捏着工资，竟然在办公室门口发呆了好长时间，心想着是不是再出去另找工作。厂长看到她，好像知道了她的心思，用手拍了拍她的肩膀，用慈祥的目光望着她，语气中带着严肃，说："大学生，好好干，希望把你的所学发挥出来。在这个厂里上班，我是看能力的！"

机械加工车间有近 40 人，也有五六个残疾人，其中 30 多人实行三班轮流制。采用的是师傅带大徒弟，大徒弟带小徒弟的方式学习各种机械操作。那几个师傅是经验多，但理论知识却稍欠缺，他们带徒弟的原则是，眼精不如手精，手精不如常拨弄。而到了大徒弟那儿经验和理论就都欠缺了，说不出原理来就让小学徒自己悟。

技术主管是一个 67 岁的离休工程师，有点严厉，他负责图纸的设计、绘图及工艺的编制等。张福香分配到这个车间以后，白天跟着他做学徒，以画图、描图、晒图为主；晚上技术主管和车间主任等负责人不在厂，她住单位宿舍不回家，就主动到车间里学习各种机械的实际操作，并把所学的机械及材料等理论知识传授给同事们，还帮着解决工人们在工作中遇到的问题，一时解决不了的，她就查资料并多方请教，直到把问题圆满解决。那时，她俨然成了机械加工车间的小教员。因为大多是同龄人，她性格活泼又是个热心人，和工人们很快就熟悉起来，并成了好朋友。渐渐地，厂领导把她的工作表现看在眼里，记在了心里；车间主任也是发自心底地高兴，他告诉工人：以后谁有不懂的问题去请教张福香，她就是我们的活字典！

日子在不知不觉中过去了两个多月。1992年10月中旬的一天，上午上班后不久，老厂长突然叫张福香去他的办公室。办公室里早已坐了八九个人，有技术主管、机械加工车间主任、装配组组长、财务科长等，还有3个不认识的中年人，他们三三两两地谈论着什么，气氛很活跃，可她心里却是一阵紧张。这是一个新产品的研讨会，客户带来了一套国外进口的样品，产品的名称叫三阀组。会议进行了近两个小时，主要内容是客户先说明了对产品的要求，大家讨论了研发流程，最后进行了初步的分工。张福香接受的首要任务是翻译三阀组的说明书。因为只有一份说明书，在她拿走的时候，老厂长再三嘱咐不要弄丢，而且限时第二天就要翻译出来。

由于这本说明书的唯一性，张福香决定先把它抄录下来。当时没有"复印"的概念，在昌乐县城内也没有听说过哪里有复印部。吃过午饭，她放弃午休，伏案描图、抄写起来。下班前终于完成，共用了35张单面A4纸，装订起来成了一本书。然后她把说明书原件送还给了老厂长。当晚她拿来英汉词典，逐一仔细地推敲，直到第二天拂晓，她用复写纸重新抄录了一份翻译成汉语的说明书后，才回宿舍稍作休息。后来听说，不知什么原因，那本说明书原件丢失了，她抄录的说明书便成了唯一。

接下来的一个多月，在对三阀组的测量、制图、工艺编制、材料选购、工装设计制作、试产跟踪、验收、包装等过程中，张福香以主要人员的身份不分昼夜全程参与，还提出了很多合理化建议，部分被采用。样件做出来了，客户对产品的价格认可，对质量很满意，尤其对这个团队的干事效率更是赞叹和佩服，于是爽快下单，此产品便开始量产。

同年11月，也就是张福香工作的第四个月，她的工资就达到了后勤人员中的高水平。

1993年春节放假前，技术主管由于身体的原因辞职了。由此，春节后张福香就担起了厂里技术主管的责任。此时，由于生产餐巾纸的设备技术含量不高、操作又简单，初始投资也不是很大，家庭作坊式的餐巾纸生产在全国各地陆陆续续出现，这样生产餐巾纸所需的设备就成了抢手货。老厂长迅速召集厂部领导开会并统一思想，决定借助厂里既能提供原料又能培训操作人员的优势条件，快速制造生产餐巾纸的设备以抢占市场。对此项工作，当场进行了明确分工，张福香以测绘设计图纸为主，并配合督促机械加工车间和装配组的质量与进度。此时老厂长对工厂提出了"333"规划，即干三年、看三年、想三年，他比喻为：吃着碗里的，看着锅里的，想着田里的。针对产品，可理解为：现在的产品红利高峰期大约是三年，在这期间要把眼光放到下一个三年里可替代的产品，还要把想法延伸到再下一个三年将要出现的产品，这就是危机意识。老厂长还对工人特别是年轻人提出了要善于学习、勤奋工作、干出业绩，对几个老职工提出了要解放思想、适应社会、扶持好带领好年轻人。

阀门系列、餐巾纸机等市场需求火过之后，开始出现供过于求，工厂即将停产，大批工人面临下岗。老厂长似乎早就意识到这一天会到来，未雨绸缪，在企业出现危机之前就已经组织精干力量上新项目——PVC软管、PVC钢丝螺旋管、PVC纤维缠绕管，同时将工厂更名为潍坊时代塑料有限公司。刚开始由于技术不够熟练、自动化程度不高、设备投资巨大等因素，只能进行小规模生产。PVC软管能代替大部分橡胶管，与橡胶管相比，它的加工工艺更简单、更节能、更环保；它还具有耐酸碱、耐腐蚀、质轻、透明、色彩艳丽、易于弯曲等优点；应用范围更广，市场需求量极大。

为了快速供应市场，老厂长下令：公司提供一些支持，以自己公司人员为主组成突击队，采取多渠道方式，联合研制生产PVC软管的设备，要求是多步并作一步走，直接实现自动化。这时，机械加工车间也专门抽调出骨干人员，在张福香带领下加班加点，从试制、试验、修改、定型等方面密切配合。经过技术攻关，钢丝管中钢丝的全自动绕簧机用在了生产线上，只要钢丝不断，绝大部分规格型号钢丝管轻轻松松就能出到100多米。效率的提高和废品率的大大降低，为公司创造了可观的效益，同时工人的工资也领跑县内所有企业。

经过5年的奋斗，公司迅速发展壮大，餐巾纸车间所有人员、机械加工车间部分人员转产到与管子产销相关的岗位。2002年春天，张福香调岗到管子车间担任车间主任，并参与管体检测标准的制定工作。随着企业的快速发展，公

司领导层决定买地建新厂。于是一场争分夺秒的"战役"打响了。新厂建设刻不容缓，时间就是金钱，时间就是效益。在开发区选址，征地86亩，一期建筑面积约8 000平方米，张福香又被抽调出来，去建设工地负责三大车间（造粒、钢丝管、纤维管）的水、电及设备的规划、安装定置等。于是，她把现有设备的尺寸、结构一一测量出来，然后根据新车间再进行合理布局。在近5个月的时间里，张福香和她的团队起早贪黑奋战在建设工地：感冒发烧也是晚上回去到门诊打针；脚趾被砸肿了还一瘸一拐地在车间的混凝土里预埋垫铁、管件；到了冬季，她的手起冻疮也不在乎，一心只为了保质保量尽快竣工。后来在二期工程建设时，建筑单位把一期建设作为标杆，称为"时代速度"。

搬进新厂后他们又成立了潍坊现代塑胶有限公司。

随着产销量的不断增加，管子的规格品种也井喷式增多，设备和模具需要快速制造。张福香这时感觉到"书到用时方恨少"了，手工画图纸速度太慢，而且容易出错，但一时又找不到合适的制图员，张福香便自己花钱买书籍自学起了电脑制图。她反复揣摩与练习，不出两个月就已能熟练操作。

从2004年开始，张福香主要负责公司的设备、模具的研发制造及新产品的开发。其间，她荣获国家发明专利一项、实用新型专利和外观专利共20多项。公司的许多技术革新都有她的参与。2008年，张福香进入公司新一届领导班子集体。2010年，张福香光荣地加入了中国共产党。2014年，她成为公司副总，分管的工作更加繁杂，任务更加艰巨。但她对于工作总是认认真真、兢兢业业。

现在，公司规模已在同行业中有领先优势，拥有各种生产设备200多台，在职职工近500人。企业拥有钢丝管（包括防静电管、钢丝复合管）、纤维管（包括编织管、钩编管、多层高压管等）、水带管三大系列产品，一千多种规格型号。

经过近30年的磨炼，张福香感到：一是管物要公开、节约、自律，不要有贪心杂念；二是管人要公正、尊重、包容，学会换位思考；三是干事要认真、敬业、执行，尽力做问题的终结者。

职场纵横　复盘与逆袭

复盘——反思错误，积累经验；逆袭——百折不挠，绝地反击。职场如人生，爱拼才会赢，他们是职场中千锤百炼的精英，在挫折与逆境中磨炼意志、奋力成长，在挑战与机遇中寻求发展、实现价值，走过山重水复，终到柳暗花明。

刘 洁

结缘工大 情系威海

HARBIN INSTITUTE OF TECHNOLOGY

刘洁，哈尔滨工业大学（威海）校友理事会女校友工作组组长，2004级工商管理专业毕业。在传统电力能源行业经历互联网创业后，过渡到新能源储能行业，曾任中国电建海外投资有限公司总经理办公室主办、上能电力集团投资总监，现任超威电力有限公司市场总监、北京赫维斯文化有限公司创始人。

此生我的终极目标:"做事"

在校的时光非常美妙,那个时候学校后面通往山大有一段环海路,在朝阳、烈日以及余晖中我不知道走了多少遍,那种微风拂面的感觉现在还能清晰地感受到。其实,我可能算不上一个典型的哈工大女生。2004—2008年,我在哈工大是个斜杠女同学,特别爱打扮,性格还张扬。那时候开淘宝店是个新鲜事儿,我凭着一腔孤勇,也没和谁商量,就去开了一个卖衣服的店,还教顾客穿搭。可能是做得早,就靠着多年爱打扮积累的穿搭品位,我的淘宝店生意还不错,每个月有上万元的收入。

可生活有时候就是这样,太顺利,反而可能是阻碍你前进的障碍。

从毕业开始一直到2014年9月,我度过了人生中非常轻松、快乐的几年。这几年消耗了我在大学的所有积累和思考,我就像一个2008年的毕业生,直接长成一个2014年的应届生,除了年龄没有任何成长。这里我要提起一个人——陈莹。当时她刚拿到一笔天使投资创业做跨境电商,由于知道我有做淘宝的经验便找到我,虽然最终我们没有合作,但她那次出现就像一枚炸弹,把"做事"这两个字从我无脑的生活碎屑里直接炸到我面前。当时摆在我面前有三条路:一是维持现状,每个月拿几千块的工资和几万块的副业收入,开始生宝宝,过好相夫教子的生活;二是想办法调去业务部门,证明自己的能力然后晋升;三是离职。

继续维持现状相夫教子,还是离职改变?我挣扎了近一年。有时候这个社会的舆论对女性挺不宽容的，人家会觉得："你都28岁了，还折腾啥！"但人生只有一次，当时的我虽然28岁了，但庆幸的是我还可以选择。

经过权衡后，我离职了，筹备了一个创业项目，也拿到了500万的天使投资。但创业这个事儿，比我想象的难多了，经历的焦虑、失眠、抑郁太多了，那应该是我人生中最艰难的一段时光。我相信读者们也看过很多创业文章，我的并没有什么特别，我的特别之处在于可能再也找不到比那时候的我更弱的创始人了。很明显当时的项目并不成功，中间所经历的痛苦、黑暗、挣扎、焦虑、失眠，以及中度自杀倾向都是在补2008年到2014年的社会必修课。

我先生是哈工大2005级信管专业的，一个很温和的人，当时十分强硬地对我说："你不用待在北京创业了，去苏州或者无锡买个房子，找份工作，生娃带崽，过大部分女同学应该过的日子。"

这个提议我当时甚至没有在第一时间拒绝，因为创业那段时间所经历的日子让我对"做事"这两个字代表的意义及需要付出的代价有切肤之痛。2016年5月前后，应该是我人生中最黑暗的日子。我用懦弱、懒惰及逃避把自己逼到了绝境上。相比于创业之前的抉择，更黑暗的地方在于我还消耗了投资人、朋友、关心我的人以及我先生对我的信任。那个时候，感觉不会再有更痛的体会了，当时确实考虑过自杀。不过即使这样，只要一想起那种意识溃散、头脑空洞带给我的精神折磨，又什么都不重要了，我什么都可以忍，只要别让我回到那种状态，我什么都可以做。想清楚这个问题之后，一切变得简单了。

后来创业失败了，我还进过网剧剧组，干过蛋糕店店长，等等。有人可能觉得这是浪费时间，但我觉得，如果人生少走了弯路，也就错过了风景。

正是这些折腾的时光，让我这样一个张扬的人，慢慢学会了内敛。"就像一株秋天成熟的麦穗一样，只有她成熟了，才能有谦卑弯腰的姿态。"创业失败的我那一年30岁，兜兜转转，还是进入了一家企业。可能干市场工作比较适合我，我在这家企业做得不错，很快就做到了市场总监的位置。

那年的春节我和先生在罗马过的，远离了传统春节的走亲访友，有更多的时间想其他的事情。

似乎很长时间我都是一个以自我为中心的人，在和自己较劲，和欲望斗争，很少关注他人。经过很长时间的思考，我突然意识到：为什么我不去听听其他女性的故事呢？我是不是可以从他人那里找到快乐的钥匙？对于比我小的师妹们，她们也在迷茫的探索人生阶段，我是不是可以帮助她们？

这样的想法促使我在母校的支持下，成立了哈工大（威海）校友理事会女校友工作组，并担任组长。

虽然是以威海校区的名义，但我们的工作主要在北京和威海两地开展。在北京，我们会给大家分享工作经验、帮忙找租房来源、介绍男女朋友等。在威海，我们女校友工作组的成员，会以师姐的身份回去分享各种各样的经历和体会。

然后我慢慢发现，"当你的心里能装下别人，能真正地为别人的幸福而感到高兴，你就找到了快乐的钥匙"。

女校友工作组 2019 年年会合影

我再也没有那些七七八八的小情绪，没有是不是要再睡一会儿、放空一会儿的放松，也没有我要不要这么辛苦、要不要去做这些事的纠结。

因为女校友工作组组长的身份，在哈工大即将迎来100年校庆之际，有人希望我能做这样一件事，采访女性校友并编成书。最开始我是拒绝的，因为我那个时候处于换工作的忙碌期，加上我对这件事没有把握。我不是专业的采访记者，也没有很多杰出的女校友资源，这事儿搞不好会做砸吧。

但后来一想，百年校庆，我们这辈子也就能经历这一次吧，好难得的机会！我也非常好奇，到底那些优秀的女校友都有着怎样的故事和人生体会？

于是我硬着头皮做了。最初我们申请到一张官方授权书，证明我们活动的合法性，算是我们唯一的支持。然后成立采访组、建立编辑部等，都是我们自己去张罗的。包括经费，大部分都是自己出的，但幸运的是得到了两个师姐的赞助。

既然是献礼哈工大百年校庆，我们便决定以百年为时间轴，寻找近100年以来，各行各业具有代表性的30位哈工大女校友。

3个多月我们飞了4万多千米，奔赴北京、上海、成都、昆明、无锡、青岛等十几个城市。采访人物的年龄横跨30~90岁，她们从自身独特的视角，讲述了一个个不同年代、不同背景下的哈工大"秘密"以及自身的奇妙故事。

比如，有的校友目睹了"神舟五号""神舟六号""嫦娥一号"发射全过程；有的跟随张艺谋导演拍摄过《三枪拍案惊奇》《山楂树之恋》等多部作品；有的是百度云UED前负责人，馒头商学院分享嘉宾，等等。

然而，采访的最初，虽然我们拿着一纸"官方授权书"，但30位哈工大小姐姐一开始大多都是拒绝的。为什么呢？一来哈工大人实在太低调、太谦逊了，她们都觉得自身没有"优秀"到可以讲出献礼百年校庆的故事。二来她们确实很忙，有的人部分工作性质还涉及国家或行业机密。三来采访个人，多少会涉及一些独特经历，甚至隐私的询问。后来，在多次沟通中，我们总算顺利完成了采访，现进入编辑环节，很快就会出版。我想，是"渡人渡己"的共同信念打动了她们，让她们愿意站出来，去分享时代的秘密，分享个人成长的秘密，以照亮更多女性、更多年轻人的未知之路。

其中，哈工大"40后"刚杰师姐回忆起20世纪60年代的故事。"一

采访刚杰师姐

个脸盆上头搁一个盖帘，就是饭桌，萝卜丝拌香油就是最好吃的菜！一家的衣服鞋子都挂在屋内一条绳子上，再就没有其他东西了。地上睡的什么呢？稻草！"她是改革浪潮的亲历者，"第一次到日本是1982年，晚上，汽车红的白的路两边满满的，车流非常多，我就在想，中国什么时候能有这么多汽车？日本太发达，太厉害了"。而如今中国车水马龙、高楼耸立，"中国这么短的时间内，发生这么剧烈的变化，翻天覆地的说法一点都不过分，变化太大，进步太快"。

对比历史，我们才会发现身处当今时代的幸运，才会更加珍惜今天的机会。

30位优秀女性，神奇的经历太多了，大家可以期待一下即将出版的《红袖芳华——三十位女性与一所名校的百年》一书。可以提前透露的是，尽管她们从事着不同的行业，有着不一样的人生故事，我却在她们身上悄悄发现了一些共性。

第一个共性，是年轻。几乎所有的小姐姐，都是那种看着至少比实际年龄小10～20岁的真女神。

比如，生于1963年的张英杰师姐（现任昆明理工大学党委书记），身材堪比30岁；生于1966年的胡坤师姐（现任德国马勒公司中国区总裁），依然能一眼就看出来当年的校花气质和美丽容颜……我不知道为什么，似乎岁月对她们格外宽容。然而除了"容颜不老"，更让我佩服的，是她们

心态上的年轻，有着一种"当死亡还没有来临，要把能量都发挥干净"的蓬勃朝气。

第二个共性，是豁达。这种豁达，主要体现在生活上的无怨付出和情绪上的自我管理。

一个师姐是东北人，先生是浙江人，定居在上海。先生做物流常在国外出差，二宝出生后，为了照顾两个孩子和家里，两个不同饮食习惯、不同脾气性格的妈妈都来到上海帮忙。都说婆媳关系难处，孩子的教育要费心，家庭要和谐……换作一般人很容易情绪崩溃，但她有很强的自我调节能力，很好地平衡了工作、家庭和婆媳等复杂关系。

第三个共性，是乐观。大家可能喜欢看一些经历过苦难最终成才的励志故事，就好像多年的媳妇经过不懈努力熬成了婆。

然而，我们的哈工大女神们，比起苦难，更愿意去谈那些光亮的地方，对于挫折和困难往往只用三言两语便轻描淡写地带过去了。

我在采访中，发现很多哈工大师姐从事的工作，在刻板印象里会被算作"男人的职业"。大家可能都有这样的经历，高考前选学校、选专业，长辈们会对你说，"这个适合男生学""女孩子不要选什么焊接这样的专业啦，这些都是男孩子学的"。

不仅在选专业上，在社会职场上，舆论对女性的刻板印象就更多了，而女性需要面对的问题也越来越复杂。因为我们女性需要承担的责任一点都不比男性少，但如果想要获得和男性同等的社会地位和职场角色，往往需要付出更多。

但师姐们的故事让我看到了"一束光"。

其中一些在"男性专属领域"里成绩斐然，她们用实际行动来对抗社会对女性的偏见。

其中一些在人生转折点，选择突破而不是安稳，让我们看到了"向前一步"的力量。

还有一些在大起大落的人生中，明媚处世、温柔待人，把女性独有的人生智慧展现得淋漓尽致……所以我说这本书是温暖的,可以给人带来心灵上的慰藉。

女性不是哈工大的主流,但女性是整个中国、整个社会的半边天。我希望30位哈工大女性的故事,能让更多女性找到人生的"灯塔",或者自己也成长为别人的"灯塔",可以照亮自己和他人。

年轻的时候,我们也许可以靠美貌、靠身材,来获得这个社会对我们的宠爱;后来,我们需要靠情商、靠努力,来赢得这个社会对我们的尊重;再后来,可能我们还需要靠大脑、靠智慧,来挽留这个社会对我们的需要。

想对学弟学妹,以及各位校友表达的主题很简单,两个字:做事。简单说,就是人生要有所作为。可以说,那时候的阳光连同这两个字照进了我的心里,支撑我在懈怠、迷茫及快要不能坚持时拨开迷雾,继续前行。说了这么多,趁这个机会,我也想和我的同龄人共勉,我们的路很长,还需要坚持;同时想给年轻的学弟学妹一些鼓励,这种做事、有作为、有价值的人生感觉实在太好,值得大家任何程度的努力和付出;最后也想与这个领域行业内的其他校友交流学习。为了这些目的,我作为哈工大女校友工作组的组长,还与雅荷书院等各个书院联动,成立了导师计划,希望能够给学弟学妹一些真实可行的职场经验,让真的想上进、想做事的同学们可以少走弯路、更快进步!

刘洁在母校演讲

阮世华

结缘工大 情系威海

HARBIN
INSTITUTE
OF TECHNOLOGY

阮世华，高级工程师，现任威海市市政工程有限公司总经理。1990年就读于哈尔滨工业大学道路与交通工程系公路与城市道路专业，1992年就职于威海市政，一直从事与专业相关的城市道路的施工与管理工作。哈工大威海校友会会长。

长路奉献给远方

正如习近平总书记所强调的:"中华民族伟大复兴,绝不是轻轻松松、敲锣打鼓就能实现的,全党必须准备付出更为艰巨、更为艰苦的努力。"面对百年未有之大变局,我们在探索一条通向新时代中国特色的社会主义道路,一条联通世界的"一带一路",一条共赢共享、强民富民的康庄大道。阮世华,正是修路人之一。

1992年,刚走出校门的阮世华,带着"指点江山、激扬文字"的热血与激情,带着对未来的无限憧憬与梦想,来到了威海市市政工程有限公司。当他第一次在师傅的带领下来到施工工地时,面对着一条弯弯曲曲的泥泞小路和四周杂草丛生的一片荒凉地,一时有点不知所措。师傅笑着对他说:"别看现在这儿就是一片荒地,用不了多久,就知道我们市政工人的价值了。"师傅的话没错,真的,三个多月后,当阮世华面对面前这条平整笔直延伸向远方的大路时,他被深深地震撼了,"天堑变通途"的自豪感油然而生。这就是他今后奋斗的目标,这就是他梦想起飞的地方。为着这一刻的自豪与梦想,他已经在市政行业整整奋斗了27个年头。

"宝剑锋从磨砺出,梅花香自苦寒来。"阮世华明白,青年时期的他,一定要练就过硬的本领,而实践是提高本领的途径。而青年的素质和本领直接影响着实现中国梦的进程。刚参加工作的时候,阮世华就深深体会到了市政人的辛苦。冬天,寒风凛冽,他和工人们一起在施工现场测量放线、平整路基,为开春的新路建设做好前期准备;夏天,烈日炎炎,他和工人一起进行着路面的沥青摊铺工作。大雨倾盆时,他与同事奋战在防汛第一线;大雪纷飞时,他和同事坚守在市区防滑现场。白天,他在一线指挥施工;夜晚,他在办公室整理着施工资料,思考着下一步的工作安排。没有节假日,没有黑夜与白天,有时遇到紧急抢修任务,甚至要24小时连轴转。正是在改革开放和社会主义现代化建设的大熔炉中,在社会的大学校里,他掌握了真才实学,"增益其所不能",努力成为可堪大用、能担重任的栋梁之材。

2008年,威海市政接到了北川灾后重建的紧急任务,阮世华二话没说,抽调了公司的精兵强将,立即开赴北川援建第一线。他和同事克服了余震不断的危险,克服工期紧、任务重的困难,克服了水土不服、语言不通的影响,连春节都没回家,短短5个月的时间,共完成了四川省安昌镇道路改造工程10万多平方米。该工程被评为四川省灾后援建项目天府杯金奖。阮世华感到,一个人,只有把自己的人生理想与国家的前途命运紧紧联系起来,与民族的兴衰荣辱牢牢结合起来,做把爱国情、强国志、报国行自觉融入坚持和发展中国特色社会主义事业、建设社会主义强国、实现中华民族伟大复兴的奋斗者,才是值得的。回忆起这段经历,阮世华深有感触地说:"当时根本就没考虑到个人安危,一心只想着怎么把活干好。回到威海后再想想,确实有点后怕,那个时候,随时有余震,随时有滚石。但同时,也确实有点自豪。我们威海市政人用敢打硬拼、众志成城的精神,用优质高效的工作作风赢得了北川人民的认可,创造了一项又一项市政奇迹。"

日复一日,年复一年,阮世华不断地挥洒着汗水,也不断地收获着累累硕果。施工员、技术负责人、项目经理、公司高管,他一步一个脚印坚定地走过来。多年来,他先后参与了威海市海滨南路、新威路、青岛路等威海市区主干路的建设施工任务,足迹遍布了威海高区、经区、临港区、文登区,建设面积达100多万平方米,施工合格率达到了100%,优良品率达到90%以上,其中20多项工程获得了山东省级以上奖励。他本人也多

阮世华代表哈工大威海校友会捐赠母校学子林

次获得山东省优秀市政工程项目经理、全省城市防汛工作先进个人、威海市支援北川抗震救灾工作先进工作者等荣誉称号。

担任公司负责人后，阮世华感到自己责任重大，想的更多的是如何拓展公司的发展空间，如何为员工提供一个稳定满意的工作环境，如何继续让威海市政这一品牌再放异彩。他觉得，就是要勇于砥砺奋斗，勇做走在时代前列的奋进者、开拓者、奉献者，在劈波斩浪中开拓前进，在披荆斩棘中开辟天地，在攻坚克难中创造业绩，用青春和汗水创造出让世界刮目相看的新奇迹。为此，他提出了"立足威海，辐射山东，面向全国"的发展理念，并着手对项目部进行改革，划小承包单位，独立核算经营，经营效益直接与个人效益挂钩。公司全员迸发出前所未有的干事创业的热情，企业经营产值从2016年的8000万至2017年的2.2亿，再到2018年的3.5亿，公司经营范围也由威海逐步向济南、淄博等地发展并在当地市政市场占据了一席之地。公司也先后获得了山东省守合同重信用企业、威海市诚信经营示范企业等荣誉称号。一个充满创新、文明活力的新型企业已初步建立。

谈到自己取得的成绩，阮世华谦逊地说："我毕业后遇到了威海市政这个好的平台，是它给了我施展的空间。但我更应该感谢我的母校，是她教导我工作要勤勤恳恳、做人要实实在在。"为此，他一直致力于哈工大校友会的工作，积极参加并参与策划校友会举办的各项活动，曾个人捐款用于母校交通学院教学楼建设。他还利用自身优势，积极促成威海市市政工程有限公司与哈工大（威海）的校企联系，威海市政曾向哈工大（威海）捐款10万元用于校区文化建设。

"我一辈子就干了修路这一个事。"阮世华朴实地说。是的，这一条条崭新的大路承载着他无限的喜悦与艰辛。延伸的是路，像纽带、如线谱，奏响了城市中和谐的音乐，永恒的是对城市道路的热爱。"行之力则知愈进，知之深则行愈达"，如今的阮世华，并没有满足于眼前所取得的成绩，他记住了习总书记的一段话："生活从不眷顾因循守旧、满足现状者，从不

迎接哈工大建校百年校旗传递活动

等待不思进取、坐享其成者，而是将更多机遇留给善于和勇于创新的人们。"他微笑着，带领着他的团队，不断地汲取新的经营理念，不断地探索新的发展模式，力争将他热爱的威海市政打造成一个令政府满意、受社会尊重的企业，力争将他热爱的道路事业延伸得更长、更远。"我们大家同心干，呵呵咳，力量如天，拉起铁滚齐向前，呵呵咳。"让《大路歌》继续响彻威海、响彻中国！

结缘**工大** 情系**威海**

王士涛

HARBIN INSTITUTE OF TECHNOLOGY

  王士涛，哈尔滨工业大学（威海）1999级校友，就读于信电学院自动化专业，2016年获得哈工大在职研究生机械工程硕士学位，目前为哈工大航天学院在读博士。哈尔滨工业大学（威海）电气学会创始人。现就职于江苏中信博新能源科技股份有限公司，任首席技术官、研究员，国际电工委员会（IEC）TC82 WG7召集人，荣获第29届国际光伏科学与工程会议（PVSEC-29）青年科学家奖，中国可再生能源学会光伏专委会委员，哈尔滨工业大学（威海）校外硕士研究生导师、兼职研究员。

新能源的追梦人

王士涛于1999年入学,加入哈工大这个家庭,来到美丽的海滨城市——威海。1999年的哈工大(威海)正处于发展壮大的起步时期,硬件条件还不是很好,但是老师给予同学们的帮助和谆谆教导一直铭记在每一位哈工大学生的内心。王士涛谈起对哈工大(威海)最深刻的印象就是他在这里学习时期的老师,他如数家珍地报出了很多老师的名字,提起老师的教诲他很是感恩。同时在大学期间,他创办了电气学会,这个以电子技术为主要方向的社团为他后期的工作奠定了基础。大学期间他还有很多小"发明",对讲机、抢答器、波尔兹曼常数发生器、可移动语音教室等。这些简单的小"发明"锻炼了他的动手能力,同时也激发了他钻研技术的兴趣,并且一发不可收拾,目前他作为发明人申请授权的发明专利有10多项。在学校期间他也参加了很多社会活动,大一就开始负责学校的音响、广播系统维护工作,学校很多大型活动的灯光、音响都是他负责,特别是威海校区20年校庆,当时条件艰苦,他为了保障设备正常运行,活动前一天只睡了4个小时,虽然辛苦但是这种历练对他也是非常重要的。各个院系的晚会活动中他也经常给予设备支持,这期间既锻炼了他的技术能力,也提升了他与人交流的能力。

谈到毕业后的工作、生活,王士涛更是感恩哈工大。他的第一份工作是在杭州的UTStarcom,工作4年,他从一名硬件工程师成长为带领40~50名研发团队的产品经理,其中有好几位都是哈工大(威海)的校友,目前还有优秀校友在这家公司工作，并且工作非常出色。

王士涛与 IEC TC82 WG7 前召集人 Bob 一起召开 IEC 会议

后来他辞职创业，开始追逐太阳的梦想。当时辞职创业的初衷原本很简单，就是希望自己可以做些事情，同时太阳能事业的清洁能源特性也十分吸引他。2007年，他开启了聚光太阳能研究，拥有多项专利和一项国际PCT 专利，成功研发 576、1 300 倍聚光产品，并通过中科院电工所相关检测。他承担多项省市科技创新项目课题。他主导设计的高倍聚光组件通过了 IEC62108（聚光光伏组件设计与定型）的认证，该认证标志着国内首个聚光组件通过 IEC62108 认证，同时在国际上也是前 5 家通过该测试认证的产品。

2014 年 12 月至今，他担任江苏中信博新能源科技股份有限公司首席技术官，全面负责中信博的研发。他研发的平单轴跟踪系统在国际上率先引入了备份设计、人工智能概念，通过在控制、传动、结构等多方面的创新技术，拥有 10 多项发明专利，在大幅降低成本的同时极大地提升了跟踪系统的可靠性，为太阳能电站建设带来更高的投资回报率。同时，多工作模式的控制技术使智能太阳能电站成为现实。

作为国际电工委员会（IEC）等国际标准机构的成员，王士涛代表国家权威机构主持并参与了多个国际及中国跟踪器相关标准的起草工作，包括 IEC62187、IEC63104 等标准。并于 2018 年成为光伏领域第七工作组召集人，拥有多项太阳能发明专利，先后在光伏专业期刊上发表多篇论文并主持了科技部中小型创新企业创新基金、上海市科技项目等。

同时他担任 Task9、12 工作组组长，代表中国参与光伏质量评价工作组

（PVQAT），从事重点研究太阳能光伏技术的长期稳定性工作。参编《太阳能光伏发电应用技术》《太阳能光伏技术与应用》，并多次在国际会议及太阳能专业期刊上发表论文。

他从太阳能系统集成开始，到今天把太阳能光伏跟踪系统销售到全世界，特别是代表中国参与制定多项国际标准，2015年还受IEC委托制定太阳能跟踪系统安全标准。这期间他还一直兼任哈工大太阳能研究所所长，推动产学研合作，并在2019年获得IEC1906大奖，成为太阳能光伏发电领域第一位获得此奖的专家。其中他特别提到了英语这一语言工具，他十分看重英语交流，在第一份工作期间，大量的国际技术交流给他提供了平台，使他的交流能力大幅提升。他建议学校高度重视英语实际交流能力的培养。语言是用于交流的工具，工具就要多用。未来世界是开放的，更加需要交流，我们只有具备国际交流能力，才能够相互学习、取长补短。2017年他开始组织国际光伏性能建模与监测研讨会，此会议连续三年在中国召开，他作为会议联席主席成功邀请了国际专家来中国交流访问。

2017年王士涛在哈工大（威海）组织国际光伏性能建模与监测研讨会

工作期间,他深刻感受到自己的基本功还需要提升,理论知识也需要进一步扩充,所以他后来又报考了哈工大在职研究生。他十分重视理论结合实际,研究生论文就是写的太阳

2009年在德国考察

能跟踪系统,使得本职工作内容在理论方面得以进一步提升。他还不断学习,在2018年攻读了哈工大航天学院的博士。

王士涛一直心系母校,积极搭建母校科研与产业及与地方政府的合作平台,特别是在威海校区汽车工程学院和江苏昆山政府的对接合作,新能源学院与上海交大、弗朗霍夫太阳能研究所的合作中起到了重要作用。

不忘初心,回归本源。王士涛在校期间努力学习,毕业后在工作岗位上依然心系母校,将哈工大精神运用在工作中。在他身上看到了校友与母校的深厚感情,不间断地与母校合作共赢,体现了他作为一名哈工大人的特质。

昆山市陆家镇人民政府和哈工大(威海)签署合作协议

2019、2020 年王士涛拜访杨士勤教授

2019、2020 年春节他拜访哈工大原校长杨士勤教授,老校长的谆谆教导时刻鞭策着他作为一名哈工大人要志存高远,为国家为民族做出应有的贡献。

毕业 17 年的他给在校师弟师妹的中肯建议是:"脚踏实地,追逐梦想。"任何伟大的梦想都要从一件件小事做起,坚持努力,一定可以迎来自己美好的明天。

孙红卫

结缘 工大 情系 威海

HARBIN INSTITUTE OF TECHNOLOGY

孙红卫，哈尔滨工业大学（威海）97512英语系校友，现就职于江苏苏美达工程设备有限公司，任副总经理，主管公司国际贸易业务。哈工大（威海）南京校友会副会长。

坚定信念　持之以恒

——我的奋斗之路

自毕业开始从事文案工作，到今天走上领导岗位，我都是靠自己一步步打拼出来的。从2008年我接手公司业务板块开始，公司的营业额从8 000万，一路提升，到2019年达到100亿，公司的利润额每年保持20%的增长，去年增长达到60%，让公司上了一个大台阶。回顾这些年的工作和成长经历，在事业上如果大家认可我算是做出的一些成绩，我认为是做好了以下几件事：

第一是坚定信念，有明确的奋斗目标。"一位百发百中的神箭手，如果他漫无目的地乱射，也不能射中目标。"有了目标，才有了努力的"路径"；有了"路径"，才能去顽强地拼搏；有了拼搏才会有结果。因此，要想成功，首先要做的就是根据自身实际情况，不断地设定阶段性奋斗目标。

2001年毕业离校的时候，我从同学那借了2 000块钱，独自一人来到陌生的城市——南京打拼。当时的目标很明确，就是尽快找到一份工作。因此在没有找到工作之前，不敢和家里联系，觉得找不到工作是很丢脸的事。为了省钱住10块钱一晚的小旅馆，第二天一早发现财物不翼而飞，一个人在陌生的环境中前途未卜，在打退堂鼓和坚持下去的矛盾心情中徘徊，这些就是我刚来南京第一周里的经历，迷茫、彷徨、恐慌……但是我没有退缩，咬牙坚持了下来。很幸运，一个星期后我找到了第一份工作，虽然每月只有1 000块钱，没有社保，没有公积金，但是我很珍惜这次机会，每天加班加点地努力工作；半年后，领导把我列为公司重点培养对象之一；第二年公司改制，领导把我推荐到了现在的公司；经过不断努力，在第三年，我成为公司个人股东；在第六年，我成为公司第二大个人股东。我个人在这个过程中充分感受到了坚持和奋斗的意义。

第二是勤奋，有持之以恒的精神，相信天道酬勤。我一直认为自己不是一个很聪明的人，记得我第一份工作是负责招标，起初几乎在我负责的每一个招标项目上都会出现一些小纰漏，频频遭到领导批评。因此每次招标过后，我都会回顾一下当次招标的过程，认真总结出现纰漏的原因，并记在本子上，下次招标之前对可能出现纰漏的流程进行反复预演，几个月过后，我就不再出错了。我一直相信天道酬勤。有耕耘就会有收获，只要不懈努力，最大限度地完善和充实自己，千方百计地提高自己的竞争实力，就会有一个美好光明的明天。

第三是精研专业，有扎实的基本功。根据一些统计数据显示，目前大学生能够从事大学本专业工作的人数不足50%。大学毕业后，能够找到与自己所学专业对口的工作固然是好事儿，但仍有一大批大学生面临改行。很多毕业生初到工作岗位很不适应，因为大学所学的知识在工作中用不上，一切又要从头学起。但是我认为这正是考验一个人学习能力的时候，如果大学能够学好专业，也应该有能够投入新领域的学习能力。

我大学本科学的是英语专业，但目前我从事的是招投标工作，相差很远。因此参加工作的头几年，我一直在不断地学习招投标知识，考取了招标师、造价师等专业资格证，努力使自己成为一名专业的招标师，成为业界的招标专家。为什么有的人工作两三年就可以担任项目经理，或部门经理，而有些人永远沉在最底层？在这个"物竞天择，适者生存"的社会，完全取决于你是否在进入社会后进行了二次学习并成为专业拔尖人才。社会是很现实的，也是很残酷的，只有不断学习，努力提高自己的业务水平，才不会被社会淘汰。

第四是敏锐，有善于把握机遇的意识。一个人生命中有许多时机在不经意间来到你身边，如果你不善于把握它，它就会匆匆消失掉！能够走到今天，我认为自己是个很会抓住机遇的人，机遇来了就不能让它跑掉。2002年我所在的公司改制，我的领导建议我跟他一起去创业，当时如果仍留在原公司，我的工作会非常稳定但提升空间较小，而出去创业风险很大，但成功的机会也大，经过反复考虑，我决定抓住这次机会出去创业。实践证明我当时的选择是正确的。

世界首富比尔·盖茨曾顺利考入美国名校哈佛大学，他没有因此而沾沾自喜，并最终决定走出大学校门去开创自己的新天地。他看到当时的社会在计算机应用技术上没有大的突破，就开始进行计算机技术研究。这一步，是他获得成功的关键，他善于把握当时的时机，勇于做出决定，最终获得"首富"这一称号！

在人生的道路上，时机如流水一般匆匆而逝，善待机会，学会把握时机，将会为你迈向成功准备一块坚实的垫脚石。时机不会等你，只有你积极地去抓住它，它才会给你带来无限的惊喜。

第五是真诚，做事之前先学会做人。常言道做事先做人，要培养好的人

孙红卫为母校捐赠奖学金

品和人缘。没有好的人品和人缘，人很难在这个社会上立足。

那么什么是好的人品？一是要有涵养。多看书，积累文化和知识的底蕴。练就一个大肚量，让自己更宽容。在工作和生活中如果总是斤斤计较的话，别说是涵养，恐怕连教养也没了。二是要做一个诚实守信的人。一个谎要一百个谎来圆，总有穿帮的时候。欺骗他人、不守信用，就是丧失了品德，得不到他人的信赖，在社会上也无法立足。人品不好，同事就不会喜欢你；同事都处不好的人，领导自然就不会喜欢你。因为领导对你的认识是从下面反馈上来的，那你距离被炒鱿鱼也就不远了。

同时，好人缘也很重要。人品好不代表你人缘就好，要学会如何融入一个集体，做一个大家都喜欢的人。说白了就是要学会怎样与人打交道。对于即将踏入社会的毕业生来说，首先要学会说话。有的人一句话可以让人跳起来，有的人一句话可以让人笑起来，这就是说话的艺术。如果觉得自己这方面还不行，起初先尽量少说话，多听多学多微笑。其次平时还要多读书，多关注一些时事，拓宽知识面，提升个人素养，从而在与别人打交道时可以有共同话题，引起共鸣，从而快速获得别人的好感。要记住，你的贵人就在你的身边，让你的贵人欣赏你、帮助你，才会使你的奋斗事半功倍。

王建林

结缘工大 情系威海

HARBIN
INSTITUTE
OF TECHNOLOGY

　　王建林，哈尔滨工业大学（威海）1995级校友，工业电气与自动化专业。现任北京中农信达信息技术有限公司副总裁。哈工大威海校友会秘书长。

插上农村信息化梦想的翅膀

山东半岛曲折的海岸线延伸到最东端,在濒临浩瀚黄海的哈工大研究院,中国首个"三农"信息化实验室——中农信达-哈工大信息技术实验室,正在为实现农村信息化的突破进行着不懈努力。

谈起实验室的起源,得先从实验室的发起者——北京中农信达信息技术有限公司(简称中农信达)说起。中农信达是国内最具实力和影响力的"三农"信息化产品研发和综合服务提供商。"即便在中国最遥远的农村,也要留下中农信达坚实的信息化脚步",这是中农信达长期以来所坚持的理念。位于哈工大(威海)的实验室,正是中农信达为更好探索中国"三农"信息化建设,与哈工大联合设立的研发中心。

王建林,昔日哈工大的学子,今天中农信达的副总裁,正积极推进"三农"信息化实验室的建设,致力将科技成果转化为生产力。他在"三农"信息化行业摸爬滚打20多年,用肩负社会责任的金色年华,阐释着他与哈工大以及农村信息化的不解之缘。

逆风扬帆辟航道

1999年,王建林毕业于哈工大工业电气与自动化专业,"规格严格,功夫到家"的校训,正是他人生的坚持和追求。

众所周知,当今世界已进入信息时代,信息生产力成为新兴的社会生产力,信息社会的到来也代表着社会的进步。然而,将时间移至20世纪90年代,当时正值我国信息化事业的起步阶段,人们对于信息化的认识可谓知之甚少。

得益于名校的视野,王建林勇于突破,敢为天下先。那时,他结合所学的专业,坚信信息资源将为社会带来重大机遇。同时,立足于以农立国的国家实际,他意识到农村和农业对于未来中国的重要意义。由此,王建林从另一个视角审视了信息化发展之路:信息化的社会离不开信息化的农村,而农村在集约化、可持续发展方面进度缓慢,这无疑更需要利用现代信息技术,来提升农村的生产、经营、管理和服务水平,这是时代赋予的机遇!

明于此,王建林在"未见端倪"的"机遇"中,满怀激情地想要大干一番。然而,在信息产业还不成熟的时代,几乎没有企事业单位对农村信息化进行过成体系的探索。于是,王建林或兼职,或专职,辗转在与农村信息化业务相关的团体之间,从基层做起,研究市场,研究产品,研究开发……这一做就是四年!

应了那句话,没有白费的努力,也没有一无所获的付出。自2002年开始,基层工作经验日渐丰富的王建林,先后担任了山东省农村信息化软件研发推广基地技术负责人、山东省农村经营管理软件开发研究推广中心技术负责人、农业部经管总站农村管理信息化研发推广基地研发中心主任和中国农村信息化基地研发中心主任。

从行业经验的一片空白,到事业探索的小有成就,王建林说:"我相信人的才能可以用艰苦的劳动培植出来,肯于持续努力,才有可能把功夫练到家。"直至今天,他依旧在用自己的人生践行着这一理念。

厚积薄发建基业

时至2006年,信息化成为世界经济和社会发展的大趋势。

王建林注意到,自己所处的行业,"点式"供应远远无法满足农村信息化的全面需求。经过深入分析,他认识到,如果建设一家能够提供综合性产品服务的农村信息化企业,其社会意义必将是极为重大的!

机遇往往为有准备的人敞开大门。就在这一年,王建林与中农信达不期而遇——相同的价值观,相同的抱负,相同的梦想。经过思想的碰撞,30岁的王建林以副总裁的身份加入中农信达领导班子。

从此,王建林完全放开了手脚,先后参与并主持了农村基层管理服务系列软件产品的研发,以及多个国家级涉农平台的顶层设计。凭借着执着和信念,中农信达在创业之初便开拓出一片绿洲,奠定了坚实的行业基础,赢得了战略上的主动。

基于云架构的农村三资管理服务平台——首次在农村三资管理领域应用云技术,以云服务模式给广大农村用户提供应用——能提升农村基层政府的执政能力水平,能加强政府部门对农业信息的监管力度和透明度,该

王建林在办公

项目最终入选"科技部技术创新基金项目"。

农村土地承包经营权登记管理系统——通过建立承包土地空间位置实测确权信息数据库，推动上级调动管理和基层参与支持的统筹部署，促成产权清晰、权能明确、权益保障、分配合理的农村土地产权机制，该项目被列入"国家火炬计划产业化示范项目"。

农村土地承包与流转管理系统——全面、科学、准确地记录农村土地承包与流转管理工作信息，以高效的沟通机制，提高对农村承包地的利用水平，强化基层农民的土地物权意识，为建设城乡统一的农村土地流转市场提供技术支持，该项目荣获"国家重点新产品证书"。

同时，"中国软件和信息服务农村电子政务领域杰出企业""中国农村信息化领军企业""中国农村信息化最具影响力企业""中国农村信息化最佳服务奖""中国软件和信息服务业最具竞争力产品奖""北京市自主创新产品""北京市新技术新产品"等诸多荣誉称号及奖励，也见证了中农信达的成长和成功。

凭借对信息时代发展趋势的敏锐把握，中农信达无可争议地成为行业领军企业。此时，作为"行业专家"的王建林，并没有忘记母校的培养。企业的发展需要科技支持，学校的发展需要社会实践。因此，中农信达提议与哈工大联合成立中国第一个"三农"信息化实验室，致力将基础研究成果通过产学研合作开发，直接转为产业化的成功范例。这一模式获得了极大的成功，以实验室为引擎的中农信达，今天已拥有3 000余个信息项目的积累，170多项自主知识产权的软件产品。

王建林曾非常感慨地说，"中国'三农'信息化第一品牌"这一目标的实现，也是他对"规格严格，功夫到家"校训的最好致敬。

长风万里送鲲鹏

2013年，中央一号文件颁布了有关农村承包地确权的政策，即用5年时间摸清承包地的地理信息、权属信息，保护农民财产权益。于是，中农信达将目光聚焦在了农村地确权测绘、农地综合信息服务、农"云"平台运营等领域。

正所谓"借势者智,借力者强",中农信达十余年沉淀下的宽广渠道和深厚资源,此时有望大规模转化为市场产出。于是,"打造以农业信息化为主营业务,同时又具有相当实力的地理信息公司"就成为中农信达新的市场定位。

面对全国农村确权承包地超过10亿亩的大背景,王建林所分管的技术单元面临着前所未有的挑战:承接农地确权业务,需要有专业的地理信息服务能力做支撑,这需要他们将现有的行业技术进行全新升级。

王建林坚信"人的才能可以用艰苦的劳动培植出来"。他带领着技术团队,忘我地投入到对新业务的开拓之中。为了完成考察调研,他们紧抓确权试点样板,把控工作重点难点,分析业务推广效应。为了总结区域模式,他们分别对平原、丘陵、山地的实施方法和信息技术应用进行研究,足迹踏遍了全国各个省市。同时,结合国际上最先进的地理信息技术,他们建立起包括确权测绘、平台搭建、质检建库、工作监理等内容的全方位业务体系。

王建林参加2019中国国际智能产业博览会

就这样,中农信达所打造的"北方正、南鲁甸"确权试点,迅速成为全国样板,并被作为典型报道推广。在其后的几年时间里,中农信达又相继承接了3个国家级确权平台,9个省级确权平台,1 300余个市县级农地确权、应用平台及后期服务项目。其中,云南省保山市确权项目的成功落地，又使得他们成为业内唯一一个承建过6000万金额确权项目的服务商。

"中国测绘学会地理信息产品创新奖""中国地理信息产业协会优秀工程奖""北京市优秀测绘地理信息工程奖"……中农信达在荣誉中实现了坚守与突破。

时至2018年，中农信达连续第三年被中国地理信息产业协会评为百强企业，收入达到了3.5亿元规模。同时，中农信达还被泰伯网评为2018泰伯智库空间信息上市企业全球top100，位列第92；被评为2018泰伯智库空间信息上市企业中国top100，位列第51。从非专业测绘公司到拥有国家甲级资质，从确权零经验到市场占有率全国第一，中农信达实现了自身品牌与农村信息建设的同步飞跃。

回忆过去，王建林感叹道："身为哈工大的学子，我可以很骄傲地说，出于对于自身的高标准严要求，我所学知识非但没有老化，而且还走到了时代的前端。"

风正劲时当远航

在农村承包地确权业务的后期，中农信达响应国家政策，又启动了针对两区划定、产权制度改革和国土业务的服务工作。

在一如既往的努力下，中农信达成绩斐然。两区划定，他们的团队高效地服务于农业资源管理，满足了政府对两区划定数据管理和应用的迫切需求。农村产权制度改革，他们的团队依托全面的服务手段，为集体资产的共同管理、共同监督、收益分配提供了专业保障。国土方面，他们全面铺开农村房地一体化、国土三调、不动产登记等地信类业务，并迅速跻身于行业强者之林。

而今天，中农信达正以服务"三农"为目标，以信息化、互联网、大数据及云计算为抓手，以数据集成和共享为途径，构建"智慧农村"蓝图，布局"智慧农村"新型农业生态圈，推动农业数据、农业服务与业务的深度融合。

如今,王建林当年的梦想正一步步地得以实现,一个业务多元的综合性农村信息化公司也以蓬勃之势迅猛发展。可即便如此,王建林仍然表示:"在我看来,我们中农信达的成功才刚刚开始!"没有自满,只有果决。

尾　声

王建林一再表示要感谢时代给予的机遇。同时,这个时代也深情回馈王建林以及和他有着相似经历的这一代创业者!他们推动着这个新时代不断向前发展,使社会更加进步,生活更加便捷。43岁的王建林,正和他们的团队为"互联网+农业"的全面普及而努力着。在此,祝愿他们这一代创业者能够在造福中国的大道上一路坦途!

贾启蒙

结缘工大 情系威海

HARBIN
INSTITUTE
OF TECHNOLOGY

贾启蒙，中共党员、高级工程师，1999—2005年先后就读于哈尔滨工业大学（威海）汽车工程学院、哈工大航天学院（复合材料研究所）。哈工大（威海）济南校友会秘书长。求学期间，贾启蒙活跃、热情、专注、博学，充满对知识的渴望和不竭的精力。他不但努力学习专业知识，还曾担任校报记者团团长、团委编辑部部长、《超动力》编辑部主编、机械系宣传部副部长等职务，成为威海校区当时的"风云人物"。

执着追求的汽车人

2005年贾启蒙研究生毕业后,由于对汽车具有浓厚的兴趣,为国产汽车的发展和腾飞,他立志把自己的职业生涯与汽车融为一体。由于家庭原因他没有去北上广深的外企捞金,而是选择扎根在中国重汽这家坐落在济南的老国企,一干就是15年。而相比外企,贾启蒙的待遇差了不止一半。当别人对他的选择表示不解时,他说:"人生总归有得有失,是金子在哪儿都会发光,金钱不能衡量一个人全部的价值。"

最初,贾启蒙只是中国重汽技术中心的一名普通的车辆设计工程师。当时的重汽刚从央企下放到山东省,焕发了生机的企业订单不断、设计任务繁重,贾启蒙以年轻人特有的锐气投入工作,工作积极主动,充分发挥自己的专业特长,遵循"规格严格,功夫到家"的校训,主持参与了4×2、6×2、6×4、8×4等民车和4×4、6×6、8×8等军用中、重卡的研发工作,以及HUV橡胶悬架、ECAS空气悬架、TTL独立悬架、NS-07断开式平衡悬架、少片簧、铸造横梁、四骑马螺栓系统

贾启蒙获得研究生学位

的国产化和技术优化等项目,在此期间发表文章十余篇并获得多项技术专利,很快成为重汽公司的技术骨干和青年科技专家。

的确,如他所说,是金子在哪儿都会发光。2009年,他被集团公司选中派往中国汽车工业协会挂职锻炼。有了一线工作经验和扎实的技术积累,再加上骨子里的不服输和责任感,他很快获得协会领导赏识,成为技术部的主管并负责多个方面的工作。两年多来,他负责过协会的技术发展、质量管理、标准法规、知识产权、两化融合和新能源汽车等多个领域的工作,与政府、行业机构、企事业单位建立了广泛联系,先后完成了《节能与新能源汽车产业发展规划(2012—2020年)》、《汽车行业"十二五"发展规划》(负责技术、质量、标准三个子课题)、《汽车行业两化融合评估与发展研究》、《汽车行业产品质量调查与研究》、《提高汽车行业产品质量的途径研究》、《汽车行业知识产权发展研究》等多个国家级重要课题的调研和撰写工作,共计150余万字,为中汽协会和汽车行业的发展壮大做出了重要贡献。这些工作,使他的视野更加开阔,思维更加严谨,格局更加宽大,谋划更加深远。

矢志不渝,勇往直前。2009年下半年,为了解决能源安全、环境污染和产业升级等重大问题,国家做出战略决策、全力推进新能源汽车的发展。中

2010年,"电动汽车专项工作组"成员与全国政协副主席、科技部部长万钢和工信部副部长苗圩及T10企业老总在"丽江峰会"上合影留念

汽协会负责行业调研和产业规划的编写，贾启蒙和T10(中国十大汽车企业)成员代表组成"电动汽车专项工作组"，经过半年时间，走遍20多个省份、60余家整车和零部件企业，完成了50多万字的《我国新能源汽车发展现状研究报告》，并代表T10老总撰写了5 000字的专题报告(浓缩版)呈报国务院有关领导和时任总理温家宝，直接促成了《节能与新能源汽车产业发展规划（2012—2020年）》和相关政策措施的推出，为我国新能源汽车在国际竞争中脱颖而出做出贡献，有力促进了中国新能源汽车的快速发展。

2011年，首届OICA中国汽车论坛在上海国际车展期间隆重召开。OICA成立于1919年，是全球汽车制造业唯一的国际组织和代表，会员单位遍布全球五大洲，得到世界各国有关组织的广泛认可。目前，"OICA汽车论坛"已成功举办多届，并成为"达沃斯论坛"的重要组成部分，颇受业界关注。

作为"首届OICA中国汽车论坛"项目筹备组核心成员之一，贾启蒙参与了总体方案筹划、主题设置、会议流程、宣传推广、会务招商、嘉宾邀请、会场调度等各个环节，使得大会顺利召开并成为汽车协会的招牌项目，相关模式一直延续至今。贾启蒙也因此和众多政府领导、行业专家、技术人才等结下了友谊，为自己视野、格局的提升以及综合能力拓展打下了良好的基础。

回首两年多的挂职锻炼，最令他难忘的还是初期的不适应。在企业里，他已经习惯于做一名单纯的工程师，熟悉的同事、朋友和设计流程，温馨的家庭和有规律的生活。外派到北京时，一方面他要面对陌生的工作和环境，以前的知识已无法胜任接下来的工作，他必须尽快拓宽视野，掌握宏观经济、产业政策、标准法规、两化融合、质量管理、知识产权等各个领域的知识，熟悉和政府领导、行业及企业领导等人打交道的技巧，还要面对"十二五"期间各个部门下达的横向课题，工作强度大了几倍，独自加班到后半夜是常态；另一方面，孩子马上要出生了，他分身乏术、无法帮助即将临盆的妻子，孤独、思念和愧疚让他更加"度日如年"。但是，这一切都压不垮他，平常工作中他虚心请教，利用一切机会向行业前辈和专家学习；生活上他乐观向上，主动和新同事打成一片，为自己培养良好的工作和生活氛围。"既然选择了远方,便只顾风雨兼程",他用自己的拼搏诠释青春和奋斗的价值。

2012年,中国重汽开始由重卡企业向"重、中、轻、客、特及工程机械"全系列商用车集团战略转型。挂职期满后,由于经历丰富、视野开阔,贾启蒙被派到技术中心担任产品

贾启蒙与 OICA 主席 Patrick Blain 一起合影留念

策划所所长,负责市场调研、产品策划、配置改进、型谱和价格表拟定、公告法规等有关工作,成功搭建起技术人员和销售一线的沟通桥梁。

这又是一次重要的转型,也是一次艰难的开始。中国重汽是重卡的摇篮,产业链各方面都有自己的优势和运营经验,但是对轻卡来说则是一个彻彻底底的"新兵"。企业要发展必须主动作为,个人要发展也要逼迫自己跳出舒适区。当时,年产十万辆以上的企业不下十家,市场竞争异常惨烈,福田、江淮、东风、江铃、凯马等都有自己的特色产品和优势市场区域。如何排除万难、后来居上,也让贾启蒙这个轻卡行业新人一度倍感焦虑。

初心如磐,使命在肩,历经艰难困苦,从国三排放到2019年的国六排放,贾启蒙带领团队深刻把握市场需求、政策法规和产品趋势,以"客户收益最大化"为宗旨、以"产品差异化"为目标,一次次跑市场、一趟趟做调研,不但让中国重汽的重卡保持行业前三,也使轻卡业务从行业新兵到排名前四。其间,作为中国载货车企业联席会(C8)的执委,贾启蒙一直活跃在汽车行业的大平台上,积极参与行业标准法规制定、与汽车产业主管部门沟通协调、替行业企业建言献策。如今,在中国重汽又一轮改革发展的大潮下,贾启蒙正向着更好的目标奋勇前进。

作为一名共产党员,贾启蒙深深懂得:我们党自诞生起就把为人民谋幸福、为民族谋复兴写在旗帜上,自己在汽车领域里,就要朝气蓬勃、勇于创新、

担当作为、真抓实干，努力创造无愧于时代、无愧于人民、无愧于历史的新业绩。他不仅在工作上激情进取、努力奋斗，还时刻关注母校"一校三区"的发展、热心校友工作。到济南工作十余年来，始终与哈工大山东校友会保持密切联系，并长期担任哈工大山东校友会副秘书长，帮助年轻校友成长、解决就业难题。2013年毕业十周年之际，他热心联系威海校区的留校同学，集体为母校捐赠巨型泰山石，并提出"寸草春晖"的题字建议，表达广大校友的拳拳之情；2018年，哈工大（威海）济南校友会成立，他被推选为秘书长，继续为校友工作发光发热，为在山东工作的年轻校友贡献力量。虽然付出很多时间和财力物力，但是他甘之如饴、无怨无悔！

责任呼唤担当，使命引领未来。时光荏苒，转眼间哈工大成立已近百年，隆重的纪念活动正在各地轰轰烈烈地展开，也牵动着世界各地哈工大学子的心。作为一名哈工大的毕业生，贾启蒙表示不但要用实际行动践行"规格严格，功夫到家"的校训，努力做好一个汽车人，心无旁骛攻主业；也从心里祝福母校永葆青春、再创辉煌，他将用实实在在的行动帮助母校和年轻校友发展！

2018年哈工大（威海）济南校友会成立期间，与徐晓飞校长合影留念

同时，他希望年轻的学弟学妹们珍惜美好的学校生活，抓住机会锤炼和打磨自己，尽快从一只丑小鸭变成白天鹅，在社会的风浪中展翅翱翔；也希望和全国各地的校友们一起努力，在各自的工作岗位上奋发有为，以此来回馈母校、回报社会，让百年哈工大的名声更响！

结缘**工大** 情系**威海**

谢庭相

HARBIN
INSTITUTE
OF TECHNOLOGY

谢庭相，哈尔滨工业大学（威海）2005级校友，生物工程专业。现任泉州高守信息技术有限公司总经理。哈工大（威海）福建校友会副会长。

在拼搏中涅槃重生

蓦然回首,谢庭相已经离开母校十年了。每当看到学校的主页,他都会心潮澎湃,有种难以言表的深深思念。那美丽的校园、循循善诱的老师、拼搏而忙碌的大学生活,一切都历历在目。

成长之路:用勤奋闯出新天地

谢庭相出生在八闽之地三明山区一个偏远贫困的农村家庭,除了他之外,家里还有六个孩子:哥哥、姐姐、两个弟弟、两个妹妹。成长于穷乡僻壤,从懂事起,谢庭相就一直生活在深深的恐惧中,整天看着母亲和爷爷被父亲虐待。八岁那年,他母亲因挑矿时发生矿难离开了人世,而狠心的父亲却卖掉家中所有值钱的东西,背着刚满周岁的小弟离家出走。幼年失恃、历经苦难,使谢庭相早早地成长起来。他十三岁时,爷爷因劳累过度病逝,奶奶承受不了打击,卧床不起,两年后也去世了。亲人的离世,使谢庭相坚定了靠自己努力改变命运的决心。在初中时,谢庭相以优异的成绩考取了省重点高中。但是,因没有经济来源,他选择了学费全免并提供生活费的私立贵族高中,付出比同龄人多百倍的努力,终于圆了哈工大梦。

大学四年,谢庭相刻苦努力、奋勇拼搏,兼顾打工、学业,同时活跃在学生会和社团中。通过自己不懈的努力和辛勤付出,四年中获各项奖学金十七项,被评为"哈工大优秀毕业生"、哈工大(威海)"十佳大学生"、"感动校园"人物等,获"中国大学生自强之星"提名。2009年,谢庭相从母校毕业后,顺利被国家建设高水平大学公派研究生项目录取,选择赴韩国西江大学师从该校生命科学院院长攻读微生物硕士及博士学位。留学期间,曾获得韩国BK21奖学金、银联留

谢庭相校友

学生助学金,担任过在韩学人学者联谊会和在韩国家公派留学人员联谊会宣传部部长、温家宝总理访问韩国学生安保负责人。

学成回国后,当很多人选择逃离"北上广"的时候,谢庭相选择了北漂,跨行到互联网行业并成功拿到了总裁助理的offer(录用信)。为了完成总裁复试布置的任务,他整整一天不眠不休,顺利完成了策划方案。谢庭相深知能够脱颖而出,离不开母校"规格严格,功夫到家"校训的培育,离不开读博期间逻辑思维和独立思考能力的提升。面对完全陌生的通信和软件产品开发行业,谢庭相从不抱怨,一直严格要求自己,不断加强自我学习,付出比其他人更多的努力,以认真高效完成每项本职工作为己任,慢慢在工作中游刃有余,深受领导的肯定和认可,从而提前转正和加薪。总裁开始给予他在家办公的特殊待遇,工作时间可自由安排,以结果为导向对他进行绩效考核。由此他坚信:任何时候都不要失去信心,相信自己能行,选择自己想要的生活最重要;人生苦短,不要贬低自己,奇迹总是存在的,跨专业、转行、拿高薪……一切皆有可能!

创业之路:坚持自我,复盘人生

2015年3月,家庭缘由使谢庭相临时选择在北京裸辞,来到福建泉州。泉州是我国海上丝绸之路的起点,改革开放以来,工农业产值居福建省前列。谢庭相一开始并没有打算创业,而是仍旧找了一个总裁助理的工作。虽然和

北京相比,泉州的互联网成熟度、职场氛围和薪资待遇相差甚远,但每天朝九晚五,收入也还算不错,过得也蛮惬意。

谢庭相走上创业的道路,并非源于梦想的热血故事,而是源于一个不服气的抉择。2017年2月15日,在本该发放年终奖的时候,他因一个"公司困难和大企业更适合发展"的理由被迫离开了这家企业。这次经历给了他很大的打击,他意识到即使全身心地为公司创造价值,换来的也未必是所应有的结果,于是谢庭相下定决心不再给人打工。离职后,他创办了高守科技Top Technology,谐音"高手",旨在成为中国领先的软件和信息技术服务商。

对大多数白手起家的创业者来说,他们都有着不堪回首的过去。谢庭相在创业之初,由于公司品牌知名度低,缺乏案例,因此业务很难推广。他开始认为泉州互联网比较落后,有技术实力的公司比较缺乏,对于自己来说应该是优势。后来他才发现泉州重人情胜于重技术实力,自己非泉州本土人,往往解决方案和报价都给了对方,就差签合同了,对方突然说不好意思,找朋友介绍的企业做了。吸取了经验教训,谢庭相开始把业务重心推广到福建其他城市,甚至全国。由于没有足够的资金进行推广,他就利用免费的渠道进行宣传,比如微信公众号、百度文库等方式;缺乏实际的销售经验,他就买了很多关于销售的书籍来看,并与客户不断交谈,以专业的技术知识和诚恳的态度,赢得了很多客户的信赖。因为互联网沟通无边界,就北上广来说,只要高守科技技术过硬,开发成本就可以更便宜;对于客户而言,只要解决了信任问题,是会更愿意选择高守科技的。

近三年的创业之路,铺满了荆棘,谢庭相被忽悠过,被坑骗过,但从小在苦难中跋涉过来的谢庭相愿意把生命交给艰苦和磨难,在历练中让自己和高守科技一起慢慢成长,遇到任何困难都能坚持!在拓展了不少全国代理商和直销客户后,谢庭相开始扩大泉州销售团队,他搬进了写字楼,租了140平方米的房间,投了十几万进行装修,结果现实很残酷,销售团队不出业绩,都靠谢庭相自己签单硬撑着,过高的人工成本和运营成本,外加不少客户故意拖欠款项，曾让高守科技一度陷入困境。很多朋友劝谢庭相去打官司，不给尾款就把系统暂停，可他觉得在商就要以诚为本，以信立世，宁愿相信对方真的处于困境，也不愿意撕破脸皮，闹得太僵。他更愿意相信好人还是居多，谁都有困难的时候，总有一天会变好！所以，在业务往来中，他没有因为金钱对任何一个客户恶语相向，而选择靠自己贷款来周转。

谢庭相始终相信无"艰"不商，而非无奸不商，所有创业过程都是艰辛的，没有空手套白狼的事情。或许正因为这份坚守，他吃了不少亏。印象最深刻的一次教训，是在高守科技经营非常困难的时候，一位老客户推荐来一个朋友谈小程序开发项目，他没有太多戒心，项目评估开发几万，结果对方加到了几十万，利用谢庭相帮忙做解决方案、现场汇报、招投标等，历经 3 个月，在最终拿到项目的时候，对方以要重新询价为由过河拆桥，让谢庭相几个月的努力白白付出。

不过，吃苦吃亏是人生成长的助推剂，这是谢庭相一直做人和做事所遵循的基本准则，尤其对一个在起步和发展阶段的创业型公司来说，"态度"显得十分重要。谢庭相每做一件事情都尽最大的努力做到最好，正因为这样，才有越来越多的客户认可和选择高守科技。拥有这种"吃亏"的心态，并不代表高守科技会一直吃亏，而是可以获得更多的机会。实践证明，他的这种心态确实给高守科技带来了很多机会。

谢庭相曾经遇到一个客户，因为开始不懂技术被他人骗了首付款，结果两个月后不仅产品没出来，连人都找不着了，使这位客户对技术开发行业有了心理阴影。这位客户再来找高守科技开发时，显得格外谨慎，生怕会再次被骗，以至于谢庭相要花很多的时间和精力与其沟通，在合同条款都是有利于对方的情况下，他还是选择了签订。经过两周的加班加点，产品顺利上线，得到了对方的认可和赞许。之后对方和高守科技长期合作并推荐了不少新客户。又如另外一个客户货比多家，选择高守科技做二次开发，在发现对方源码和系统存在诸多不足的情况下，谢庭相给予专业的建议，最终客户选择放弃原有系统重新开发。正是凭借这种敢于"吃亏"的态度和专业的技术，公司业务才发展得越来越好!

创业感悟：把初心当成一种态度

虽然创业近三年，高守科技始终坚持"用技术为客户解决痛点"的服务初心，坚持"规格严格，功夫到家"的服务宗旨，坚持"高质量守时间"的服务态度,凭借过硬的技术和良好的口碑,在全国慢慢积累了各行各业的客户，不管未来创业路有多远，都将不忘初心！回首创业路，谢庭相最大的收获就是无论面对多大的苦难，都抱着克服与战胜困难的信念去坚持，当坚持成为脊梁，那撑起的就不单是一家公司，而是一种凌驾于物质之上的力量。

谢庭相深深体会到，一旦选择创业，首先，一定要做好长期吃苦和面临巨大压力的准备。其次，创业选择的道路要明确，特别是商业模式，比如有核心技术、专利或者是领先的、国外刚开始出现并成功了的商业模式。再次，一定要开阔视野，紧跟国际国内发展方向和趋势，因为每一个行业都有非常多的竞争对手，要想在某个领域做到行业领先会很难。最后，对任何工作都要用心去做，对任何事情都应该尽自己最大的努力，用最短的时间找到自己的方向。

"宝剑锋从磨砺出，梅花香自苦寒来"，近三年的风雨创业路，虽然艰辛却激情无限，经过不断的摸爬滚打，公司产品和业务也逐渐步入正轨，注册了"高守"商标，取得了高守建站、高守小程序、高守 AI 智能名片、高守点餐系统、高守微圈、高守协同办公等软件著作权。未来的道路很远也很艰辛，但无论多苦多难，既然选择了创业，便只顾风雨兼程！谢庭相希望不断引进最优秀的人才加入高守,为越来越多的政府和企事业单位提供技术服务，成为大家身边最值得信赖的技术服务商。

谢庭相常怀感恩之心，他衷心感谢母校领导和老师们对他的精心栽培，让他能够在走出校门的日子里游刃有余；真诚感谢爱人、可爱的儿子及即将出生的二宝，给予他的支持、理解和满满的动力。他寄语学弟学妹：一切都会好的，只要有心，没有渡不过的难关，雨后的天空会更加晴朗；无论你现在学业、工作抑或是生活中遇到什么困难，请不要急躁，更不要迷失方向，静静地想清楚自己想要什么样的生活，然后脚踏实地去实现它。

结缘工大 情系威海

刘天强

HARBIN
INSTITUTE
OF TECHNOLOGY

刘天强，哈尔滨工业大学（威海）2003级计算机学院校友，在美国波士顿大学攻读研究生学位，读博期间开始创业，现任美国 Wyze 公司首席技术官。

从硅谷到西雅图的创业达人

刘天强依稀还记得2009年离开哈工大校园、打点行装、踌躇满志、怀着对未知的期待和迷茫赴美留学的那个夏天。当年的他从未想到,原本一心向学、立志摘取人工智能领域学术桂冠的自己,最终会在美国弃学从商,投身业界弄潮,成为一个连环创业者。

工大往事

2003年,彼时的哈工大威海校区尚在起步,科研基础薄弱,对于立志在科研领域有所建树的年轻人并不是完美的去处。看着高大巍峨的校门,刚从福建边陲小镇来到威海的刘天强,难掩心底的失望,默默地立下不虚度四年光阴的志向。岂料,四年过后,哈工大威海校区成了他一生中挥之不去的怀念,也孕育了他独立思考、不盲目跟风的谋事风格,伴随着自己一起高速成长的母校,也让他见证了一个伟大事业从无到有、从零到一的过程。

因对当时学校的学术实力缺乏信心,刘天强在本科时并没有将重心放在学习上,而是用在了社团和勤工俭学上。社团方面,他创立了今日威海学子们所熟知的动漫协会,同时通过学习网页技术,大二时赚到了人生中的第一个一万元。除了学杂费等必要开销外,他将剩余的钱都用在了穷游上,他笑着坦言:"万卷书可能没有读到,万里路一定是行到了。"行走的阅历让他乐观豁达,而旅行中的突发状况,让他在变故中比平常人多了一些笃定和耐心。

与此同时，威海校区的计算机学院也正经历高速发展，刘天强入校时仅有一系六个班，到他毕业的时候，该系已衍生出信息安全专业，系里分出的师资还单独成立了软件学院。科研实力因越来越多著名教授的加入逐渐增强，毕业生的去向也从 2003 年对各种出路的试探实验，到 2007 年逐渐在各个方向形成特定的模式，甚至规模效应。在大四的时候回想大一入校时的不甘，刘天强感慨个人成长的同时，也惊叹于亲眼鉴证一个无名学院在资源匮乏的环境中求新求变、高速发展的过程。在未来的创业中，每每遇到低潮，他总会想到母校当年的样子，想到一路行走的艰辛和终点的掌声鲜花，释然，而后重新上路。

大四那年，刘天强被保送到哈工大校本部的智能接口和人机交互研究中心（VILab），师从姚鸿勋教授，自此一脚踏入了憧憬已久的科研领域，同时也接触到了后来改变他命运的技术——计算机视觉和机器学习。VILab 有着开明睿智的导师，知识扎实的师兄师弟，所有人都潜心遨游在科学的海洋里。在这里，他正式开始了自己的研究生涯，同时也开始思考科技的未来走势。当时的机器学习领域，神经网络还未大放异彩，支撑向量机（SVM）独领风骚，但在许多领域，准确率都未达到大规模运用的标准。由于本科期间丰富的勤工俭学经历，刘天强出于本能开始思考这项未成熟的技术能否有产业化的可能，然而，经过漫长的思考，他给出了否定的答案，最重要的原因是，他看不到基于线性的算法框架在数年内能够突破其自身局限的可能性。随着科研的逐渐深入及对国外同行工作的了解，"出去看一看"逐渐成了他那个时期最希望达成的愿望。时值 2008 年次贷危机，北美各大高校面临科研经费锐减、招生减少的处境，在经历了艰难曲折的全奖申请后，刘天强拿到了波士顿大学的录取通知书，来到了古典与浪漫并存的海滨小城——波士顿。

波士顿往事

波士顿面积不大，却孕育了哈佛和麻省理工两所世界顶尖大学，波士顿大学和麻省理工仅一桥之隔,常到河对岸走动,成了刘天强在波士顿三年最爱做的事情。除了能免费蹭课,徜徉于查尔斯河畔,一边慢跑一边思考也不失为一种享受。河中疾驰的帆板,让岸上的人有一种冲出桎梏、乘风破浪的冲动。2011年,专注科研的刘天强偶然注意到了发生在河对岸哈佛大学校园内的一个创业故事,从著名导演大卫·芬奇的电影《社交网络》中,受到了同龄人扎克伯格的鼓舞,也初步感受到了资本对产业的催化作用。对于剧中的扎克伯格辍学创业的故事,他在当时仅仅是觉得有趣,却未曾想到很快自己就步了后尘,半道弃学。

读博第二年,在逐渐意识到相比基础理论研究,自己对于技术的广泛使用有更大的兴趣后,刘天强决定放弃博士学业投身业界。抱着尝试的心态,他拉着一帮同学用实验室报废的旧零件组装出一个由六台计算机构成的集群,上面运行着一个名叫 Orbeus 的网站,网站能够检测用户上传图片里的

创业孵化期间在 TechStars

内容，如人脸，如判断照片摄于餐馆等。相比今日已被广泛使用的计算机视觉服务，在2012年立志做到大规模商用的视觉技术服务仅是凤毛麟角。于是，Orbeus 杀进了麻省理工学院著名创业比赛 $100K 的半决赛，并很快引起了美国最著名的孵化器——Y Combinator 和 TechStars 的关注，成为第一家被北美顶级孵化器接收的华人创业公司。拿到了天使投资后，Orbeus 公司的全员，也从波士顿搬到了加州硅谷。

硅谷往事

创业之初的刘天强踌躇满志，幻想着将来 Orbeus 能够成为谷歌一样影响每个人日常生活的公司。他和创业团队住在湾区山景城的廉租房里，在网上淘破产的公司亟待处理的便宜服务器，并将这些服务器放在装了空调的车库里。拥挤的办公居住环境并没有动摇他的创业决心，倒是让他有了一种"合抱之木，起于毫末"的信念。然而因为他和其他创始人对在美国运营公司所需的基础知识的缺失，Orbeus 在第一年顺遂以后，迎来了发展历程里的第一次危机：当时的 CEO 由于有更合适的机会离开了公司，股权处置问题因开始的协议不全变得一地鸡毛，潜在的新员工因而犹豫，新投资人也开始观望，团队面临着资金链断裂和人员匮乏的困境，处于解散的边缘。

"当时公司仅剩三人，账面资金仅够公司运营三个月。"刘天强说道，"有人因压力、抑郁而离开了公司，但最终我们还是和前 CEO 在兼顾双方利益的基础上达成了和解。"咬牙坚守的那三个月，他数度想要放弃，每每看到库房里的机器，想到改变世界的梦想，就还是决定留下。那几个月，除了日常公司的经营，每天雷打不动 12 小时以上的工作时间，他早起晚睡补习了运营公司以及股权的相关知识，这也为最终寻求和解打下了基础。公司在经历了这次危机后，股份结构得到了合理的调整，在账面上只剩一个月运营资金时，获得了著名投资人徐小平旗下真格基金领投的投资。这次输血，把公司从死亡的边缘拉了回来，犹豫不决的旧部们一个个回到了公司，Orbeus 的发展逐渐进入了良性循环。

公司起起伏伏的几年间,人工智能学界也经历着天翻地覆的变化。始于 2012 年的 NIPS,神经网络界的名宿 Geoffrey Hinton 的弟子 Alex Krizhevsky 发明的 AlexNet 横空出世,把视觉物体识别的准确率拉高了 20 个百分点。至此,业界开始意识到视觉算法在某些应用领域大有可为。于是,谷歌、苹果、亚马逊等巨头纷纷瞄准了计算机视觉相关的创业公司,仅 2012 至 2016 年四年间,在硅谷平均每个月都有 1 到 2 个相关收购发生。Orbeus 由于精准的算法和能够应对大规模并发流量的架构,在这次浪潮中,相继被谷歌、苹果、雅虎和亚马逊垂青,最终被亚马逊以约 3 亿人民币的收购价纳入麾下。回想这段经历,刘天强坦言:"我们一直兢兢业业地提高我们的产品,服务于我们的客户,但最终有好的结局其实运气要大于实力。多年前我们出发的时候,仅仅抱着学以致用的朴素思想,但产业和学界瞬息万变,并非当日的我们所能完全预料。"

在和亚马逊的收购谈判中还发生了一段小插曲,在尽职调查的阶段,亚马逊以潜在的专利纠纷为由,试图把收购价砍掉一半,然而却私下和刘天强及另一位 Orbeus 的创始人联系,承诺用入职后的股份补偿抵收购价的损失,

被收购以后的 Orbeus 团队合影,左一为刘天强

此举目的在于用相对低廉的成本将投资人们卖出，创始人和员工的利益却并无差别。对于 Orbeus 董事会来说，这是个艰难的决定，如果贸然否决，进行了近半年的收购谈判可能功亏一篑，公司会元气大伤，而

加入亚马逊后的 Orbeus 创业团队，左四为刘天强

若同意，虽然收购能顺利进行，但最困难时支持公司的那些投资人却可能因此蒙受损失。在反反复复斟酌了两周以后，刘天强和他的合伙人们，最终决定驳回亚马逊的请求："豁出去了，如果不行的话我们也尽力了。一路上帮助过我们的人，我们没有理由伤害他们。"邮件发出去的一刹那，他脑中一片空白，也许是无措，也许是释然。

亚马逊时期，加入及离职的名牌

值得庆幸的是，亚马逊最终同意了 Orbeus 维持原价的意见，知道结果后，刘天强长舒了一口气。大半年的谈判，以皆大欢喜的结局告终。也因为这次收购，Orbeus 公司全员从硅谷搬到了西雅图，总算是有惊无险地开启了下一个篇章。

西雅图及当下

在亚马逊的三年，刘天强经历了公司的迅猛发展，也经历了自己的产品从零到一的发布过程，生活

节奏逐渐慢了下来，有了更多的闲暇时间看看书，接触一些创业阶段没时间深究的东西。

虽然不再创业，但却仍保留了每年参加美国最大的消费电子展 CES 的习惯。在此期间，他注意到了智能家居和 IoT 领域，中国有小米和其生态链厂商，而美国却仍是一片荒芜之地，智能家居产品价格居高不下。与此同时，为了更好地理解智能家居领域的痛点和难点，他发挥了 Orbeus 初创时期的动手精神：自己手工换掉了家里的几十个开关和插座，换掉了温控器、门铃、车库门控制器以及几十个灯泡，用一个成本不足 100 美元的小型计算机作为控制中枢，实现了家里大约 200 个电器设备的智能化。由于对该领域逐渐深入的了解，他坚信未来居家环境智能化的趋势不可阻挡，而相比于中国一片红海的竞争，美国却看起来像是个十足的蓝海。怀抱着相同的理念，刘天强在走完了亚马逊三年半旅程以后，选择了作为首席技术官加入高速发展的初创公司 Wyze，而 Wyze 的使命，正是在美国普及智能家居。

结语

回首过去，刘天强坦言："虽然我也一直很努力勤勉，而且也不笨，但在许多关键的时刻，天时地利却是真正的决定性因素。关键是遇到困难时，自己是否能够支撑到彩虹出来的时候而不放弃。"对于多年创业旅程中的起起伏伏，他笑言还记得当年第一步踏入母校时那种绝望，以及离开时满满的感激，每当撑不下去时，脑中就是两幅画面的对比，他告诉自己一切都会过去，然后往往像做了一场梦一样，就真的过去了。

末了，虽然心知前路漫漫，像西雅图半晴半雨的天气一样无法预测，我们的主人公却仍怀抱着赤子之心，如多年前刚出发的时候一般充满斗志。他说："对于未来，我用我最好的判断，做好自己的本分，然后等待。也许等待的结果不会来，我不后悔，因为有时候创业就像一场游戏，体验的往往是过程本身，至于结果是输是赢，已经不是那么重要了。"

李鲁佳

结缘工大 情系威海

HARBIN INSTITUTE OF TECHNOLOGY

李鲁佳，哈尔滨工业大学（威海）2005级媒体技术与艺术系广播电视编导专业校友。现任职于用户体验咨询公司 Echo·Insight 管理部。曾作为影视后期合成师就职于 Industrial Light & Magic（工业光魔）、Double Negative 和 BaseFX。

拥有一个不安分的灵魂
那就用力去活

大学时光,广泛涉猎

毕业整10年,还记得初入大学的时候,我们一张张不经世事的面孔,经过四年的朝夕相处到大学毕业时的泪眼相送,再到现在奋斗在各地,从事着与专业或有关或无关的种种工作,不禁感叹。

在大学的时候,广播电视编导专业在我们这样一个工科学校里总显得有些另类。专业的课程囊括各个领域:从剪辑到电视编导,从乐理到美术,从计算机编程到游戏编程,从影视赏析到传播学,从影视后期到三维动画,等等。这样的课程安排的面很广,但遗憾的是每一科都没有给我们更深入学习与研究的机会。但好处也正在于它的覆盖面广,让我们看到了不同工作大概的样子,对于各个方面都有所了解,同学们的择业范围也扩大了不少,可以在其中选择自己感兴趣并且适合的方向。同班同学现在所在的与专业相关的行业也是各不相同,有电视与网络节目编导、动画师、游戏工作者、程序员、电影后期工作者、记者等。在大学广泛了解相关领域的不同内容,给我们打下了一个良好的基础,可以让我们在工作后继续选择不同的前进方向,给大学时对于工作选择迷茫着的我们打开了一扇扇可以前进的门。

忠于兴趣，追逐梦想

从 2009 年毕业直到 2017 年，李鲁佳一直从事影视后期合成师的工作，影视后期特效的作用就是用电脑制作出那些真实拍摄成本较高，或者很难甚至无法拍摄的东西，然后将它们放入电影的镜头中。比如变形金刚里的擎天柱，是通过一系列的三维制作（概念、模型、材质、绑定、跟踪、动画、特效、灯光等）最终渲染出来，再由合成师放入实拍素材之中。合成师的职责就是满足导演的设想并尽可能让观众相信这些 CG（Computer Graphics）元素真实存在于场景中，让观众沉浸于情节之中而不会因为这些"假"的东西跳戏。

从小母亲就会每周租借电影录像带，这也许是李鲁佳对电影与影像产生浓厚兴趣的源头。于是毕业之后她根据自己的兴趣很快确定了择业方向，并顺利进入了当时中国最优秀的影视特效公司。初入行业，由于对这个行业抱着极大的热情与喜爱，常常会在公司待到很晚研究技术与练习技巧。在这种热情的推动下，工作与加班成为一种享受，同时自己也很快地进步，成长为一个成熟的艺术家。

过去 8 年的时间里，李鲁佳先后在北京、伦敦、新加坡、温哥华的几家影视特效公司工作过，伴随而来的也是每次跨国搬家的折腾。印象特别深刻的一家公司是工业光魔，非圈内人士可能对于影视特效这个行业不是那么了解，但可能会听说过《星球大战》的乔治·卢卡斯，他创建了工业光魔（Industrial Light & Magic，ILM），正是这家公司开启了影视特效这个行业。

工业光魔是大部分特效从业人员梦寐以求的一家公司，当年李鲁佳也追逐这份梦想加入了他们，这是她供职的第三家公司。这家公司聚集各路大神，比如视效总监 John Knoll 既是 Photoshop 软件创始人之一，同时也是 ILM 的元老，与他们在一起工作的日子充满了挑战，也让李鲁佳快速成长。

从李鲁佳在多个不同国家特效公司任职的经验来看，国内外特效公司的差异较为明显的不同就是在技术研发和聘用机制方面。国外特效公司无论规模大小都普遍比国内更注重技术研发，大多公司都有自己的R&D(Research and Development)部门，在他们看来这是特效公司的核心竞争力，对从业者而言，好处是可以使用各种工具来快速实现一些效果，坏处是每换一家公司就意味着需要对新工具的重新学习（每个公司都有各自的渠道与工具），而且如果过度依赖便捷的工具，可能会导致自身解决问题的能力退化，从这点来看，相对没有将研发放到如此重要位置上的大部分国内特效公司反而比较锻炼人。

在聘用机制方面，国内普遍以员工制聘用为主，而国外以项目制聘用为主，固定员工只占很小一部分，这么做的好处就是公司成本低，项目好管控。通常一部特效大片需要多家公司合作，成百上千的艺术家共同参与才能如期完成，项目制聘用的方式可以最大程度地节省公司成本。

拥有一份感兴趣且能养活自己的职业，还能带李鲁佳走过这么多国家，了解他们的生活与文化，这让她感到非常幸运和幸福。在当今，这样的职业选择似乎成为一件不易的事情，很多人每天抱怨着，但又不得不每天挤上早高峰的地铁周而复始。造成这样循环的原因有很多，可能是自身的怯懦，也可能是环境的限制，还可能是薪资与生存的压力，等等。但在可以选择的时候不妨再考虑一下，抛开不必要的束缚与恐惧，抛开外界对成功的定义，找到自己内心所向，也许它能带你离幸福更近一些。

走出舒适区，重新启程

从事了8年的特效合成师工作，也经历了不同的公司氛围，锻炼了越来越成熟的专业技术，有安逸的生活，有稳定的工作，但是这日复一日的重复在某一瞬间突然开始让李鲁佳有点恐慌，恐慌自己的人生在未来就是眼前这样不停地重复，看不到太多的变化，李鲁佳虽然热爱这个职业，但也希望人生能经历些不同。就在这个时候，也就是2017年年初，身边的一个好朋友给她推荐了一个offer, Echo·Insight 的管理部正在招聘一名管培生，而李鲁佳在此之前与他们有些接触，并且他们对李鲁佳的情况也有所了解，也非常欢迎各种领域的跨界人才，经过多次沟通之后，李鲁佳决定加入他们。

从影视行业到用户体验行业，从一名每天坐在计算机前面的合成师到负责与各部门协调沟通的管理部管培生，无论行业领域还是工作范围都是一个很大的跨度，对李鲁佳来讲这一切都是陌生的，什么都是新鲜的。在实习期间，李鲁佳需要进入公司各部门跟各种不同的项目，快速了解和学习各种岗位同事的工作内容及协作流程，这种感觉就像又回到了大学生活，每天都在接受新知识，争分夺秒地给自己充电，好让自己更快地进入这个全新的领域和岗位。

公司核心业务方面的团队主要由用户研究专家、各种领域的设计师以及特定项目需要的技术专家顾问组成，他们是一群具备不同专业背景但又都沉浸在自己领域并且非常有趣、乐于分享的人，就像曾经做合成师的李鲁佳，所以李鲁佳也很快地融入了这个对她来讲全新的团队。虽然公司的节奏较快，但无论是中国同事，还是需要异地协作沟通的美国同事，都很愿意主动向她分享他们的一些观点并及时解答疑问，给她适应新的岗位提供了很大的帮助。

离开自己曾经热爱的行业需要很大的勇气，李鲁佳认为跨界加入新的行业，能找到一个适合的团队，也喜欢这个新工作，满足这些条件是需要一定的运气的，她觉得自己是一个幸运的人。

在 Echo·Insight 的工作体验与她过去在电影行业有很大的不同，过去她会接触不同的电影镜头，但其实还是在电影领域，而用户体验咨询服务的客户则来自各个行业，因此她会了

跟着 Echo 参加 UI 中国主办的中国体验大会车联网论坛

解到各种行业的相关知识，每个项目都有根据项目而设定的流程，她的体会就是通过与客户的深度沟通，发现问题、解决问题。

让她觉得有趣的地方在于项目过程并不是局限在办公室内，而是去接触不同的人群，与他们沟通，去他们生活的地方，观察他们在做什么，为什么要这样做，之后将发现的问题和需求与各种领域的设计师们在一起碰撞，探讨解决方案，做出满足人们需求的产品。这个过程永远都能让人充满新鲜感，而成果也容易让人有成就感。

有激情地活着，享受生活

不管是职业上的选择，在不同国家的穿梭，还是发展业余爱好，都是极好的丰富自己人生阅历的方式。

从小就听过一句话，"读万卷书，行万里路"，现在李鲁佳对这句话

去看极光

也有了更多的体会。借着自己工作的特点，能够在不同的国家工作与生活，对于李鲁佳来说这简直是一件太幸福的事情。博物馆遍布的伦敦、高度便民化的新加坡、朴实又迷人的温哥华……与旅游不同，各地的风土人情、不同文化下的企业体验，这些经历让李鲁佳对这些地方有了更多维度的了解，同时也不断从方方面面丰富着自己。

在墨西哥潜水

在生活中，对于很多事情保持着儿童般的好奇心，有自己的业余爱好绝对是保持生活激情最好的方法之一。潜水、攀岩、绘画、雕塑、摄影都是李鲁佳非常喜欢做的事情。她并不需要成

在加拿大滑雪是冬天必须要参与的运动

为一位绘画大师或者攀岩高手，不追求结果，单纯享受做这些事情的过程能感受到纯粹的幸福，有时候还会把自己的作品分享给朋友，看到他们开心，李鲁佳的内心也会感到喜悦。

人们有可能因为种种原因无法选择一份热爱的职业，但如果连生活中也不能留出一些时间做一点点自己想做的、喜欢做的事情，那生活未免太过枯燥。李鲁佳认为一个人如果真的为自己的快速老去而难过，为自己无处释放的好奇心与学习欲而惋惜，那么，就一定要给自己一个机会，尽量

不要把利益看得太重,努力在生活的奋斗和心灵的滋养间寻求一个平衡。生活本不易,但我们能做的是让幸福的烟火燃烧得多一些,时间长一些。

现在的李鲁佳又开始了新的旅程,她是一个无法在舒适区安稳度日的人,虽然跳出安稳需要很大的勇气,但人生的构成不是只有时间维度,还有一个很重要的维度就是在这期间填充的经历及遇到的人。

ILM 年会不能少了 Darth Vader(星球大战中的角色)

曾参与的影视合成项目

孙凯迪

结缘工大 情系威海

HARBIN INSTITUTE OF TECHNOLOGY

孙凯迪，哈尔滨工业大学（威海）2012级校友，财务管理专业，大学期间担任班长、记者团团长，曾获校区首届"最具影响力毕业生"称号。环球70多个国家的旅游博主，畅销书作者。

我的大学是全世界

2020年母校百年校庆,这一年我25岁,去过世界上70多个国家,出版了4本旅游畅销书,也凭借自己的努力在上海落户买房安顿下来。我是一个小人物,没有造福百姓的科研成果,也没有创造就业机会的大企业,但是一个"小透明不懈努力实现环球梦"的故事,却鼓舞了很多人踏上旅途。

在90后追求"世界这么大,我想去看看"的时候,很荣幸我是这一剂鸡血,是走在前面披荆斩棘的领路人之一。

兴趣是最好的老师

我在新生入学班会做自我介绍时,就大胆说出了自己的目标:环游世界。这在哈工大朴实严谨的校风下显得很浮夸且不切实际,毕竟绝大多数人这时候也只是模模糊糊知道自己大学毕业的方向无非是读研、就业、出国。

立下了这个目标后,并不意味着我变成了一个天天翘课在外游山玩水的学渣。财务管理的老本行告诉我,要把环游世界当成一个大项目来做。为了能保质保量完成任务,我列出了清晰的大学发展规划和阶段性目标。

首先拿下英语双学位。既然想读万卷书,行万里路,走出国门第一件事就得是张嘴问路,英语不好,一切白搭。本着"学以致用"的想法,我开始啃这块硬骨头。还记得大二刚开学申请双学位的时候,我暗暗立誓:

愿用三年磨一剑,不知成不成。英语双学位的课程极其紧张,外语学院的老师认真负责,不可缺课,课后需要自己花精力打磨阅读、听说和写作,一点投机取巧的办法都没有,必须耗上时间和精力。大三课程最多的时候,每周从早8点到晚10点满课,周末无休,晚上下了课再去自习室狂补作业。英语双学位的淘汰率很高,报名筛选上来的60人中,最后只有20多人拿到学位,对我而言,这一纸文凭带来的不仅是扎实的英语功底,还有求知若渴的学习动力。这三年的高压作战让我养成了每天12小时饱和工作的习惯,也就是在每天8小时常规任务完成后,我还有4小时额外时间来提升自己。

然后成功申请出国。现实点讲,绝大多数人不可能在大学期间休学,花父母上百万去环游世界,要想做到这一点,必须要另想办法。借用出国读研的优势来低成本实现旅游梦想,是我自己的一份私心。

双学位的课没有白上,我轻松应战一次通过雅思,也省下了时间去提升专业课成绩。同时我为了跨专业申请旅游管理硕士,在大三暑假去互联网巨头百度旅游实习。至此,凑齐了留学申请三要素——雅思、均分、实习,大四申请4所学校,都顺利拿到offer。

大学里最庆幸的就是,我清楚地知道自己想要什么,并且全力以赴去做了。想清楚,并且去做,因此少了很多犹豫不决和试探的沉没成本。

读万卷书,行万里路

在学霸频出的财务管理专业,我一直都是80分万岁(申请出国成绩要求80分以上)的二类学生,因为我的大把精力都放在了"玩"上。

大一寒假,和学校海阔天空骑行俱乐部一起骑行960千米环海南岛。大三寒假,和学校里的同学一起背包穷游东南亚,5 000元,26天,3个国家。

为了一次长途旅行搜索攻略、做预算、制订行程,是我学习之余最有成就感的事情。在图书馆看相关的书籍、纪录片,冰岛的极光、日本的茶道、埃及金字塔或者米其林美食,窗外世界的吸引力是无穷的,也让我再一次加深对远方的向往。同时，在旅行中种种出其不意的奇遇，也让我对这个世界的了解更为深刻。每次旅行结束后，我都发自肺腑地想要和朋友、家人分享这些独一无二的故事，如何在印度的贫民窟智斗小地痞，如何在漫天霞光中看到吴哥窟惊鸿一瞥的千年佛塔，如何开着大切诺基奔驰在异国小城，左手是碧海，右手是沙漠……这些旅行随笔是我大学期间最宝贵的收获。

也正因为这些发表在校报上的豆腐块，学校新闻中心的张玉芹老师和隗海燕老师鼓励我加入记者团，成为一名学生记者，用更专业的文字和视角来报道分享。我也得益于记者团的规范培训，能够在撰文时注意到遣词造句和起承转合，从最开始写新闻无从下手，到后来开学典礼、校庆、毕业晚会等大型活动无一缺席，兼顾摄影和编写两项任务毫无压力，最终当选记者团团长。

因为喜欢，所以投入。大学期间我始终没有停笔，在校报老师的耐心指导下，我的文章质量也日渐提高，陆续刊登在威海本地的旅游杂志上。后来借着互联网的浪潮，我开设了账号，在网上分享自己的旅游经历。网友的留言让我意识到原来有这么多人和我有同样的梦想，却因为种种原因无法实践。我一一给出建议和我的经验心得，希望能起到一点作用。

大四时，我受邀前往湖南大学等多所高校分享自己大学期间的旅行故事，收获了意想不到的反响。看着越来越多的人私信我说，他们在我的故事的感染下鼓起勇气订了车票，终于走出第一步，我也很高兴又多了一个志同道合的朋友。

2016 年，我又受印度

国内核心期刊专访

高校讲座，分享旅游生活经历

尼西亚旅游局邀请前往巴厘岛参加中国100位旅行家峰会，引领中国游客来印尼玩出特色。这让我逐渐意识到，原来自己可以凭笔墨图片去做有影响力的事情——鼓励更多人去看世界，引导人们更舒适安全地看世界。

也正因为这些经历，我有幸获得哈尔滨工业大学（威海）2016届最具影响力毕业生称号。相比同学的科研成果、创业成就，我却是"玩"出了影响力。

大多数人最终没能实现旅行梦，无非是"我有时间的时候没有钱，等有钱了却又没时间"。在我看来，破解这个死局的办法就是"年轻的时候拿时间换钱，有工作了拿钱买时间"。正因如此，我在大学期间的旅行多数是穷游。

买不起机票就坐绿皮车，睡不起酒店就住多人间青年旅舍。旅行对我而言不是度假享受，而是见天地、见众生、见自己，是学习和探索。我曾经为了省下一张博物馆的门票钱少吃一顿饭，也曾经为了省下公交钱在布拉格暴走，睡过很多个国家机场的冷板凳，但却收获了很多惊喜。在西撒哈拉地区偶遇中国维和部队，他们带领我在沙漠戈壁里寻找三毛笔下的西班牙军营。在"欧洲的社会主义明灯"阿尔巴尼亚被警察拦下，当听说我来自中国时，帅气的警察列队敬礼，以此来表达对中国的尊敬。还有，当我日思夜想去往世界尽头却攒不够钱的时候，阿里巴巴旗下的旅游平台飞猪联系我说："我们想送你一张去南极的船票。"这张价值10万元的船票，带我抵达了第七个大洲，在那里我看到满山头的小企鹅，看到巨大的座头鲸跃出水面，看到中国长城站的科考队员坚守岗位。

在旁人看来酷炫的旅行可以用"一言难尽"来形容。当实际遇到航班延误、上错火车、途中生病和语言不通的时候，还需要一颗强大的心脏来支撑。除了预定未来每一天的吃住行之外，还要在机场、火车站抽空记录下在路上发生的故事。这些年发表在网上的将近30万字旅行经历，多数都是风餐露宿的旅途中仓促写就，事后再读，感慨万千。

点亮别人的梦

随着全网粉丝数越来越多，我也有能力去做更有影响力的事情。用我的经历点亮更多人的梦想之路。

毕业三年以来，我长期做客中央人民广播电台《世界任我行》栏目，分享最喜欢的旅游路线，如今随着节目升级，我的故事每周在粤港澳《大湾区之声》播出，收获了一批忠实听众。

我笔下的旅行故事逐渐刊登在不同杂志

广播电台节目录音

上,当年在哈工大图书馆翻阅的《旅游天地》也为我开辟了专栏。2019年1月,关于智利与诗人聂鲁达的文章被《读者》转载。

2017年起,与学习通APP联手,与高校教授和《百家讲坛》主讲人一起担任共读活动领读人,通过线上直播和走进校园的方式号召在校学生读一本好书,全网互动量破100万。

在欧洲被奉为"旅游圣经"的"杜蒙·阅途"旅游指南丛书联系我专为中国游客定制了旅游锦囊书,我编写的《捷克》《匈牙利》《卢森堡》《越南》4本书在京东、当当销量领先,在京东图书节期间一度全网断货,再版亦断货,以至于我在举办签售会时,库存售罄,签售会现场无书可卖。

从学校里的小透明成长为一呼百应的"网红",很多人就此迷茫或沉沦。我时刻谨记"规格严格,功夫到家"的校训,告诫自己,作为一个靠

新书签售会

纸笔为生的人，要拿出写科研论文的严谨态度去写有价值、有意义的文章，要靠扎实的业务能力去写出有力量、有声响的故事，引导更多人敢于做梦、敢于追梦。

孙凯迪参加丰富多彩的世界各地活动

5 热血青春 奋斗与奉献

青年如初春,如朝日,如百卉之萌动,如利刃之新发于硎。在美丽的青春年华,他们勇敢肩负起时代赋予的重任,点燃青春,为理想奋斗;舞动青春,为国家奋斗;奉献青春,为时代奋斗。他们志存高远,努力在实现中华民族伟大复兴的中国梦的生动实践中放飞青春梦想。

郑 帅

结缘工大 情系威海

HARBIN INSTITUTE OF TECHNOLOGY

郑帅，男，1991年11月生，汉族，中共党员，2015年7月本科毕业于哈尔滨工业大学（威海）自动化专业。同年入选中国青年扶贫接力计划、第十三届哈工大研究生支教团，赴四川省宜宾市南溪区大观镇南溪五中支教一年。2016年9月就读于哈工大电气工程及自动化学院，2018年7月获哈工大仪器科学技术硕士学位，同年9月选录为黑龙江省选调生，挂任哈尔滨市道外区团结镇联胜村党支部副书记开展驻村工作一年。目前，任黑龙江省纪委监委四级主任科员，哈尔滨市道外区纪委监委挂职锻炼。学习及工作期间，先后获哈尔滨工业大学优秀毕业生、哈尔滨工业大学杰出青年志愿者、哈尔滨工业大学优秀党员、全国高校学生信息咨询与就业指导中心评选大学生就业创业先进典型等荣誉称号，曾获哈尔滨工业大学五四奖章。

青春筑梦　基层闪光

2015年7月1日,哈尔滨工业大学(威海)官网要闻发布一篇题为《"筑梦人"郑帅:精彩大学　多面人生》的新闻报道。全文以访谈形式采访记录了郑帅本科期间的优异表现,郑帅的事迹迅速在校园中传开,他也成为激励哈工大无数学子全面发展的学生榜样。2019年7月31日,黑龙江省委《奋斗》杂志社新媒体刊载了郑帅在校及基层工作的先进事迹,作为宣传典型,郑帅用实际行动书写着他不变的理想信念,在奉献中不断追寻自己的"多面人生"。

为群众讲解政策

坚持全面发展，自强拼搏筑梦

从担纲主持哈工大 95 周年校庆暨威海校区 30 周年校庆文艺晚会，到成为解放军 91329 部队"中国梦"主题演讲人；从获评校园"十佳歌手"称号，到担任校思政部辩论公开赛的辩论队长；从担任班长带领班级团体屡获佳绩，到学习成绩突出屡获科研成果。郑帅在母校哈工大的培养和指导下，不断丰富看待世界的角度，也更加深入地理解奉献对家与国的意义。

本科在校期间，郑帅积极投身志愿服务活动，坚持在本科四年的假期到社区开展志愿服务。本科毕业后，他继续发扬志愿服务精神，秉持着对公益事业的热爱，他光荣地成为哈尔滨工业大学研究生支教团的一员，远赴西部支教。

从西部支教归来的半年里，郑帅又以哈尔滨工业大学大学生先进事迹报告团报告人的身份，重回威海校区，向校区两千余名师生讲述他的西部支教经历，在场师生为他的所见所感落泪动容。2016 年 12 月 9 日哈尔滨工业大学官网在新闻中这样评价他："到西部去，到基层去，到祖国最需要的地方去。第十三届支教团代表郑帅为大家讲述了自己与伙伴们在四川南溪难忘的支教经历。他们用爱和知识点亮了孩子们的求学之梦，身体力行传承着哈工大精神。他们主动请缨，承担多项教学任务；倾心备课，锐意创新教学方法；走访调研，开展爱心帮扶活动。全体支教团成员都将燃烧自己、照亮别人作为自己青春的选择，传承这份爱的坚持，为西部的明天添砖加瓦。"

薪火相传西部教育，互助成长搭建桥梁

郑帅于 2015 年 8 月开始在四川省宜宾市南溪区大观镇南溪第五中学任教。因为支教地的师资力量薄弱，身为工科生的他主动请缨承担两个年级的历史课教学。在短短一年时间里，他任教班级的成绩提升显著，多次在全学年名列前茅。

郑帅身处的大观镇，是一个拥有近 70% 外出务工家庭的小镇。面对大量的留守儿童，为了实现与学生家庭的沟通，郑帅走访了大观镇外近十个偏远村镇的学生家，逐一了解情况并对接社会爱心帮扶。四川的冬天，郑帅看到孩子们满手的冻疮，与队友们着手开展了"暖冬计划"，为孩子们添置了300余套过冬衣物。一些家庭的孩子是优困生，郑帅主动对接母校哈工大威海校区明德实践团，共同打造了社会爱心一对一帮扶活动，三年来累计近百名学生接受捐助人的长期资助。在"爱心晚餐"活动中，28名贫困学生成为免费晚餐计划的第一批受益者。像这样的爱心助学活动，郑帅和队友们一年内开展了十余项。四川队的明星品牌"科技梦工厂"、科技巡展，也持续举办得有声有色；郑帅与哈工大威海校区的经管院师生面向山区学生开展的"大手牵小手"结对活动，在大学生与初中生之间建立起沟通交流的桥梁，孩子们用书信的形式，保持着与哈工大师生的情谊联结。

作为支教团的新闻宣传工作负责人，郑帅一年来持续跟踪报道哈工大

支教课堂

研支团四川队，相继形成的 15 篇新闻稿件由中青网报道，哈工大官网、四川教育网、今日头条等宣传媒体相继转载，哈工大研支团四川队的影响力开始活跃在更大的舞台上。

在支教地，郑帅还发挥个人特长，先后参加宜宾市朗诵表演赛、南溪区朗诵比赛，代表区教育局获得市一等奖。一年的时间里，他也先后多次担任支教区文体比赛的主持人，协助开展地方廉政教育工作。他个人也积极利用微信平台、个人公众号记录支教生活和感悟，累计发表文章 40 余篇，其中反映西部支教生活的散文《望月》被中青网转发。

聚焦国家发展，坚定理想信念

回到哈工大继续读研深造的郑帅，师从我国试验与测试技术专家姜守达教授，主攻分布式计算平台网络性能测试方法研究。在导师宏观深入的指导下，郑帅无论在科研方面，还是在世界观、价值观的形成中，都得到了极大的锻炼和提高。从 2016 年 11 月起，郑帅开始担任中央级主流媒体新华社《瞭望东方周刊》特约撰稿人。在此后的多年时间里，累计发表近 30 篇产业观察、行业评论、文化时论，文章在新华社客户端、《瞭望》新闻周刊官方平台、河北省人民政府发展研究中心《决策探索》等国家、地方级媒体发表，新华社客户端累计阅读量超过 700 万次。郑帅针对当下读书氛围，发表评论探讨"假读书"现象；结合喜剧综艺市场现状提出产业思考，发表评论《喜剧综艺，前途未卜的新大陆》；针对地铁文化的传播走向，发表文化评论《地铁丢书遭遇"水土不服"》；针对 KTV 行业的经营发展现状，发表产业观察《KTV 的十字路口》等。

在"一带一路"峰会召开之际，郑帅在新华社发表时政文化类评论《中国茶到法国酒：杯中文明的交融》广受好评。该评论于 2019 年 3 月 20 日，由中宣部主办的学习强国平台再次转载推送，影响进一步扩大。

心怀家国的郑帅，在 2017 年的秋招中同样表现出色，受到多家国际名企、国内科研院所的青睐。相继拿到了中兴通讯蓝色经理人夏令营、招商银行总行管培生（金融科技方向）、航天一院研究发展中心、宝洁公司PS管培生、一汽大众等在内的校招offer。郑帅也陆续受哈工大宝洁俱乐部、中兴兴人类俱乐部、哈工大研究生会之邀，累计为一千余人次在校生开展应聘求职的现场经验分享；电气学院研究生会在官方微信平台上推送了对郑帅的采访，他将自己的求职心得与哈工大学子分享，为更多求职创业的同学传授应聘的实用技能，提升应届毕业生在就业市场的竞争力。

2018年11月，当黑龙江省选调生的通知公告下发的那天到来时，郑帅整整一夜没有合眼。留在龙江，是家乡的召唤，更是振兴龙江的号令吹响之际，所有哈工大学子应尽之责。就是这个简单执着的想法，促使郑帅要努力答好这道人生的选择题。当远方的名企高薪向他招手时，他想起了无数个平凡的日夜，无数张西部学生的笑脸，无数等待他去张开怀抱相拥的基层甘苦。经历过一番思考，他终于坚定内心的信仰，决定参加选拔，留在龙江，建设家乡。这个决定让他身边的朋友颇为不解，多家公司也打来电话确认消息。这些许多人梦寐以求的录用机会，在郑帅的坚定中都变得黯然失色。相对涌向发达城市、优越岗位的人潮来说，这无疑是一次"逆行"。但恰恰愈是这样的环境，愈是需要他这样的哈工大学子留下来，走下去。

选调生参观学习

没有什么能够阻挡郑帅前进的脚步,他最终如愿以一名选调生的身份留在了家乡黑龙江。他想用实际行动,践行入党誓言,坚定一名共产党员的追求。

扎根龙江大地,奋斗基层一线

走出校门,迎接郑帅的是2018年全省464名选调生的集体培训。这次全省选调生培训不仅仅是他工作前的重要一课,对于受省委组织部信任被选为班长的郑帅,这更是他第一次参与组织、管理如此大规模的集中外出培训的历练和考验。肩负着组织的希望,怀揣着哈工大人的使命担当,7天时间里,在省委组织部的坚强领导下,他与班委、组长、学员们配合紧密,圆满地完成了组织交办的任务,没有辜负选调生群体的信任。在2018年10月,郑帅作为黑龙江省选调生招录的代表之一,光荣地出现在全国招录的宣传片当中。

2018年9月下旬,郑帅服从组织安排,到道外区团结镇联胜村任村党支部副书记。一年的基层工作生活,时间虽短,但让郑帅收获很大。这段经历不但加深了他和基层干部、群众的深厚感情,更使他在吃苦耐劳中得到锻炼、在履职尽责中得到历练、在作风建设中得到锤炼。

工作在田间地头,奔走于联胜村所处的城乡接合地带,他与村民们朝夕相处。一年的时间里,郑帅在联胜村加强基层党建工作,团结夯实基层党建力量;他也协助参与了两千余户村民回迁安居工作,细致耐心地向村民解读征收回迁工作的政策;他参与调解的村民纠纷有20余起,帮助村民解决信访诉求;他跟随走访村内生产、养殖企业,确保安全生产落实到位。看着联胜村一天天变好,郑帅觉得这是他最踏实、最欣慰的时刻。只有脚踏实地,才能走向自己的"远方"。

根据培养方案,如今郑帅作为挂职单位道外区纪委监委信访和案管室的一员,进一步学习业务知识,认真履行纪检监察工作职责。开展工作以来,他累计接听400余通常设纪检监察举报电话,独立接访群众30余批次,研判受理录入信访举报信件 332 件，参与查办了 3 起大案要案，主办两起违纪线索。在省纪委监委的培养指导下，他参与了 2018 年度黑龙江省委政治生态考核及第一批主题教育的相关工作。当他第一次站在全省的平台视角下了解龙江政治风貌时，他看到的是一个欣欣向荣、政治生态环境有了根本好转的新龙江。伴随着国家高度重视龙江发展的政策陆续出台，优势产业资源集中汇聚，龙江面向海内外各大高校的人才吸引力度与政策优待更是前所未有，这是龙江发展的黄金年。

站在崭新的起点，看到广袤的龙江沃野，这对郑帅无疑是一次政治历练的加强、政治眼界的拓展、政治本领的提升。

一年多来，郑帅在母校哈工大的持续关注和培养下，多次回校参加基层就业座谈及选调生宣传推介发言。母校对郑帅的关注从校园生活延展到了工作成长。有了"规格严格，功夫到家"的校训、哈工大精神的光辉指引，郑帅在不断激励的引导中坚定着理想信念，不断拼搏努力，踏实奉献，铭记母校哈工大的培养，铭记人民的重托，铭记肩负的使命与责任。郑帅在基层岗位上，定将继续发扬哈工大精神，支教团志愿服务精神，让青春在黑土地上绽放最美的光彩。

赵 玺

结缘工大 情系威海

HARBIN
INSTITUTE
OF TECHNOLOGY

  赵玺，男，1993年生，汉族，中共党员。2012年进入哈尔滨工业大学（威海）自动化专业攻读学士学位。本科期间，担任信电学院学生会副主席、团委助理、辅导员助理以及2012级自动化一班的班长。所在的班级获得全国示范团支部、省先进班集体、哈工大三好班级标兵、哈工大优秀团支部以及哈工大优良学风班等诸多荣誉。此外，作为哈工大第十四届支教团成员，于2016年赴宜宾市南溪区第五中学校支教。2017年回哈工大继续深造，攻读仪器学科硕士学位，2019年硕士毕业后就职于航天科技集团第五研究院总体部。先后获全国百佳团支书、省三下乡社会实践优秀个人、工信部创新创业奖学金、哈工大研究生论文金奖、哈工大优秀共产党员、哈工大五四奖章、哈工大（威海）最具影响力毕业生、哈工大优秀团干部以及哈工大三好学生等。

丈地之阔　量心之大

青春正能量　温暖"丈量哥"

　　青春意味着精彩绝伦，青春彰显着激情澎湃，在赵玺身上，青春二字则更展现出一种迥异于常人的"沉稳"的热情。不仅是对待自己所热爱的事物，而且对待身边的人、周遭生活、团队集体，他都洋溢着一股蓬勃热情，并将青春的热忱转化为让自己、让集体向上的力量，为之脚踏实地，稳重前行。为此，同学们送给他一个尤为独到的绰号——"丈量哥"，意即"丈地之阔，量心之大"。以他所见，便是要用双脚去感受大地的开阔，用躬身行动去体悟心境的广大。唯有如此，方能砥砺奋进、不负韶华。

　　在赵玺丈量生活的路上，作为班长的他，无时无刻不在为集体操劳、奉献自身力量，无索求的付出是他游走班级团队、从事学生工作的真实写照。他所在的班级——哈工大2012级自动化一班，班风、学风建设均十分优良，尤为突出。在一次班级活动中，他从《非诚勿扰》节目中找寻到了灵感，于是便给班上每位同学都提供了施展才华、展现风采的机会，同时还匠心独运地设计了诸多游戏环节，并依据每个同学不同的性格特征与兴趣爱好，为其亲手制作并颁发了意义非凡的"奖状"。母亲节来临之际，他组织、召集全班同学一起打电话感恩母亲，并鼓励他们勇敢地言谢母爱。同时，在"推己及人"理念的指引下，他还想到同样身为人母的女教师们，于是便号召、组织班上同学将一束束康乃馨送到了每位女教师的手中，让

2013年，赵玺与班级同学合影

融融暖意蔓延在哈工大的每一处。正是赵玺一次次地努力组织、筹办这类看似平常却充满温情的活动，让同学们在忙于学业之余也都能感受校园生活的缤纷多彩，体悟哈工大人的纯真美好。

与此同时，2012级自动化一班的集体向心力在赵玺的引导、带动下愈来愈强，班级的归属感、认同感也在一点一滴的日常生活中逐渐汇聚、积累。班上同学曾评价他："感谢'丈量哥'，每次班级聚会出席情况都不用担心，并且每个人都融入其中，十分欢乐；同学们互帮互助，没有任何一名同学落在后面。毕业的时候全系11名同学保研，我们班就占据了其中7个名额。即便到了大四阶段，大家都各自为人生而忙碌，但依然是一个十分团结的集体。"可见，众人一心的信念是这一班集体最为宝贵的精神底色。

正如一艘乘风破浪、扬帆远航的船只，2012级自动化一班在青春的海洋里奋勇猛进、行驶不息，而赵玺正是船上灵魂般的掌舵手，他与集体的成长、发展相辅相成，传递着青春正能量，带领集体驶向辉煌的彼岸。

到西部去 用一年的青春守护孩子的成长

汪国真诗云："到远方去，到远方去，熟悉的地方没有风景。"穿梭回2016年，在人生的岔路口前，他不是选择安逸地居于繁华都市之中，而是选择将自我的青春奉献、绽放在美丽的西部。这一年，他成为哈工大第十四届研究生支教团四川服务队中的一员，并在四川南溪开启了他的支教之旅。

初到南溪，简陋朴素的生活条件着实让刚刚脱离校园生活的大学生们感到为难，不过这并未熄灭他们投身支教的热情。走进南溪五中的校园，还没来得及熟悉学校的一草一木，赵玺便投入到学校的教学工作中，承担着2015级2班和3班的物理课，与120多名学生共同拼搏。站在三尺讲台上，面对着孩子们一双双充满期待的眼睛，他暗下决心：一定要让孩子们在更广阔的天地间翱翔。

让他触动最深的是支教团的一次家访活动。南溪五中的学生多为留守少年，父母常年在外打工。他和支教团的队员们探访了多个学生家庭，在了解了他们的家庭情况后，他对孩子们进行了心理疏导，鼓励他们要认真学习，努力战胜贫困的环境。简单而又暖人的抚慰让学生们在寒冷的冬日里倍感温暖，也让他们对继续自己的学业充满信心。而在当地一次家访时，赵玺与支教团队友们徒步在泥泞的山路上往返40分钟。这个学生的家在半山腰上，一家四个孩子和他们的父母以及一位老人共同居住在三间孤零零的小房子里。厨房的锅中是半凉的南瓜和米饭，最小的孩子见到老师们，脸上满是开心与好奇，光着脚丫在房前跑来跑去。学生家长看到赵玺来家访感到十分欣慰，他们操着浓重的川南口音不停地与老师们交流着，希望自己的孩子可以有出息，能够改变自己的命运。美丽的风景给了孩子们纯净的心灵，但正是这拥有世外桃源般景色的大山，深深禁锢了他们的思想，也将他们的未来禁锢在了这大山的深处。走访的学生家庭其实正是南溪五中许多学生的一个缩影：他们生活在闭塞的山区里，缺少父母的关爱，更

赵玺与支教团成员走在对南溪五中留守少年做家访的路上

缺少对外面世界的了解。他们需要用知识来改变自己的命运,他们需要去看看外边的世界。作为他们的老师,赵玺始终清楚自己所肩负的责任和面临的挑战:不仅要在学习上竭力帮助孩子们,更要关心孩子们的心灵世界。

  时光飞逝,赵玺已在南溪五中度过好些时日。他心里深知,专业和支教的契合才会最大化地帮助孩子们走得更远。为此,2017年3月,赵玺带领着哈工大研究生支教团四川服务队六名队员走访了周边区县的四所中小学校,进行了四站五场共计四个专题的科技人文讲座,推动"第四届哈工大科技巡展"活动的成功举办,为南溪的孩子们点亮科技知识的灯塔,浇灌人文情怀的蓓蕾。赵玺及支教团成员一般会在巡展学校通过讲座结合多媒体展示的方式,向学生们普及科技知识。同时,为惠及更多的学生,他还特地准备了十余个介绍科技知识的展架,供学生在课间参观。为了鼓励孩子们积极回答问题,参与活动,赵玺还购买了学习用品作为活动奖品,激励学生们努力学习。除了让当地学生感受到科技的魅力以外,为了弘扬

2017年,赵玺与支教团成员进行科技讲座的身影

哈工大精神文化,让学生们树立积极向上、努力学习的信念,赵玺还特地增加了对大学生活的介绍,以支教团成员的第一视角,向中小学生们呈现真实的大学生活,希望他们有朝一日也能像自己一样去拥抱理想的大学,品味丰饶多姿的校园生活。

　　光阴似箭,岁月无情。赵玺在南溪五中的支教生活也渐渐地落下帷幕,面对学校的孩子们簇拥在他周围时纯真的眼神、无邪的笑脸、稚嫩的呼唤,赵玺心中有万般不舍,而潸然之余,他选择以自己学到的知识和能力让孩子们去体会更多的快乐和充实。对南溪五中的惦记,对三尺讲台的留恋,对那群孩子的深情厚谊，凝练为赵玺人生旅途中不可磨灭的回忆。在支教的过程中，他也逐渐明白，物质的贫乏只是第一层苦，对生命性灵的压抑才是更深的苦，最重要的是让孩子们挖掘自我闪光点，驱逐自卑心理，尊重自己的生命价值。翻山越岭，奉献自我，他用花样年华守护孩子的成长之路，用生命之笔绘出青春的熠熠光辉。

感恩母校　筑梦航天事业

威海给他最难忘的印象，便是那片海，以及在海边那所美丽的校园生活的四年。母校育人为本的办学理念在他的成长足迹中得以体现。学校的学习氛围很浓厚，赵玺对年过七旬的叶庆民老师印象最深。叶老讲课风趣幽默，课程中总能让人感受到叶老渊博的知识，记得叶老有一节课讲到宇宙速度，并扩展到中国航天技术的发展，让赵玺受益匪浅。当讲到中国航天与国际航天水平上的差距的时候，也让赵玺萌生了要扎根航天的想法。学校的辅导员制度也是十分完善的，陪伴赵玺四年成长的便是辅导员李爱华老师，李老师经常会和他以及班里的同学交流沟通，她总能从专业辅导员的角度为学生答疑解惑，指明方向。不论是在新生入学的开营仪式上，大二阶段的培养学习兴趣点，大三后半程的职业选择，还是在大四毕业的毕业季活动中，从始到终，李老师都用一场又一场的活动，一个又一个令人难忘的瞬间，陪伴着赵玺的成长。

光鲜亮丽的称号只是一件"耀眼的外衣"，真正鼓励着他成长的是哈工大"规格严格，功夫到家"的校训，这是一种无形的精神力量。初回读研生活，他便下定决心要耐得住寂寞来做科研。在他的学生阶段，对他影响最大的一课就是哈工大"八百壮士"的故事，艰苦创业、拼搏奉献的精神总是让他心中充满敬佩，他立志也要做这样的人。从"无"到"有"，是这一课中最让他感动的瞬间，一批又一批的哈工大人，不断地创造着一个又一个的奇迹：中国第一台结构式模拟计算机、中国第一部世界先进水平的新体制雷达、中国第一台华宇弧焊机器人、中国第一颗高校自主研制

的试验卫星……这也让他坚定了投身航天事业的想法。因此在研究生阶段他就参与研究多项国防科工项目，来充实自己的知识水平和丰富自己的科研经验。专注于算法研究，发表 SCI 论文两篇，专利一项。他用自己的行动证明着，自己并不仅是专注于学生工作，沉下心来搞研究，他一样也可以。他一步一个脚印地在成长，通过不懈的努力获得了工信部创新创业奖学金和研究生毕业论文金奖等。

现阶段，赵玺已经入职航天五院总体部，他将继续秉承着哈工大"规格严格，功夫到家"的校训，为航天事业贡献自己的力量。

彭 敏

结缘工大 情系威海

HARBIN INSTITUTE OF TECHNOLOGY

彭敏，女，1993年3月生，汉族，中共党员，2016年7月本科毕业于哈尔滨工业大学（威海）测控技术与仪器专业。同年入选中国青年扶贫接力计划、第十四届哈工大研究生支教团，赴四川省宜宾市南溪区大观镇南溪五中支教一年。

2017年9月就读哈工大电气工程及自动化学院，2019年7月获哈工大仪器科学技术硕士学位，目前就职于中国航天科工第二研究院北京无线电测量研究所。

我与教师的不解之缘

破碎的教师梦

彭敏曾在小学作文中写道:"我的爸爸不高不帅,甚至有点矮,但我一直仰视他,不仅仅因为他是我的爸爸,更因为他是村里面众多孩子喜欢的彭老师。"从小混迹父亲所在学校的快乐时光中,彭敏不知不觉埋下了教师梦的种子。成长的足迹里,一位位教师的爱与呵护,让彭敏的教师梦更加清晰……

五年级时,面对只会 26 个字母的窘境,南老师的鼓励,让彭敏跟上并逐步适应;初中班主任崔老师,耐心地对待她青春期的各种困扰,为她的心灵洒满阳光;张栩、赵德云等老师,在紧张的高中岁月给予她无限的关心和真挚的帮助……

曾经为了给两个女儿更好的成长环境,老爸放弃了深爱的乡村教师事业,到城里挣钱养家。这成了父亲心底的痛,也是彭敏的遗憾。从小的梦想、父亲的遗憾、生活的熏陶和老师的一路关爱,教师梦的种子在彭敏心里生根发芽。高考时,她毅然报了华东师范大学的提前批次。可是,事与愿违,差了 3 个名次,她与心心念念的教师梦想失之交臂。

初入校园,初识李导

2012 年 8 月,带着些许遗憾,彭敏来到了哈尔滨工业大学(威海),成为一名工科女。由于高中是预备党员,按学校规定要提前入学参加新生党员培训。培训结束后由各自辅导员带领回院系,协助辅导员迎接新生。那天下午也是大学生活真正的开始,彭敏和小伙伴们在教室里安静地等待辅导员来认领,眼看着大家逐拨被认领,渐渐有点焦虑,最后的几个小孩儿都开始伸脖子遥望,楼道里传来急促的高跟鞋声,辅导员终于出现了。第一个环节是简单的自我介绍,彭敏一如既往的落落大方,当然还要强调一下她的特长:"我的特长是写字。"不过后来据说当时李导正好站在她的旁边,瞄了一眼彭敏的党课笔记,练过书法的李导心中偷笑,没想到就这字也叫"写字特好"。不过得益于这次的"吹嘘",彭敏结识了李导,李导成为她重要的朋友,在以后的道路上无数次为她答疑解惑。李导的善良无私、阳光热情给彭敏的一生带来影响。

新生党员提前到校,已熟悉学校情况,且经过迎新生培训,顺利承担起为新生办理报到手续的任务。报到现场,她仔细核对信息、热情耐心为同学指引答疑,嗓子哑了都丝毫不觉,和其他新生党员一起协助辅导员圆满完成了迎新的各项任务。

改变孕育成长

彭敏是一个主动性很强的人。入学伊始,她对大学充满着好奇,主动参加各类活动。军训时,彭敏毛遂自荐担任军训临时负责人,协助教官组织军训和新生入学初期的班级日常事务管理。为同学定教材,是临时负责人的第一项工作。收费—缴费—凭缴费单到教材科领书,并不复杂的工作被大条的彭敏演绎出一幕悲喜剧。拿到缴费单子的她蹦蹦跶跶地在校园里放飞自我,一不留神把缴费单子也放飞到了不知道哪个角落。原路返回找了几圈也没找到,在李导的建议下硬着头皮去跟教材科老师解释,拜托老师从电脑里调出缴费记录作为领教材的凭证。虽然事情最终得以解决,但是毛毛躁躁导致这么大的一个纰漏给她上了生动的一课,至今想起来仍很后悔,气得直想打自己一顿。她暗下决心,上大学应该有个新开始,应该改掉坏毛病。

多做学生工作便有很大的机会接触到优秀的学长学姐,彭敏积极观摩了十佳大学生评选,倾听了优秀学生先进事迹报告会,还参加了很多类似的活动,在学习典型的过程中纠正自身不足,成长在改变中慢慢发生。

彭敏后来被保送研究生,但最初并不是学霸。大学的学习与高中有太多不同,加之工科的课程难度大,工科数学、线性代数、大学物理、C语言等课程很快让彭敏感觉吃力了。课上听得懵懵懂懂,课下也不知道如何复习,一段时间后严重跟不上进度,遇到问题藏着掖着可不是彭敏的性格,积极解决才是正道。她积极向老师和师兄师姐求助,反思自己的问题:发现自己放不下高中优越的光环,碍于面子不愿向别人请教;学习上不是能力不行,是心态和方法出了问题,以后应该踏实下来,遇到不会的不是自己闷着,而是多向学业辅导员请教;课上认真听讲,课后多上自习及时巩固。理清了思路,认清了问题,找到了着手点,她的学习慢慢有了起色,还形成了自己的学习秘籍:多总结多请教,不懂就要问。从大一后半学期开始,她的平均成绩稳步上升:大一上平均70分,大一下平均75分,大二上平均80多分。有一次在做表计算平均成绩时,彭敏发现自己排名在专业前20%,顿时信心倍增,学习更加努力,她的最好成绩曾达到专业前5名。

重新点燃的教师梦

大二某一天,以为与教师无缘的彭敏,看到校园网上往届学生写的支教感悟,兴奋得手舞足蹈,找出关于研究生支教团选拔的文件,仔细看了具体标准才发现标准非常高,原来并不是随意就可以去的,她有些泄气。但是想到自己多年的教师梦,难得的机会值得一试,现在达不到要求,不代表未来达不到,于是她马上就开始准备积累经验。这就是彭敏,身上永远充满不轻易言败的自信光芒。

看到曙光的彭敏,开始着手向着梦想进发,这是一份结果未知的付出。老师和师兄师姐一起认真分析了支教的条件及彭敏的优势和差距,从思想准备、理论知识、学业准备、身体素质、心理素质、从教素质等方面帮她做了具体规划。彭敏能够吃苦耐劳,平时关注时事、注意锻炼身体,还利用假期参加给当地孩子补习英语的支教活动,各方面素质稳步提高。

由于支教团选拔对学习有明确要求,坚定梦想后,彭敏开始在学业方面做重点准备。为保证学习氛围和效果,她跟考研的同学一起自习,还曾于大三的整个暑假在几千人的考研辅导班中度过。经过努力,她的成绩综合排名稳步提升到专业的前16%,远远高于支教团选拔成绩排名50%的标准。彭敏以更加成熟稳重的姿态迎接梦想的检验。

大四开学,支教团开始选拔。从笔试到最后的面试,一路走来,彭敏沉着应对。她告诉自己不要急功近利,哪怕失败,努力过就没有任何遗憾!因为这份坦然,她面对领导和老师的提问,没有丝毫紧张。"一个女孩子能不能接受支教地的艰苦环境?"彭敏从容讲述了老家的状况:2008年才通电、2010年才通自来水、6岁之前都是点煤油灯、6岁之后点蜡烛已认为明显改善了生活质量。这样的艰苦情况让在座的许多老师都大跌眼镜。艰苦的条件孕育了彭敏乐观热情的性格和吃苦耐劳的品质。她说无论在怎样的环境当中,都要活得像太阳一样灿烂。这是她给自己的承诺,给学校老师的承诺,也是给未来孩子们的承诺!最终彭敏过关斩将,成为3名支教团成员之一。

支教对于大多数人来说可能只是心底的一丝涟漪。对彭敏而言,支教是一种情怀,是心中的梦想,更是一份执念!

三尺讲台写人生

2016年7月,彭敏跟队友一起来到四川省宜宾市南溪区大观镇中学,开始了为期一年的支教生活。刚去的时候种种不适应:天气潮湿、东西发霉、被子似乎能拧出水,还有听不懂的方言、各种大小虫子等。记得当时她问孩子"为什么上学",听到"毕业后好出去打工"的回答时,彭敏震惊了!相对落后的教育和生活条件彭敏毫不恐惧,孩子们对外界的无知无求让她深感责任重大。教给知识重要,为孩子打开视野、带给他们不一样的世界更为重要。从学生到老师身份的转变,她明白,于老师而言,每个学生可能是她的几十分之一;可于学生,她是他们的全部。备课、看自习、批作业、个别辅导、周末家访、科技启蒙、文化活动……彭敏迅速完成角色转变,认真完成支教教师的每一项工作。教学生学会规划、找准目标、全力以赴、专注学习、投入娱乐,一年的支教工作干得有声有色,给孩子们,给学校,也给自己交了一份满意的答卷。

支教这一年，烦心事在所难免，彭敏都能很快调整好自己重新出发，她乐观地说有后盾。这就是蜕变——不再畏惧困难，不再患得患失，懂得把握当下，懂得心要向阳！

意外遇到爱情

谈恋爱并未在彭敏最初的规划里。但是在李导的情感引领下，她才明白情感的成长也是成长的重要部分，开始正视身边的感情。在经过认真考察之后，她愿意尝试和一个男孩相处看看，没想到这一处就是这么多年，"你的照片里都是风景，我的照片里都是最美的你"，工科男浪漫起来真是无可匹敌。

毕业前夕，为了男孩的前程，彭敏鼓励他选择机会更多的大城市读研，自己则去四川支教，支教后去本部读研，这意味着两人将开启漫长的异地恋，两人的感情也会遇到很大的挑战。但是彭敏觉得不经过考验如何能确定是不是要一起度过余生，于是在二人分别的时候都是蹦蹦跳跳离开的，丝毫未受分别的影响。

男孩坐过长达四十小时的火车到四川的西南部——彭敏支教的地方看望她；也坐过多次凌晨的飞机飞到大东北——彭敏读研的地方；彭敏待过的城市，都有他的足迹，多次的车马劳顿倒是彻底治好了男孩晕车的毛病。三年期间的各种小假期都是两人见面的机会，一起走过繁华的都市、历史名城还有风景名胜等各种地方，看过了大江大海、人山人海，才知道身边的这个人原来早已经那么重要。

不久之前，两人终于结束了七年爱情长跑，于2019年12月13日情定终身！

现如今彭敏工作在航天二院，先生工作在华为，户口加高薪的搭配才是北京生活的黄金搭档！他们也开启了新的人生篇章，敬请期待！

彭敏校友

宋英嘉

结缘工大 情系威海

HARBIN
INSTITUTE
OF TECHNOLOGY

宋英嘉，哈尔滨工业大学（威海）2015级车辆工程专业学生，第十七届哈工大研究生支教团队员，曾在西藏藏医药大学服务。

写自哈工大最后一届藏医大支教志愿者

与人交谈的时候,很多次我都会被问到同一个问题:"为何要去西藏高校里支教,怎么不去中小学教书?"我的回答也是一样的:"因为西藏的教育工作同样需要支援。"我是第十二批前往西藏拉萨支教的哈工大支教团的一员。不敢说我们单独的一届志愿者究竟能为支教学校带去多少改善,我只知道会有人记得,哈尔滨工业大学研究生支教团持续的接力奉献,"规格严格,功夫到家"的校训也渐渐为西藏藏医药大学的师生熟知。

考虑到曾经的学生会及社团任职经验,西藏藏医药大学将我安排在学校团委做助理。

在西藏藏医药大学的日子

与绝大多数的高校不同，西藏藏医药大学的学生军训并非一年一度，刚刚入职，就协助主要负责老师完成三个年级学生的军事训练，是我们三个在岗志愿者为祖国华诞的献礼之一。结业典礼上，矫健的身姿，铿锵有力的步伐，激励人心的口号，整齐划一的队列，阅兵式、军体拳、分列式、队列等精彩的表演，展现了军训的成果。在借此契机组建完成的首批藏医大国旗护卫队的庄严守护下，我带领三名优秀学生一起面向鲜红的五星红旗告白祖国，发出哈工大志愿者与藏医大全体师生的爱国呼唤。

维护民族团结始终是西藏自治区的一项重要工作，在高校团委，就要采用更为普适新时代青年学生的方式方法开展此项教育。引导社团成员发挥特长，在推普周推广并传承藏汉两种书法艺术的魅力，学生自发用书写规范的祝福语抒发爱国情怀。作为随队老师带领学生观看庆祝中华人民共和国成立70周年、西藏民主改革60周年献礼大型经典话剧《不准出生的人》。将"实行民主改革是西藏社会和西藏人民的必然选择，只有在中国共产党的领导下，西藏人民才有光明的前途和幸福的生活"的道理根植于学生心中。意识决定行为，学生们也通过各种方式表达对祖国的深情，《祖国，我为您骄傲》快闪视频的每一帧画面、"我与祖国共奋进"演讲比赛的每一句话语、"祖国，我为您骄傲"歌咏比赛的每一声告白、"我与国旗合影"的每一张照片，都是新时代青年掷地有声的见证。

藏医大团委设在学工部（处），仅有书记与副书记两人做日常运转，组织交给我的重任之一是指导学校学生会工作。初次与第六届学生会的"孩子们"见面，就仿佛是与几年前的自己聚会，只是内心的惋惜感更重些。他们踏实肯干、心怀理想，但不知如何施展——三年的时间，学生会从一人壮大到百人，但没有任何成文的章程、制度，确实有些棘手。"确立学生会自己的章程和制度、摒弃往昔'无须动脑'的工作模式、学会自己主办和承办好活动"是我们一起设下的目标。

医学生课业压力过于繁重就想办法"做到低压力高效率"，学生干部没有手提电脑就想办法"不让工具影响办公成效"，学生活动经费不足、学校禁止拉取赞助就想办法"物美价廉办好活动"，学生骨干经验不足就想办法"做最实用的干部培训",师生观念难以转变就想办法"创造条件锻炼学生"。《西藏藏医药大学学生会章程》定稿、《西藏藏医药大学学生会工作手册》出炉、学生会成功协办校庆系列活动……比自豪更浓的,是高校志愿者的那份欣慰,因为我深知曾并肩战斗过的彼此便是伙伴。

发挥自己的一点点文艺特长,办好"西藏藏医药大学建校30周年文艺晚会"是组织交给我的另一项重要工作,因而带好学生礼仪和学校艺术团主持部、组建学校创业孵化基地讲解团队也便是分内之事。

一连近半个月的时间,晚上练习主持和朗诵,看着参演的学生一遍遍排练,趁着午休空闲总往创业孵化基地跑,我深感幸运,能够有机会与学生们在一起,做着共同感兴趣的事情。这中间也有过学生因病退出,虽然最终没有登上那个舞台,但努力奋进的时光仍旧是一份最美的回忆。"本想着这学期就退出主持部了,但有了这次机会,又觉得自己还想做下去!"我想,这位路上遇到的硬要送水果给我的可爱学生也将一直留在我的记忆里。

不负青春的选择

大学时期,我做了很多的志愿公益活动,持续时间最长的就是"援·梦西藏实践团"的工作,正是在第二次暑期入藏支教时,我坚定了自己想加入"研究生支教团"的信念。即将踏上一年赴藏支教之旅的那段时间,我查看了很多新的资料,也回顾了本科投身威海校区"援·梦西藏实践团"的岁月。于2019年7月真正从"西宁—拉萨"的火车上走下,我更加确信,西藏支教这件事,于己,是夙愿;于百年工大,是使命;于身为"哈工大第十七届研支团西藏服务队队员"的自己来说,便是"不可辜负母校与祖国"的重任。

自2019年8月起,我便成了学生口中的"老师"。在藏医大,学生们的汉语学的还是内地中学的内容,但扎堆的一群学生中,也总有那么一两个能够理解普通话表达的含义,而余下的大多数就需要"翻译"。情到深处汉语突然转成流利的藏语,而我便是那个经常在听了一串藏语聊天后,突然被学生热情地问到"是吧?老师"的"藏文盲"。

办了几次大型活动,接触的学生也都差不多年纪,只是跨度稍大些,从18

到26岁。无论是微信会话还是当面对话，我收到的第一句回复永远都是"好的，老师"。带学生出去参加活动，一路上总有歌声相伴，也正是这群可爱的人，会在团建时一直说："别怕，老师。吃吧，老师。"但他们也会有失望，因为我也是没有得到上课批准，让学生等了很久却再也没出现在课堂上的老师；是一直接到邀请，却没有机会去跳锅庄舞的老师；是只能待一个学期的哈工大支教老师。

我在9月得知了团中央下发要调换支教学校的通知。作为哈工大支教团的一员，定当是服从命令听指挥。

罗布是学校艺术团主持部的部长，也是孵化基地的讲解员，是与我最相熟的学生，就读于学校2016级藏医学国培班。喝甜茶时得知他25岁了，虽然知道大多数学生上学较晚，但还是会有些惊诧，而后仔细想想，他确是透露着懂事和稳重。了解到他即将第一次离开西藏，到首都北京参加受助项目，我将Kindle和拍立得借给他一并带去。"就是想让他能有个更开心的第一次离家旅程。"虽说可能派不上多大用处，但能够有那么一点点作用也总是好的。我到医院看病时，收到了他的微信，除了说了很多次的感谢之外，他说有一张明信片希望我能喜欢。

临别之前，我将还有2 000元余额的补助卡交给罗布，拜托他帮忙消费掉。阳光路上，我们改日再见。我们都不会忘记，我在校庆晚会上做主持时说的那句"我是哈尔滨工业大学的志愿者宋英嘉"。

不负青春的选择，不负与你们共同度过的青春岁月！

致敬母校

支教的生活让我更加热爱我的母校，哈工大这所百年学府做出的所有正确的决策，都让我从心里向它致敬。

支教时组织学生活动

五年前入学之初，还不懂得身为哈工大人究竟意味着什么，但"规格严格，功夫到家"反复被老师和学长们提及。本科期间，几乎每一次的假期都会在外参与或带队进行社会实践和志愿服务，座谈会上，这样的话语总是能带出更多的好故事，或许，就是从许许多多的那个时候开始。

　　真正意识到自己逐步走向那个"哈工大人"，是临毕业还有半年左右的时段。书院文化节进入了小高潮，哈工大汽车学院迎来了30周年，2019年新年晚会拉开了序幕。从未写过脚本，但要兼顾编辑、导演和参演的工作；从未创作过诗朗诵文稿，但要将母校的百年和汽车学院的30年凝聚纸上。翻阅、查看、理解、吸收各类资料就成为必修课。回想起来，如今浓厚的归属感、认同感、责任感，大抵是那时"加入了出锅前至为重要的那几滴味极鲜"。

　　在历史的长廊能够交出完美答卷的母校，又站在一个崭新的起点，"一校三区、同频共振、争创一流"。"1920年，毅然屹立于松花江畔；1950年，攻坚培育奋进的'八百壮士'；1978年，带头融入祖国改革开放的浪潮……"无数的正确决定都在指引着母校逐步成为"中国特色、世界一流、哈工大规格的百年强校"。派出研究生支教团也是响应国家号召的重要决定之一。

　　母校交给我们的是责任，也是信任。十年树木，百年树人，因为育人真的不只是在校园里、在课堂中。这是第十七届哈尔滨工业大学研究生支教团，在得知需要调整西藏服务队支教学校的时候，作为最后一批藏医大的哈工大志愿者，母校教给我们"坚决服从团中央安排"。

　　"坚决把祖国需要放在首位"，细细品来，这是哈工大这"理工直男"对祖国最大的爱意啊！在这百年哈工大不会停下的奉献足迹里，我庆幸，能够用信念倾尽全力添上这淡淡的一笔。

毕业照

刘　璇

结缘工大　情系威海

HARBIN INSTITUTE OF TECHNOLOGY

　　刘璇，中共党员，哈尔滨工业大学（威海）信息与电气工程学院测控技术与仪器专业2013级学生。曾担任校国旗仪仗队队长、校史讲解团团长等职务。曾获得哈工大五四奖章、一等人民奖学金等荣誉，被评为山东省优秀学生干部、哈工大优秀学生干部标兵、哈工大优秀团干部标兵、哈工大最具影响力毕业生、哈尔滨工业大学（威海）第一届校园形象大使。2017年保送至哈尔滨工业大学攻读硕士学位，同年参与大学生志愿服务西部计划，加入中国青年扶贫接力计划——哈工大研究生支教团云南宁蒗服务队，来到"小凉山"——宁蒗彝族自治县完成为期一年的支教、扶贫工作。目前，在哈尔滨工业大学自动化测试与控制研究所从事深度学习的研究，收到来自Tencent、阿里巴巴、招商银行总行、字节跳动等公司的offer。

热血青春　沸腾人生

　　四年砺剑，几分收获，几分感悟。蓦然回首，在母校的往事涌上心头，梦想、担当、成长、荣誉交织在一起。从最初的追求与探索，到不懈的付出与坚持，再到经验的分享与传承，哈工大给刘璇提供了最好的舞台。在文化西路2号，她既度过了人生最美好的青春岁月，也收获了最宝贵的人生经历。

以求是的态度追求

　　"规格严格，功夫到家"的校训一直是刘璇在学业问题上的"指南针"。知识对每个人都是公平的，付出的越多，收获的越多。追逐完美的性格一直催促刘璇奋进，让她勤恳踏实地打好每一个基础。她深知"一分耕耘，一分收获"，所以一直脚踏实地地面对自己的学习任务，不抱任何侥幸心理。平时的学习中，她从未无故旷课、迟到。本科期间，刘璇成绩名列前茅，多次获得学年综合成绩第一和一等人民奖学金。作为一名学生干部，在保证自己成绩优秀的同时，她还帮助班级的其他同学寻求合适的学习方法，与同学们分享笔记和学习资料。在她的带动下，班级成绩保持优秀，连续四学期排名专业第一，获得"2013—2014年度校三好班级""2013—2014年度信电学院金牌标兵班级""2015年五四评优优秀团支部标兵""2014—2015年度信电学院金牌班级、优良学风班级"等荣誉。

以勤恳的姿态担当

除了知识,学校更教会刘璇担当责任。国旗班的训练十分辛苦,作为国旗班班长,每个周五、周六、周日的夜晚,她都放弃娱乐,准时出现在主楼大厅参与训练;每个周一的清晨,她不再贪睡,准时出现在主楼广场守护国旗升起,两年2 500小时,她用坚守捍卫国旗班"严格守时守纪,团结正直刚毅"的钢铁班训,带领国旗班顺利完成市委团委交付的每一项任务。烈日骄阳下湿透的衬衫,大雪寒风中冻红的脸颊都化作最美好的记忆,而国旗班的飒爽英姿则定格在每周一清晨、运动会开幕式、清明祭扫等一个个国旗升起的光荣瞬间。

作为校史讲解团第二任团长,刘璇担负起了校史讲解团的组建、培训和讲解内容整理的重任。威海校区30周年校庆前夕,学校组建校史讲解团,作为哈工大学子,刘璇希望能够送给母校一个特别的礼物。经过层层选拔,她成为一名校史讲解员,接受了一项光荣而又严肃的工作。接待讲解过程中的每一句话、每一个手势、每一个眼神、每一个姿态,都代表着整个校史讲解团,代表着哈工大学子的精神风貌。为此,她带领全体讲解员绷紧神经,苦练基本功。校庆在即,大家克服了诸多困难,连续半个多月每天晚上都坚持练习试讲。从对校史校情的认真核对,再到对每一句讲解词精雕细琢,从死记硬背到慢慢理解和认识,她把一个又一个生动感人的哈工大故事讲述了一遍又一遍。握在手中的讲解词,不仅仅是校史,更是一份责任。她说,待百年校庆之日,希望能重温来时路,重叙解说情,再解说一次校史,以哈工大百年校史为精彩篇章,用生动的

升旗照

讲述和敬畏的姿态彰显哈工大魅力,传承哈工大精神。

以奉献的精神回馈

收获荣耀的同时,刘璇时刻谨记要回馈母校与社会。保研后她决定加入哈工大研究生支教团,把在哈工大学到的知识和收获的经验奉献到最需要的地方去,为西部的孩子带去教育和关怀,用一年的时间,做一件终生难忘的事。

支教的生活其实从刘璇经过严格的筛选,加入哈工大研究生支教团时就正式开始了。为了更好地适应高海拔的支教环境,她开始坚持长跑,她说,希望自己的身体再强壮一点,能为孩子们遮挡更多的风雨;为了更好地完成高中的教学任务,她利用课余时间到中学实习,和有经验的专业教师学习班级管理和日常教学的相关经验。她还做了很多准备,一切的一切,都是为了更好地为宁蒗的学生们服务。

2017年7月29日,她和队友一起来到支教地——国家级贫困县宁蒗彝族自治县,开启了在小凉山的支教生活。此时距离学生开学还有一个月

支教时给学生们上课

的时间，除了完成团县委的日常工作、志愿服务和物资清点，备课占据了她几乎所有的休闲时间。她准备了包括英语、语文、数学、化学、物理在内的多门课程，要知道在支教地到底教哪门课并不取决于专长，更多地取决于哪门课没有老师。刘璇想的是无论学校哪里需要，她都可以随时顶上，无论学生请教哪门课的问题，她都可以讲解清楚。这样的小事还有很多，但无论是多小的事，只要和孩子们相关，在刘璇和队友心中就变得无比重要，就要做到最好。在宁蒗彝族自治县支教的一年中，他们始终秉承"规格严格，功夫到家"的校训，将个人的能力发挥到极致，将集体的工作完善到极致，得到了当地团委和老师的高度评价："你们这一届做的很多事情都达到了新的高度，也开创了许多新的局面，我们小凉山的老师们真的是从心底里感谢你们。希望你们回去以后，哈工大能够更多地为我们输送像你们一样的人才，帮助我们建设小凉山。感谢你们一年的付出，你们辛苦了。"

工作之余，刘璇会把队友的支教生活和孩子们的生活用相机记录下来加以剪辑修饰，制作成视频发布到哈工大研究生支教团的公众号上。她希望能有更多的哈工大人看到志愿生活的真实写照和大山深处的渴望，了解支教并最终加入到支教、扶贫的队伍中来。

刘璇和队友一起圆满地完成了为期一年的支教工作，他们齐心协力、踏实工作，在各自的工作岗位上有序开展各项工作，在教育教学、扶贫助学、校园活动、学习交流、志愿服务以及网络宣传等方面取得较大成绩，得到各级团委领导的认可。在教学岗位上，他们勤勤恳恳、认真工作，上好每一节

支教时留影

课，覆盖学生 5 900 余人。在 2017—2018 学年的 6 次大型考试中，支教团成员所带班级单科平均分均位于全校平行班中前列，其中化学、生物、历史、英语科目均多次取得全校前三名的好成绩，超年级单科平均分 2 到 12 分，各科目测评中，支教团所带班级单科取得年级第一的次数累计 13 次。扶贫助学工作中，他们不断走进大山的更深处，推进"索玛芬芳·爱满凉山"助学项目、"爱心背包计划"、"暖冬计划"、"强身计划"，走访 7 个乡 15 所小学，帮扶贫困高中生 239 名，与中国慈善基金会建立帮扶关系，筹集善款物资 59 万余元。同时支教团成员在学校团委担任职务，协助学校开展各类校园文化活动：携手宁蒗团县委开展网络安全主题宣讲会，助力支教学校 2018 年元旦文艺会演、"五四"十大歌手大赛顺利进行，开展宁蒗高中生心理健康普查及治疗工作，奔赴乡村小学开展"路在脚下，梦在远方"主题讲座，参与宁蒗彝族自治县五四主题晚会主持工作，协助宁蒗彝族自治县开展"世界环境日"主题活动等工作。利用工作之余，支教团成员参与团市委、团县委发起的包括丽江"创文"古城志愿行、文明出行交通引导、"清除城市牛皮癣"——小广告清理工作等在内的众多志愿服务活动，用实际行动传播文明理念。

　　回首支教的一年，在刘璇眼中，成绩已属于过去，将知识带去宁蒗，将思想传递给孩子们，将一腔热血奉献给小凉山的经历是一年中最大的收获，而更重要的事，永远在未来。

展望未来，继续逐梦

　　如今回到学校，刘璇成为一名党支部书记，继续在基层服务同学，也继续着志愿服务的脚步。在哈工大经历学习的一切和相伴 6 年的哈工大精神早已成为她人生的重要部分，指导着她的工作、学习和生活。作为一个以国家需求为己任的哈工大人，刘璇深知肩上的重任。未来，她将继续努力，不断提升自己的综合素质，用智慧武装自己，用内涵充实自己，用理想丰满自己，争取早日成为栋梁之材，为国家的发展做出贡献。

刘祚捷

结缘工大 情系威海

HARBIN INSTITUTE OF TECHNOLOGY

　　刘祚捷，男，哈尔滨工业大学（威海）计算机科学与技术学院软件工程专业2015级学生，曾任软件工程专业第一党支部支部书记、1511103班班长等。曾获一等优秀学生奖学金两次，二等优秀学生奖学金一次，单项奖学金五次，积极参与志愿服务，现为哈工大第十七届研究生支教团成员。

做孩子们的摆渡人

2015年，正值威海校区建校30周年之际，我来到了哈工大（威海）的校园，怀着憧憬与向往迎接四年的大学生活。"规格严格，功夫到家"，一入校门，映入眼帘的便是校训石上朴实的几个大字。这简简单单的八个字，却承载着学校的历史和精神，培养了数不清的优秀的哈工大人。而每一个怀着梦想来到哈工大的少年，都将用数年的时间来感化熏陶，用一生的时间来躬行力践，现在的我，就是其中一员。

回想在母校的四年读书生涯，首先浮现在脑海中的印象就是求真务实、严谨认真的学习氛围。新生第一课上辅导员给大家打预防针：大一的数学课学习不能马虎，老师们都是铁面无私的，还提到俞大光院士和他的"老虎课"，全班没有一个同学能拿到优秀。还有"坊间"传闻的可怕的挂科率，我们还没进入课堂就已经产生了敬畏，加之后来工数课堂上看到老师求解一道题目的步骤写满了六块黑板，以及数据结构、汇编、计算机组成原理等实验课堂上老师对实验过程和结果近乎苛刻般的要求，我认识到"规格严格"是刻在哈工大人骨子里的信条。就像周玉校长在2016年教师节表彰大会上讲的那样，"哈工大功夫"，就是大力倡导苦练真功夫、硬功夫、实功夫，到家的功夫。"哈工大功夫"是哈工大人的本领和能力，它既有追求卓越、锐意创新的功夫，又有坚韧不拔、持之以恒的功夫。功夫到家就是要追求卓越、做到最好。初入象牙塔的我们，难免会有些浮躁，老师们以身作则，然后用严要求来锻炼我们在专业知识学习方面的基本功,洗去铅尘,去伪存真。功底扎实,是哈工大人保持竞争力的一大法宝。

除了脚踏实地、严谨务实的求学态度,母校对于我理想上的引导也是我一生宝贵的财富。还记得在学校组织的党校培训当中,我们重温了母校艰苦创业的历史。自强不息、开拓创新是一代代哈工大人不懈的追求,在这漫长的历史长河中,"八百壮士"们以高标准严格要求自己,为哈工大的发展呕心沥血,书写了哈工大特色教育的新篇章。这也就要求同为哈工大人的我们,要敢于挑战自我,要以强者的姿态立于世;要能够实事求是地工作和学习,向"八百壮士"学习,少说空话多干实事。

再如哈工大的航天事业,从第一颗东方红卫星,到神舟号系列飞船,再到举世瞩目的"探月工程",哈工大人在中国航天史册上书写着一页页辉煌的篇章。而这些,无一不是我们哈工大人对理想的追求,对信念的坚持!这种咬定青山不放松的韧劲,是哈工大人保持竞争力的又一大法宝。

在哈工大的学习中,我的思想认识也得到了进一步的提升,在这个过程

支教团队成员合影

中我对"铭记责任,竭诚奉献的爱国精神"有了更加深刻的理解。哈工大的老师很注重家国情怀,常告诫我们不能两耳不闻窗外事,国家花大力气培养人才,不能仅仅拘泥于自身取得什么样的学术成就,要发挥自己的专业特长,真正投入到国家建设之中。母校不仅在长期扎根边疆、争创一流的坚定道路上孕育出了与航天精神、大庆精神、铁人精神、东北抗联精神等一脉相传的哈工大精神,在新时期也将学校的发展同国家的战略需要紧密联系在一起。立足航天,服务国防,不论是战火纷飞的革命年代,还是改革开放、经济腾飞的新中国,哈工大人无不用自己的满腔热血践行着我们的"工大梦"!

时光荏苒,匆匆四年,如今的我接过了志愿西部的接力棒,成为哈工大研究生支教团的一员。七月的蜀地,骄阳似火,我的心情也如这天气一般炙热。刚刚走出象牙塔的我们来到祖国西南这一隅净土,正式开始支教工作。经过短暂的培训之后,我来到支教地南溪,用亲身的实践去检验自己出征前立下的誓言。

哈工大的支教团在2011年就开始在南溪支教,到2019年已经是第九个年

支教团队成员合影

头了，在桂溪中学也已是第三年。各级领导帮助我们解决了生活上的困难，在他乡受到这样无微不至的关怀也让我们倍感温暖，多么想要立刻就投身到工作中尽一些微薄的力量！短暂的休息后我们就迫不及待地参观了校园，假期的校园安静整洁，虽然校舍和教学楼有了岁月的痕迹，但是教学设施毫不含糊，国家对偏远地区的教育扶持让留守的孩子们不用为了上学而发愁。我为孩子们的学习环境感到欣慰，但是开学后真正了解到孩子们的情况后，我才真正感受到肩上责任的重大。作为新老师的我们在课堂秩序的把控与教学经验技巧上还有着一定的欠缺，面对着这些刚刚升入初中懵懂的孩子还是有些手足无措。学生们的基础、学习状态、课堂氛围和我们以前接触过的完全不一样。学校的情况比较特殊，不同班级的学生基础差距很大。同样的课程内容，不同班级的学生接受能力大不一样。因此众多所谓"先进"的教学理念、"正常"的教学进度、"科学"的教学方案并不能生搬硬套到这里。因此我们及时调整教学方法，向其他老师请教、学习。我们在努力不断适应孩子们，孩子们也在努力不断适应我们。随着和学生、老师的交流不断加深，我们发现，这里的情况远远没有看起来那么乐观。通过调查我们发现，学校的留守儿童和父母离异儿童的比例非常高，生活环境对学生们的心理、行为习惯都造成了很深的影响。这一点也让我们深刻意识到，支教绝不仅仅是简单的传授知识，扶贫也绝不只是物资的援助，支教扶贫任重道远，需要我们共同的努力，克服在教学及其他方面的困难，不断提升自己，将青春播撒在祖国最需要的地方。

在教学生活之外，如何结合学校办学特色，为孩子们提供多元化的发展空间也成为我们课余时间不断思考的问题。为响应国家科教兴国的战略目标，发挥哈工大的学科特长，我们在原有的基础上发展了"科技梦工厂"这一特色品牌活动，于教学周每周四下午第四节课开办"科技创新班"，为热爱科学的孩子们提供动手操作的平台。同时在开学初做了本年度科技创新相关活动的策划，开展了新一期"科技梦工厂"系列活动。"科技梦工厂"第一阶段选拔出优秀的动手的能力强的学生，第二阶段对这些学生进行专门培训，第三阶段带学生参加省市级青少年科技创新大赛。除科技创新外，我们在其他方向也为孩子们创造发展空间，组织并培训学生们参加宜宾市经典诵读大赛并荣获一等奖，在"不忘初心　牢记使命"南溪区教体系统庆祝新中国成立70周年文艺展演中，来自桂溪中学的合唱队也表现优异。同时，在国庆70周年之际带领孩子们重温红色记忆，针对孩子们对未来的疑惑开展入学启蒙教育也是我们义不容辞的责任。也许支教地的孩子们没有城市中那般广阔的天地或者优质的资源，值得欣慰的是我们的出现，也许力量微薄，但是让孩子们有了更广阔的舞台。

在志愿服务与社会工作方面，我们本着"支教与扶贫共进""扶贫先扶志"的初心，积极参与到当地学校、团委的社会服务工作中。从入职至今，大家都积极投入到宜宾地区"创建全国文明城市"攻坚拔寨的战斗中：与南溪区桂溪中学共同组建"义务劝导队"，协同南溪团区委开展地区性文明行为督导行动；深入社区街道，号召市民践行社会主义核心价值观，提升道德素质，为宜宾市争创国家级文明城市工程添砖加瓦。最后，四川队成员与区教体系统一同接受了中央文明巡查组、宜宾市创文办的检查。除创文工作外，对支教地的扶贫工作也在延续，来自威海校区明德践行会的善款募捐、一对一帮扶等工作持续开展，几年来陆续已有上百名学生接收到长期资助，对于家境贫寒的学生，我们也尽自己所能以奖品或者其他形式为他们提供一些物质上的帮助。我们将继续传递爱心接力棒，让爱心和帮助来到最需要的孩子身边。除了募集资金、倾心陪伴之外，我们的纽带作用也十分重要，几十个人的团队力量并不强大，利用我们的优势，依托团中央、项目办、母校的力量，让社会关注到这些需要帮助的孩子，才会有更大的力量。这就需要我们做好支教地和母校的纽带，架好支教地到社会的桥梁。今后我们会更加注重宣传工作，把支教地的真实情况完整地展现给外界，利用哈工大优质资源，开展各种助学活动、扶贫活动。支教生活已然过半，在接下来的半年，我们必将以坚定的信念与决心全身心投入到教学工作、社会工作、志愿服务等各个方面，铭记哈工大精神，恪守哈工大规格，坚守支教团誓言，在西部向母校百年校庆献上最诚挚的祝福！

母校感怀　初心不忘

任凭岁月更迭，"哈工大人"这个名字，一生不变；"母校情""师生情""同窗情"，可以超越时空，定格永恒。学子之于母校，是远行的游子、深情的牵挂；母校之于学子，是精神的家园、温暖的港湾。他们以满腔的赤子情怀，与母校一起携梦前行，创造更多的哈工大传奇。

结缘**工大** 情系**威海**

杨云轩

HARBIN
INSTITUTE
OF TECHNOLOGY

杨云轩，哈尔滨工业大学（威海）1995级汽车学院校友，现就职于一汽轿车奔腾开发院，负责过车身、项目管理、标准法规、试验等领域工作，从事过红旗、奔腾、马自达等品牌车型开发工作。

感恩母校
您在我心中永远圣洁

作为一所享誉海内外的百年名校,哈工大以"规格严格,功夫到家"的校训,以严谨、务实、博学、开放的校风,为中国的各行各业培养了无数精英,其中不乏李长春、王兆国、耿昭杰等政企翘楚,也不缺孺子牛般默默奉献者,他们为国家的繁荣昌盛做出了巨大贡献。今天,她依然在与时俱进、积极进取,用更富时代感的深厚文化底蕴,为象牙塔中的莘莘学子插上腾飞的翅膀,为中华民族的伟大复兴和中国梦的实现默默承担着自己的责任。我骄傲,为母校取得的伟大成就而骄傲;我自豪,为这所人人仰慕的象牙塔而自豪。然而,我心中更多的还是感恩,感谢母校为我搭建了一个更高的起飞平台,感谢她为我插上了搏击长空的强健翅膀,感恩所有老师对我无微不至的关怀和培养。

几许魂牵,几度梦萦,多少甜蜜的记忆永驻心间。多少次在梦中重回母校,多少次回想起校园生活的喜怒哀乐,那点点滴滴的情愫和甜蜜记忆如在昨日。

从我的家乡到哈尔滨共有2 300多千米路程,这既是一段长长的旅途,也是一段短短的心路历程,一个快速蜕变的过程。感谢母校,给了我这样一个机会,让我走出山村,走向外面的精彩世界。感谢母校,为我铺设了一条希望和成长之路，给了懵懂无知的我认识世界的勇气。

到哈尔滨后，学校安排了很多热心学长接站，坐着学校的接站车顺利抵达学校，报名，入住，开始了大学的象牙塔生活。我们被编入四院（能源科学与汽车工程学院）三系一班，按学校班级序号就是954301班。在班主任和辅导员无微不至的关怀下，大家顺利适应了大学生活。

记得入校之初，学校提出培养复合型人才的宗旨。当时我也给自己定下目标，不仅完成自己的学习任务，同时要积极提升综合素质与能力，做到知能并重。四年下来，到毕业时基本实现了这一目标。这四年里，我在完成学习任务的同时积极参与各类学生社团工作。担任班长，带领班级同学认真学习，取得了很大进步。每年的奖学金，近半为我们班所获得。学习之余，我也积极鼓励大家多参与一些社团工作，以提升大家的综合素质。另外自己从学院的团委宣传部部员一直做到了院团委副书记。其间为学校学生社团做了大量工作，也获得了很多荣誉。

1997年7月，我们从哈尔滨中途"毕业"，因为根据学校长远规划，汽车学院要在暑期搬迁，开学时我们将去威海校区学习。对于这次搬迁，很多人意见很大，认为分校的氛围、环境、师资力量、补助、生活质量等与本部相比肯定会差很多，不愿去。也有一些人认为无所谓，因为以后都是专业课程，老师都一起跟过去。还有一些人心怀憧憬，说学校在海边，环境一定很优美。后来，学校做了大量工作，最终统一了大家的思想，搬迁得以顺利进行。

刚一到校，映入眼帘的景象让我简直难以置信。我问自己：这是大学吗？是我未来一年多生活、学习的地方吗？

但事实不由我不信，我站在马路路标——哈工大路前，路两边是修道时新翻出的泥土，刚下过雨，泥水还在路上流淌。路左侧是一个散乱的工地，刚刚打完地基，很多混凝土柱子矗立在地基上。再往前100米左右是一条河，河水倒还清澈。过了河，道路在不远处分岔，向两边延伸而去。在正前方是一片草地，零星点缀着两棵歪脖老树，还有大大的池塘，池塘边上长着高高的芦苇，中间还有高分贝的阵阵蛙声传来，为寂静的清晨平添了一抹生机。沿着左岔道前行，是简易的操场，此时还显得空荡荡的。过了操场，终于看到道右侧有一座一层高、占地面积较大、较漂亮的房子，牌上写着"学生活动中心"，但细看也还是很简陋的。它的对面，沿着校园低矮围墙建着一排简易房子，乱糟糟、脏兮兮，一看就知道是一些个人经营的小商店、小饭馆。与此毗邻的是学生一宿舍，外表破旧。学生活动中心后面的坡坎上，矗立着二宿舍。再往上走，正面对着的是刚刚为我们修建的新宿舍——三宿舍，它在这些建筑物中还算上档次，四层高，看起来挺漂亮。再往后就是高高的荒山坡，高处有一圈围墙，右侧还有几栋家属楼。

  进宿舍后，在门卫处取了宿舍钥匙，上楼放下行李。打量屋里，挺干净整洁，还好，终于舒了口气。走上阳台，向外眺望，迎面正对来时那条路，前面很空旷，视野极好，可以一直看到校外那条交通主干道。向左侧望去，高坡上有一栋建筑，后来知道是学生食堂。再往左前方，远处，视线沿着一条踩出的羊肠小道，经过坡坡坎坎，高低起伏，一路"翻山越岭"后，触到了几棵大树，以及大树掩映下的四层高楼，楼前下一个大坡后是一大片平地，零星有些荒草。再往前就到了之前看到的那片草地。视线再往左前移点，终于看到了这片土地上最繁华的地方。一条水泥马路（就是之前看到的右岔道），路两边有两排直径10多厘米粗的法桐树，路的另一边有四五栋红顶楼房掩映在绿绿的树荫中。再过去，围墙外槐云村，道两边是一个小市场，每逢周六都有集市，嘈杂、拥挤、脏乱。

  这些就是我对当时分

1998年以前的校门口

初建时期的校园

校的第一印象，心中确有凉凉之感。

这之后还发生了很多令人啼笑皆非的事情，比如去教室经过那条"羊肠小道"，时不时会遇到路边窜出的蛇、蹦出的青蛙、逃窜的兔子，有些胆小的女生都不敢从那走；大四毕业生毕业档案中有威海分校字样而导致找工作时先被录取，而后又被退档的现象；我们后来者与原有学生文化的不融合；等等。

其实这些事情，当年的我并没有太多关注和深思。作为学生干部，我很快就投入到学习和学生工作中。因为97级新生几天后就要入学了，除了学习外，我要协助开展迎新工作。以己度人，为了减少新生的不适感，我们借鉴了本部迎新工作的经验，营造了热烈喜庆的气氛，同时在细节上也做到了无微不至，取得了很好的效果。

再后来，在许金霞、王彦岩、赵立军等老师的带领下，与裴新军、冷传伟、曹立波、经涛等同学积极将本部学生工作中的一些好的做法和经验在分校中推广开来，而且筹组了车迷、摄影、书画、羽毛球等协会，迅速使分校的学生工作更加丰富和活跃起来,这也应该算我作为哈工大人为学校做出的一点贡献吧。同样也要感谢母校和各位老师给我创造这些学习、锻炼的机会,为我的能力提升和未来的人生路奠定了良好的基础。

1999年7月3日离校后,我进入一汽轿车工作。2008年1月曾因招聘回过一次威海,当时的感觉就是学校的变化太大了,静谧而不失优美,现代而不失古朴,恢宏中更显大气,华丽中更富底蕴,简直让我感叹和震撼。短短几年时间,母校已经彻底更换了容颜,发生了翻天覆地的变化,几乎找不到我在校时的影子了。高耸的大楼,明亮的教室,整洁的食堂,恢宏的主楼,精美的华表,平整的道路,茵茵的草地。看到这一切巨大的变化,当时心里萌生出一丝重回校园的冲动,也生出了深深的自豪,升起了由衷的敬意。"虎踞龙盘今胜昔,天翻地覆慨而慷",在哈工大的建设史上,前有"八百壮士",书写了"规格严格,功夫到家"的校训;今有万千英豪,续唱着"为有牺牲多壮志,敢教日月换新天"的壮歌。有这样严谨的校风,有这样可爱的老师,世界一流名校梦还会远吗?

匆匆间,毕业20多年了。这期间,对母校始终不曾忘却,与各位老师的联系也未曾断绝,母校的一草一木我还清晰地记得,母校的每一条信息也会让我心潮澎湃,久久难平。每当有老师莅临,只要我知道消息必去探望。每当同学有所求,我也必当尽力去做。对身边的校友,我也会尽力给予帮助和支持。虽然不能像耿昭杰等老学长那样为母校做出巨大贡献,但我会竭尽全力为母校尽到绵薄之力。因为我心中有梦,愿母校明天更美好。因为我感恩,您在我心中永远圣洁!

刘 群

结缘工大 情系威海

HARBIN INSTITUTE OF TECHNOLOGY

刘群，1995级哈工大机电控制及自动化专业本科，2003级哈工大管理学院国际经济与贸易专业研究生；1999年留校从事学生教育工作，2011年任哈尔滨工业大学（威海）团委书记，2018—2019年在威海市商务局挂职工作，现任哈尔滨工业大学（威海）校友工作与教育基金办公室副主任。

母校在我心中

  每个人的初心和梦想,就是激励他在人生路上坚持走下去的动力源泉,哈工大"规格严格,功夫到家"的校训精神和"八百壮士"精神一直贯穿在我在母校工作的二十载中。曾为青年学生工作者十八年,我们以之教育引领我们的学生,树立哈工大人的理想与信念;以之成就我们的学生,他们带着哈工大精神烙印走出校门,打拼成为国家栋梁和社会精英;作为一校三区的威海校区学子,伴随着母校的发展壮大,也在不断成长,自信自强,

哈工大(威海)校园景色

坚忍不拔,"今天我以母校为荣,明天母校以我为荣"的誓言流传至今。而这,正是我们的初心和使命。

忆往昔,峥嵘岁月

2013年教师节期间,作为校区一名学生工作者,我有幸参与聆听了一场威海校区举办的"弘扬工大精神 追逐中国梦想"的演讲,并参与了当年的教师节表彰大会,当大会屏幕播放出那一幅幅学校的老照片,那些人,那些事……让我不禁深有感触,勾起了我对母校历史过往的回忆,也唤起了我内心的爱校深情,将我带回到二十多年前的大学时代。

从我1995年来到母校读书到参加工作,不知不觉已过二十余载,回想自己在母校的这段时光,正是自己青春美好的时节,是母校培育了我,塑造了现在的这个我——一个乐观向上、积极进取的人。说这些并不是想标榜自己是个多么优秀的人,而是想将我的经历和感受同大家分享,唤起大家对母校的认同和爱。

校训石"规格严格 功夫到家"

每年学校迎新生时,我都不由得欣羡这些大一入学新生,因为作为1995级在威海校区入校的学生,那时的哈工大(威海),条件真是非常艰苦,可以说是一穷二白。记得我们刚入学时,我走到学校门口,没有校门,只有满眼的高粱地、小土路,学校也只有一栋教学楼和一栋办公楼矗立在草丛里,小小的篮球场是我们唯一休闲活动的场地。实验室、机房更是少得可怜且简陋无比。但就是在那样的环境中,我们这些本科生仍然积极地学习、生活,当时唯一的念头就是学出个样来到校本部继续深造,而我也努力地参与组织校园各项文化活动,想积极改变和营造美好的校园文化氛围。学校因为我们这些不多的本科生的加入,充满了生机。学校硬件条件虽然不好,但学校的教授、老师都是哈工大校本部派来的,对我们给予很多关爱,对我们的指导也很细致。班主任刘会英老师经常悉心指导我们课程设计到很晚才回家,我们还经常被邀请到她家里与她交流谈心,每次我们心里都热乎乎的。大学物理老师霍彬茹教授讲课生动,年纪虽大但仍然激情四溢,教学严谨入木三分,深受我们学生敬佩和喜爱。还有数电老师张秀珍教授,不仅课堂上耐心讲解,课下也十分细致地回答同学们的提问,直到我们弄清楚为止。其实,大学里老师教授我们知识的同时,更在教授我们思维方法,使我们具备了工科生特有的严谨治学、踏实务实的思维模式和精神风格,对我们日后从事各行各业工作都大有帮助。1997年大学二年级时,我我光荣加入中国共产党,成为一名学生党员。大三下半年,部分学生因为就业时遇阻,出现思想不稳定问题,引起校本部的关注,而我们1995级两个本科班被送到校本部完成大四学习,成为威海校区历史上唯一一届3+1本科生。那时候我们的心情是复杂的,一方面为到校本部学习而欣喜激动,一方面又对自己学习生活三年的威海校区不舍,而那时不舍的心情更甚。舍不得这里的老师们,舍不得这里虽然简陋但温馨的小教室、宿舍……大学最美好的时光都在这里度过。往往艰苦的环境下,我们师生彼此的情谊更深厚,我们对校区的热爱更深沉。那时候,我就暗下决心,我一定要回来!我要回来留下哈工大(威海)的学生,使他们找到自信和归属。哈工大一校三区同根同源,血脉相通,我们都是哈工大学子——HITers。

守初心,魂牵梦绕

怀着对母校的深情和决心,在校本部毕业后,我毅然决然地留到了威海校区,成为一名学生工作者。这份工作一做就是十八年,从学生辅导员到团干部再到校友工作者,看着自己的学生们在大学四年锻炼、成长、蜕变,再到走向社会发展成才,我也跟着他们一起成长、一起历练。其中的酸甜苦辣，我们自己都知道，我也经常问自己：到底是什么让自己无怨无悔地坚持这么久呢，我的动力是什么？每当看到我们一届一届毕业生离开学校时都是收获满满的，我的心里也充满了无比的成就感；每当看到学生离校时对学校的那份不舍，那份我也曾有过的不舍，我内心最柔软的部分又被触动了。这不舍，正是母校带给我们的那份情所酝酿产生的。的确，母校给予我们的真是太多了，她的艰难，她的成长，她的宽容，她的苦口婆心，她的艰苦创业精神，培养了一代又一代哈工大（威海）人。我是幸运的，因为当时的那份不舍让我从未离开母校，并与她共同见证过去、现在和未来。我深深热爱我的母校，因为爱过，心会记得，因为走过，脚会记得。一路走来，感恩母校，是您教会了我做人，让我成长；情系母校，这是我们每一名哈工大（威海）人的使命——这里永远是我魂牵梦绕的地方。

领航人，师者为范

记得2013年元旦前夕，我有幸到威海校区原党委书记金光老师家探望，当来到八十多岁高龄金光老师的书房，我惊呆了。简陋的书桌上，满满的都是金光老师学习的习近平总书记关于"中国梦"重要指导思想的文件手抄报，旧得发黄的页面，记满了金光老师的标注和读后感，我不由得佩服金光老师那种"活到老，学到老"的哈工大老前辈的"八百壮士"精神。他还向我讲述了六十多年前自己在哈工大学习、生活、工作的故事和对威海校区的希冀，我仔细地聆听着每一句话，虽然金光老师话语不大清楚但仍饱含深情，深深感染和打动了我。的确，母校的艰苦创业精神，留给我们的是一笔财富，连八十多岁的老干部金光老师都仍然在追梦，我们还在等什么呢？我们难道有理由懈怠吗？母校给了我们如此之多，而我们付出的却还不够。

2017年，我们有幸邀请到原哈尔滨建筑大学校长、"优秀教工李昌奖"获得者、全国模范教师何钟怡教授来威海校区为全校师生做报告。耄耋之年的何教授动情地讲述："我爱我的母校，我爱我的祖国，我现在的梦想是，我要活着看到中国梦实现的那一天。"他那谦逊、儒雅、睿智的大师风范，他作为老一辈哈工大人深爱母校和家国精神的典范,深深触动了我的心灵。何钟怡教授是国内外知名学者,长期从事流体力学研究工作,取得多项国际领先的成果,1981年被公派到美国哈佛大学,在克莱蒙实验室工作近三年,研究成果受到有关国际知名学者的高度重视。哈佛知名教授盛情挽留他,但他婉言谢绝了,毅然决定回国。他说:"我们出国就是要学习最先进的科学技术,回来报效祖国。"深深的爱国情怀和民族精神,一直流淌于何钟怡教授的血脉之中。何钟怡教授扎根三尺讲台近五十载,他的课时常座无虚席。他是学生眼中的师者,学院领导眼中的智者,同事眼中的达者。之后每年,我们都邀请何教授作为大学梦想人生导师为全校青年学子做报告,传播哈工大精神正能量。何教授身上满满的正能量,也在影响着我,我们因此而结缘,何教授和师母邹平华教授,都成为我重要的人生导师。他们是新中国科教事业的先行者和新时代科教兴国的开拓人,拼搏奉献,心有大我,至诚报国;从他们身上,我学习到了哈工大"八百壮士"的精神,学习到了为学先为德为人的内涵修养,学习到了无论多么优秀都保持谦逊

何钟怡校长

的精神，学习到了家国情怀和永怀感恩报国之心……他们值得我学习的太多太多……

每当工作中遇到挫折或是困惑，我都会向何教授和师母请教，无论多忙他们都耐心地听我讲述，鼓励我克服困难坚持下去："你们做的工作很不容易，也很重要，只有你们坚强了，学生们才会更坚强。"每每跟何教授交流，我的心就像注入了强心剂，有了满满的正能量，满血复活，重新投入到新的工作征程中。每年年末，我都会将工作成绩单以书面形式向何教授汇报，一方面是请何教授和我共同分享工作收获，最重要的是请何教授给我指导，提出宝贵的建议和意见。此时，何教授总是微笑着，谦逊地说："我仔细读了你们的报告，你们做得太好了，我要向你们年轻人多学习。"每当此时，我都觉得自己做得还远远不够，还需要努力再努力。

强文义老校长是威海校区首任校长，更是威海校区的创立者。在长达三十多年的时间里，他致力于哈工大优良传统在威海的传承与发扬，为校区建设殚精竭虑，倾尽无数心血，为校区发展做出了重要贡献。他无时无

强文义校长讲话

刻不在关心、关注着校区的建设发展,每次来威海校区都饱含深情地对我们说:"威海校区变得越来越好了,大家的努力和付出都是值得的!"强校长经常为年轻老师和学生们讲述李昌老校长的故事,解读哈工大优良传统。他总是回忆起自己 1955 年来到哈工大求学的历程,在当时李昌校长的带领下,全校师生众志成城,在条件艰苦、师资匮乏的办学环境下,秉承"规格严格,功夫到家"的治学理念,严把教学关,主动适应国家发展需求,抓住新型学科专业的建设,实现了学校的弯道超车和长足发展。回忆那时,强校长说道:"虽然那时条件特别苦,但是大家都很努力且无怨,都觉得日子很有奔头。"强校长亲自把那本《李昌传》赠予学生书院,将哈工大"规格严格,功夫到家"的校训精神和"八百壮士"精神在广大师生中传承。我们也感同身受,备受鼓励。

哈工大(威海)景色

追梦路,奉献青春

在我追梦的路上,最好的起点和平台就是共青团工作,我要在团的工作中实现自己当初的决心:将哈工大文化精神在威海校区传承和根植,树立威海校区学子的自信心和归属感。那时的我年轻有活力,工作充满激情,喜欢和青年学生在一起。刚到团委时,我负责指导学生会工作,比学生干部们大不了几岁,亦师亦友,没有代沟,容易交流,每届学生会都培养出很多优秀的学生干部。看到这些学生干部成长发展得好,自己很有成就感。学生组织教育管理,需要付出很多心血,学生活动一般都在周末和晚上,占用很多业余时间,但我无怨无悔。因为我觉得很充实,每当看到学生活动中那些活泼可爱的学生因为老师的参与和鼓励热情高涨,我知道我的付出是值得的,而从他们身上,我也仿佛看到了当年自己作为学生干部的身影,从而更加坚定我坚持付出的力量,我累并快乐着。即便担任了校团委书记,我也坚持定期参加班级和社团的活动,下沉到学生基层中了解他们,亲近他们,关心和帮助他们。引领学生思想、服务学生成长的全员育人理念,贯穿校区共青团工作始终。在共青团平台上,学生社团让广大学生个性和特长得到张扬与释放,成为展示自我的舞台,涌现出许多优秀的学生集体和个人。其中,最让我们骄傲的学生社团就是坚持至今的学生创新团队——大学生方程式赛车团队,这个由全校各专业热爱创新的优秀学生组成的团体,共同打造属于自己的赛车去参加全国大赛。造辆好车去夺冠是他们追求的梦想,而这个团队历经七年磨砺,终于在2017年获得全国"双冠王",我们趁势联合申报了"团中央小平创新团队奖"并于次年获奖,HRT大学生方程式赛车队成为全校唯一一支获此殊荣的创新团队。坚持创立的共青团工作品牌——十余届十佳大学生、全国先进班集体等,都是校院所有团干部共同努力和学校人才培养成果的展现。威海校区的学子越优秀,就越自信,"今天我以母校为荣,明天母校以我为荣",这句话真正得以实现。"我们是哈工大(威海)的学生,我热爱我的母校",每每听到学生毕业典礼骄傲自豪的发言,我都感到无尽的荣耀。共青团的工作同时也培养了我自身的工作能力和综合素养,使我甘愿将青春奉献给青年工作,因为值得。如今的威海校区学子特质鲜明,自信自强,韧劲十足,具有创新精神和拼搏精神。最重要的是哈工大"规格严格,功夫到家"的校训精神,已注入每名哈工大人的血液和基因。

因为我有多年学生工作经历,跟广大学生接触多,比较熟悉学生,在2017年我结束了十五年共青团工作生涯转岗时,学校安排我到校友办工作,让我在此平台上为校区近四万名校友服务。按照学校倡导的"三帮一平台"工作理念,我将青年工作延续到校友工作中。对我来说,这与之前服务在校生的工作的确有所不同,需要更多的时间精力投入,需要更多的耐心、公益心和奉献心，但相同的是，自己当初的那份决心——让威海校区学子们永远对母校有归属感，哈工大一校三区一脉相承，同一规格，同一标准，同一文化，互帮互助，团结共进共成长，将哈工大精神在广大校友中进一步传承发扬。所谓"三帮一平台"，就是母校帮校友，校友帮校友，校友帮母校和校友终身教育平台。校友工作，终身教育，让我近二十年的学生工作得以深化和延续，我将对学生工作的那份热情和真诚全身心投入校友工作。毕业生在离开学校走向社会的时刻，就是校友工作的开始，我们要为毕业校友找到家，各地校友会就是校友们的家，每年校友会迎新活动将每届毕业生接进校友会大家庭。校友们在校友会大家庭中互助成长，共建哈工大精神文化家园。校友会定期举办校友返校活动，各地校友会组织优秀校友返校回家探亲，了解母校近几年的发展变化，加强与母校的互动合作，校企合作日益增多，校友和母校合作共赢，成为哈工大的创业乐土。每当我在此过程中忙碌奔波，看到校友们收获满满，母校发展越来越好，我都觉得累并快乐着，甘愿付出，因为值得。

担使命，负责攻坚

2018年国庆节后，我被学校党委和市委组织部共同选派到地方政府挂职，到市商务局协助分管自贸区工作和地方经济开发区转型升级工作。这一年国家经济下行压力加大，而我作为具有国际经贸专业工科背景的哈工大人，有机会直接服务地方经济发展建设，知识得到有效应用，同时成为加强校地融合的桥梁。商务工作挑战性强、平台高、任务重、压力大，倒逼我时刻加强学习实践，与时俱进，不断提升经济全球化格局背景下的大商务工作意识和综合工作素质能力。我充分把握机会，利用商务锻炼平台优势，积极认真学习获取国内外最新的经济产业发展政策信息，务实践行着作为挂职干部的使命职责。一年的实践锻炼，让我不断提升资源整合对接的实践能力，结合地方政策环境、产业优势特点和高校双创平台技术及人才优势，整合强大优质校友资源优势协同开展校企地产学研合作，助力区域经济产业升级,为地方经济高质量发展提供新动能。同时,联合校友们共同打造基于共享的校地经济合作模式,促进政府、高校、企业,政产学研金服用融合发展、合作共赢。

经过一年直接为地方经济发展服务工作,我深深体会到商务工作者的艰辛和不易,它和哈工大"八百壮士"精神一脉相承。正是这种勇于攻坚克难、干事创业的忘我精神和奉献精神打动并感染了我,让我时刻保持初心,让我甘于投入、甘于付出,同时也收获了宝贵的精神财富和工作经验。通过与国内外高水平机构和企业接触、交流、合作,我不断拓宽自身视野和见识,不断提升经济全球化格局背景下的意识水平。新的时代机遇与挑战并存,任重而道远,但我依然会坚定前行,因为有母校的强大支持,我信心满满。

初心不改,筑梦工大百年

2019年10月,我结束了挂职工作重返学校,有幸参加并聆听了"哈工大八百壮士"事迹报告会,认真读《初心的力量》一书,我的心灵再次

刘群代表威海市商务局走访上海新能源汽车企业

被深深触动。一代代哈工大"八百壮士",用他们毕生的心血为国家教育事业贡献智慧和力量,用浓厚的家国情怀积淀出哈工大精神,让哈工大成为共和国"工程师的摇篮"。他们的赤胆忠诚、坚忍执着,他们的傲然风骨,他们的人格魅力,令人崇敬。马祖光院士、刘永坦院士、沈世钊院士、威海校区王克老师……都深深地感动着我,把爱国之情、报国之志融入祖国改革发展的伟大事业之中,融入人民创造历史的伟大奋斗之中,这就是初心的力量,这就是哈工大的精神和文化。不忘初心,牢记使命,我们未来要走的路还很长,哈工大一校三区,全球四十多万学子,共迎母校百年华诞,共筑工大梦,共绘新蓝图,共创新辉煌。我相信,只要我们同心、齐心,凝聚大家的智慧和力量,建设中国特色、世界一流、哈工大规格的百年强校,建设与世界一流大学相适应的特色校区目标就一定能实现!

一路走过,风雨兼程,未来征程,初心不改,韶华不负,笃定前行。我爱您,哈工大,您永远在我心中!

雕塑"绽放"

刘静林

结缘工大 情系威海

刘静林，1999年考入哈尔滨工业大学（威海）自动化专业，2003年考入哈尔滨工业大学（深圳）微电子学与固体电子学专业读研，2006年毕业后入伍，2012年复员。现在航天科技集团从事军工方面工作。哈工大（威海）深圳校友会副会长。

母校伴我成长

怀揣着对未来美好的憧憬和东拼西凑的学费,刘静林开始了他的大学生活。在大连到威海的船上,他几乎一整天都呆呆地坐在船尾,看着绿宝石般的海面和随船觅食的海鸥。他当时还沉浸在对大学生活美好的幻想之中,完全没有意识到将要开始的大学生活和理想有多大的反差,更加想象不到他的不经意的选择会对他的一生有多大的影响。如果说人生重要的是如何选择,那么他的第一个主动的选择是对的,那就是选择了哈尔滨工业大学(威海)。他是幸运的。在20世纪90年代末,大学升学率远没有现在这么高,也没有很多高校可供选择,培养出一个大学生是非常困难的。尤其在东北的农村,思想观念问题、经济的拮据、低下的教育水平、个人努力等因素,让培养出一个大学生更是难上加难。所以,能够进入这个高等学府学习无疑是非常幸运的。但是,这个幸运儿很快就失望了。因为,现实的大学生活和他的想象差别确实太大了。

船到威海码头已经是夜晚了。威海虽然不是大城市,但是对于刚到城市的农村孩子来说,还是很繁华的。这是那天最后一班到威海的客船,学校接新生的车已经等了很长时间了。车上刘静林还碰到了大学的室友。车辆载着学生和家长在市区中穿过,驶向郊区。灯光越来越稀少,最终车辆在几栋矗立在黑暗中的楼前停了下来。大学的第一个夜晚在忙忙碌碌中度过了,有迎新的高年级校友,有忙着收拾宿舍的家长,有来来往往的师兄和师姐。但是朝阳把他兴奋的心情一扫而光！站在当年二公寓门口往北望，是一片长着零星杂草的沙滩地；穿过一条马路，还是一片长着零星杂草的沙滩地；往东看，紧挨着的一公寓门前也是长着零星杂草的沙滩地；马路对面，依然是打着几根木桩的长着零星杂草的沙滩地。当时刘静林并不知道越过西边的矮墙，穿过杂草丛中荒废的别墅群，就到了海边的金沙滩了。这不要紧，起点低并不是什么坏事。事情总会朝着好的方向发展。入学后没多久，壮观的校门建成了，阶梯教室开工了，主楼拔地而起了，花园也开始建设了。

　　在刘静林毕业的时候，学校已经建设得有模有样了。多年以后他再回到母校的时候，发现学校已经是他不认识的模样了：面积大了几倍，楼房鳞次栉比，环抱的树木荫翳蔽日。只有校门、主楼、A楼等几个建筑还在以老朋友的姿态欢迎他，其余的完全是一片陌生的繁荣景象了。后来的学弟学妹们可能无法理解，像他这样的老师兄，看到学校的变化，是怎样的

建校初期第一座教学楼

欣喜和自豪。

转眼间，离校已经近二十年了。当年的懵懂少年已经步入了中年。刘静林回想起当年入学时，那些情景历历在目。大学四年，是母校伴随着他在成长，其中，收获了太多东西，这里给予学弟学妹们些许启示。

哈工大（威海）新教学楼

学习有用吗

学习到底有什么用呢？这个问题刘静林上学的时候没有多想。他从开始上学到大学毕业，学习基本上都是被动的。这可能和他的生活经历有关，以前他不善于思考问题，但是现在，这个问题却时时浮现在他脑海里。好在20世纪末的社会，诱惑还没有那么多。在大学里，除了几个在高中的高压环境中走出的叛逆青年以外，大多数人还是努力学习的。刘静林在大学期间，学习挺努力。但或许是由于天资不足吧，他的成绩一直在中等水平徘徊。有过成绩好的时候，也有挂科的时候；有出彩的时候，也有丢人的时候。几乎什么都经历了，就是没有拿过奖学金。这也使他耿耿于怀。好在他通过个人努力，顺利完成了本科学业，考上了硕士研究生，这也为以后的工作和学习树立了信心，奠定了基础。刘静林虽然在毕业以后没有从事过与所学专业相关的工作，但他还是非常感谢学校为他提供了良好的教育资源和学习环境。没有从事过所学专业相关的工作，那么学习专业知识对他来说有什么意义呢？他时不时思考这个问题。学习究竟带给他什么了？是一个优秀的校友圈子？是一个离开农村的机会？是一个相对舒适的生活环境？是一个宽阔的视野？还是其他什么东西？这些问题，他始终没有想明白。在入学后不久的一次宿舍卧谈会上，他们讨论了这个话题。当时他们宿舍形成了一个共识：学生以学习为本，如果学习成绩不好，其他的也不会好到哪儿去。这和当今的一个看法有一定的契合：虽然有些成功人士可能并没有受到良好的学校教育，但是相对于受过良好学校教育的人群，他们的数量是较少的，因此不能以小概率事件作为普遍规律。当刘静林在社会上打拼多年后，他发现大部分的成功人士都具有良好的教育背景，即使存在一些教育背景不太好的成功人士，他们在背后也付出了常人无法想象的努力。所以，刘静林现在更加坚信，学习是实现理想的捷径。

学习有没有用，可以从另一个角度来问这个问题，就是我们为什么而学习。如果一百多年前，有识之士是为中华之崛起而读书，那么我们应该为中华之复兴而读书。民族的复兴需要上百年的时间，需要几代人不懈的努力。我们这代人正好处于承上启下的关键时期。上几代人的努力扫清了中华民族外部侵略的危险，创造了一个相对和平的发展环境。我们这代人需要用脑力推动科技的发展，在第四次产业革命中让中华民族脱颖而出。作为哈工大的学生，应该具有这样的胸怀。

怎样学习

谈到学习，自然离不开学习成绩。在这方面，刘静林就没有什么发言权了。初高中的时候，他的成绩是很好的。但是到了大学，他发现有很多地区的学生比他的成绩好得多。他特别羡慕成绩好的同学。因为生活经历的影响，他又没有办法放下虚荣心去请教他人，所以他就闷头苦学。经常的情况是，他的学习走入死胡同，不得门路，当然无法登堂入室，学习成绩总在中游徘徊。他的周围有学习好的范例。在入学后不久，一个同学拿着刚发到手的英语书跟他说，这本书里一个生词都没有。因为他的英语很差，这句话就触动了他的神经。在随意抽考几个他认为很难而那个同学又轻易答上来的单词后，他彻底崩溃了。后来他才知道，这个同学上幼儿园时就和国外人士交流，上学过程中一直非常喜欢英语。学得越好，就越爱学。如此良性循环，岂有成绩不好之理？还有几个兴趣相投的同学组成了小圈子，经常一起讨论学习。他们的学习成绩也都非常好。俗话说"三个臭皮匠，赛过诸葛亮"，群体的智慧肯定比个人的大多了。当然还有个别神仙眷侣，比翼双飞，那是更让人羡慕嫉妒恨，可遇而不可求的。所以，在读书的问题上，不要死读书，尽量找到事半功倍的途径。刘静林现在还很后悔，他的学生时代没有养成好的学习习惯。他除了看课本以外，很少看其他书籍。在农村中学，看课外书是被严格禁止的。他是一个听话的孩子，严格按照老师和家长的要求做。他的第一本课外书是《三国演义》，还是在初中的假期向同学借的。到了高中后，他的语文老师鼓励他们多看课外书，而且和学校争取给他们单独开放了学校的阅览室。在农村高中，在阅览室看书是不可想象的。要不是他们班级是重点培养的对象，他们根本不可能获得这个机会。有一年的暑假，他的语文老师顶住压力，给他们班级每人借了几本世界名著。当然，在繁忙的学习中，这些课外书也无法在短期内使他们养成阅读习惯。到了大学，他依然没有自主阅读的习惯，每天忙忙碌碌于学习。工作以后，他才慢慢开始买书，开始自主阅读。阅读能够打开人类心灵的窗户，带来多重的生活体验，尤其是读世界名著，真的是开卷有益的。刘静林说，如果时间能够重来，他一定会抽出更多的时间读更多的书。现在，只要一有时间，他就读书。他说，在阅读的道路上，永远没有后来者。

恋爱经历

如果说在大学里学习之余还有什么能够令人兴奋的，那一定是恋爱了。20世纪末的大学校园，比现在要保守，但是谈恋爱并没有被禁止。刘静林他们那时候，有从高中谈恋爱一起考到大学的；有同班级内部相识的；有被高年级的师兄"俘获"的；也有网恋的。提到网恋，那个时候，QQ还没有普及，上网还使用电话线拨号，那一点点网络信号只能支持打字，语音和视频简直是不敢想象的奢侈品。现实所迫，他们都练就了一手飞速打字的本领，同时用多个QQ和多个好友聊天。宿舍无法上网，他们就到网吧里上网聊天。聊到兴起，就聊彻夜；还不过瘾，就聊整天；还有同学竟整个星期都在网吧待着。他班有个同学，就是网络聊天认识了一个异地的女孩。后来，他们真的结婚了。工作原因，他们异地分居快二十年了，竟然还在一起。太令人佩服了！不过，也有不少同学由于沉迷网络，学业无法完成。所以，有些娱乐活动还是适可而止的好。

有人说，在大学期间认真地谈一次恋爱，可能是大学期间最大的收获。这句话用在刘静林身上再合适不过了。对刘静林来说，专业课学得不好，没有成为科学家的条件；用非所学，似乎浪费了十多年的寒窗苦读；有什么是值得回忆的呢？那就是大学的恋爱经历！刘静林大学谈的那个女朋友，现在和他在一起快二十年了，跟他从中国的最北边跑到了中国的最南边，他们共生了两个女儿。当年刘静林到底有什么魅力吸引了女朋友呢？他自己也不清楚。可能是在人生观、价值观最后形成的阶段，两人在一起相互影响，相互信任，产生了爱情吧。其实，他们夫妇两人走到一起还是挺偶然的。他们是同一个年级，但不是同一个专业。因为很多基础课都在一起上，所以他们两个班级的同学都非常熟悉。为什么能走到一起呢？他们自己都说不好。刘静林的爱人曾经问过他这个问题，他幽默地说等临死时再告诉她。大学期间，他们也不全是卿卿我我，大部分时间还是一起努力学习的。他们一起上自习，一起复习考研，有些课程也一起讨论。毕业不久他们就结婚了。他们当时的婚礼应该算是裸婚了。没有婚礼、没有婚房、没有家人参加，他们照了证件照，花了9元钱就结婚了。唯一的奢侈品就是用全部积蓄买的一对婚戒。现在回想起来他们依然觉得很甜蜜。

社会活动

学生当然是以学习为主，但是学习并不局限于书本知识。大学生活应该是学生进入社会的过渡阶段。多参加社会活动将对日后的工作和生活帮助很大。刘静林说，他们见过很多在学校时学习成绩很好的同学到了社会中却总是处处碰壁；有些学习成绩不太好的同学，在社会中却如鱼得水。刘静林在校学习期间，争取了不少组织社会活动的机会。有些活动搞得成功了，有些活动搞得不好，失败了。好在学校为同学们提供了很多机会，有老师帮助学生，容忍学生犯错误。刘静林认为，学校是个很好的锻炼社会活动能力的场所。

刘静林和大部分从农村出来的孩子一样，胆怯而且木讷。熟悉他的人都有这个印象，包括他的老师、同学和家人。他也知道自己的缺点，也想做出改变。因此，大一时他积极竞选班委，大二时参加学校的勤工俭学，大三时竞选校学生会干部。为了竞选成功，他曾经在海边大声背诵他的竞选稿，直到烂熟于心；为了组织活动，他曾经到处争取资源，直到活动成功结束。社会活动改变了他的性格，锻炼了他的办事能力，磨炼了他克服困难的意志，增强了他克服困难的决心，为他以后走上工作岗位打下了良好的基础。在日后的工作和生活中，每当遇到困难，他总是说："这点困难难不倒我！"

结束语

刘静林认为，哈工大人是讲情怀的。哈工大有很多校友，满怀热情，奋斗在各行各业。老一代人给我们做出了优秀的榜样，这代人正在努力拼搏，后来人一定也能不负众望。时代给每个人创造了广阔的发展环境，哈工大人就应该投身时代，奏出华美乐章。

"规格严格"，激励自强；"功夫到家"，播种希望。刘静林衷心祝愿母校越来越好，祝愿校友实现梦想、有所作为。

结缘**工大** 情系**威海**

代卓浩

HARBIN
INSTITUTE
OF TECHNOLOGY

代卓浩，哈尔滨工业大学（威海）1997级工业外贸专业校友，四川大学世界经济专业硕士研究生毕业。先后担任山东常林集团青岛进出口公司总经理，山东力士德工程机械进出口公司总经理，力士德工程机械股份有限公司董事会秘书、董事、常务副总经理。现任济宁迈斯伯尔机械股份有限公司董事长、总经理。

工大情 一生梦

作为哈工大威海校区首批扩招的本科生,1997年入校的代卓浩也曾经迷茫过。因为当时校区在初创阶段,各方面条件还不是很理想。但幸运的是他的班主任是在专业造诣、学术研究上都颇有建树的王杰教授。王教授在日常生活、学习当中细致入微的关怀、照顾,哈工大"规格严格,功夫到家"的传统学习氛围很快就让他的这一丝犹豫、徘徊消失得无影无踪。虽然校区当时的条件不太理想,视线可及处还没有宏伟的建筑、美丽的花园,只有两个长满芦苇的池塘及几栋稀疏的小楼分布在空旷的校园中,但刚入学时的军事训练和专业教育,让代卓浩体会到了身上的使命感,理解了纪律和团队精神的含义。而军训结束后,海边的篝火晚会,同学的热情相邀,给他带来了家一般的温暖。同学们之间互相激励、相互切磋,在四年的学习生活中建立起了深厚的情谊,一直持

建校初期的"学子松"

续至今。今天当校友们谈到在哈工大的学习经历时,让代卓浩感触最深的就是哈工大"规格严格,功夫到家"的校训。作为我国培养航空、航天人才的摇篮,无论从白发苍苍的老教授身上,还是在犹如朋友般的辅导员身上,无时无刻不体现着这一精神的传承。从金工实习时,车间焊接老师傅孙志杰老师的谆谆教导、言语笑谈,到毕业实习时指导老师对论文排版的每一个标点符号的全半角之分的要求,都让代卓浩深深地体会和感受到这里治学的严谨。在哈工大求学期间,哈工大对复合型人才的培养体系给他留下了深深的印象。工业外贸这个专业,既有工业机械的背景,又有外贸的专业知识和语言特长的要求。这些对代卓浩以后的进一步深造、从事工业产品的出口工作做了很好的铺垫。因此他深深感受到:哈工大不仅传授了他知识和技能,也极大地影响了他日后做事求实、严谨的风格。所以"规格严格,功夫到家"是他入职以后一直秉承的基本原则。

满怀豪情,带着自己的梦想,代卓浩离开恩师、学校,意气风发踏入社会。常林集团成为他工作的第一家单位,应该说专业非常对口。在进出口公司,代卓浩放下一切,踏踏实实地向老同志学习、兢兢业业地做好每一项工作,终于从业务员成长为总经理。接手公司后,他创新业务模式,带领员工一道奋力拼搏,终于在他和同志们的共同努力下,将常林进出口公司从一家专做单缸柴油机和手扶拖拉机出口业务、年销售额不到100万美金的企业,发展成为以挖掘机、装载机出口为主,年销售额过亿,出口30多个国家和地区的工程机械行业外贸优秀企业。那时我们中国的工程机械产品并不为国外客户所熟悉,中国工程机械产品的出口大部分还是以工程自带为主,产品对海外市场的适应性还不为客户所认知和接受。为了能够尽快开发出适销对路的产品,就需要对客户的工程状况进行深入的调查研究,以便得到第一手的资料。代卓浩带领自己的团队走遍了全球30多个国家和地区,从非洲苍茫无垠的大草原到中东地区炎热的大沙漠,从俄罗斯荒凉的戈壁滩到新西兰茂密的原始森林。

"感谢在哈工大时所学的知识和培养的能力",代卓浩在跟客户商谈的过程中可以很快了解客户的诉求并及时跟后方技术部门进行交流,并在第一时间及时反馈给客户,以诚心得到客户的认可!

当然所有的工作都不是一帆风顺的,刚离开校门后不久的一次经历,至今让代卓浩无法忘怀。那是2006年,公司首批10台套按照中东客户订单定制的成套设备刚刚交付到客户手中,就接到客户的投诉,客户反馈设备存在一档最大速度的偏差。接到客户反馈后,代卓浩连夜返回工厂,跟技术、生产和商务部门一道分析原因、找问题。最终查出是由于上游配套商为了满足交货周期,考虑设备作业半径不大,所以未按设计参数交付,这个差距折算下来,短距离内时间差异并不大。而同时工厂在测试过程中,因受场地制约,在产品下线后的试验过程中并没有发现这个问题。以至于设备到达市场,客户在使用过程中发现问题并提出索赔。在谈判过程中,客户抓住提报参数和实际不符的问题点,坚持退货或巨额索赔。为了尽可能减少公司损失,同时维护与客户的合作关系,在谈判前代卓浩根据工厂提报的实际测试技术参数并结合考察市场时了解的当地产品的具体使用工况,精心制定了详细的谈判策略,即明确现有产品在客户日常使用方面不受影响、只有在极端工况下才存在细微差距的谈判主体思路。考虑到市场的影响和与客户的长期合作关系,他又提出了可协调配套商提供部分改进后的备件进行更换的市场支持政策。经过全力的争取,代卓浩终于说服该客户同意了他提出的解决方案,为公司弥补了巨大的损失。经过这一合作过程中的波折,其严谨的作风和负责的态度也得到了客户的认可,该客户经过几年的发展逐渐成长为公司的核心客户。通过这一深刻的教训,刚刚走出校门的代卓浩更加深刻地感受到哈工大"规格严格,功夫到家"校训的深刻含义和沉甸甸的重量。

2009年,集团下属的挖掘机板块力士德工程机械股份有限公司启动上市进程,代卓浩被调任担任董事会秘书一职。作为拟上市公司的董事会秘书,从贸易工作转向金融对接,对他来讲是一个全新的挑战。当时没有人了解上市的过程，从券商、会计师、律师事务所的选择到公司股份制的改造，从公司改制历史沿革的确认到接受证监会的审核，一切都在摸索中前进。证监会对拟上市公司的审核，主要就是通过对申报材料的审核来了解企业，因此其中的数据、逻辑关系必须能够精确地反映企业的过去、现在和未来。作为董事会秘书，他需要配合好中介机构，对公司的产品特性、工厂的生产流程、工艺标准、上游配套、下游销售渠道进行分析梳理，并整理成书面材料。代卓浩秉持严谨、认真的作风，历经一千个日日夜夜，仅整理的书面材料就堆满了整整两间办公室。2012年五一假期前的最后一个工作日，材料顺利地报入了证监会。

事情过去了这么多年，而这一经历依然让代卓浩记忆犹新！当时虽然遇到了很多困难、很多未知因素，但哈工大培养的不折不挠的奋斗精神以及一丝不苟、严谨的工作作风，让他能够永不气馁，勇往直前，也使他在工作中体会到达到目标时的快乐和幸福！

虽然奋斗的过程是艰辛的，但乐观的代卓浩也很享受这种努力带来的成长！十多年海外的市场拓展，不光使他了解了不同国家、不同民族的风土人情，也使他在业务中结交了很多外国朋友。虽然大家来自五湖四海，风俗习惯各不相同，但有一条准则大家是相通的，那就是一定要坦诚相待。做事先做人，人做好了，事自然会水到渠成！

对于正在哈工大求学的莘莘学子，代卓浩很羡慕他们现在的学习和生活条件。作为师兄的他以自己的亲身经历对学弟学妹们提出几点小建议："一是一定要刻苦、认真学习，努力掌握专业基础知识。在大学中给我们开设的课程确实是今后与我们即将从事的工作息息相关的。不要书到用时方恨少，关键时刻抓瞎掉链子。二是需要认识到在大学的学习不只是学到知识而已，更重要的是在学习过程中的能力提升和思维拓展。因此我们在平时的学习过程中要认真、踏实，并且养成不断思考、总结的好习惯。这样才能在今后的日常工作当中，自觉地反思自己，如何利用好自己的专业知识，结合自己的日常业务，做到有备无患或举一反三，也只有这样才能使自己迅速地成长。三是要养成好的习惯，要培养自己的主观能动性，锻炼善于发现问题并主动去解决问题的能力，要有重视时间价值的观念，学会管理时间，不能虚度光阴。结合自身的爱好特长，通过大学四年这段时间来寻找到自己的发展方向，并为之努力奋斗。"

工大情，一生梦。代卓浩说："母校培养我们，同时也告诉我们，只要我们坚持自己的梦想不放弃，就一定能够到达梦想的彼岸。"

胡保帅

结缘工大 情系威海

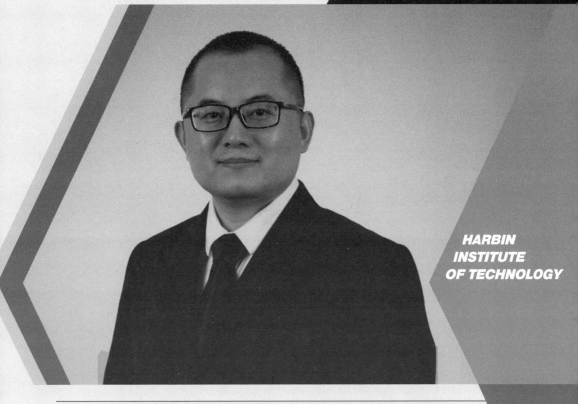

HARBIN INSTITUTE OF TECHNOLOGY

胡保帅，哈尔滨工业大学（威海）2002级校友，国际经济与贸易专业。广东百生医疗器械股份有限公司董事、副总经理、销售总监。

母校情缘

"人在广东已经漂泊十年,
有时也怀念当初一起,
经已改变,
让这天空将你我相连,
怀念你。"

这首一夜之间唱遍大街小巷的歌,击中了很多人内心的回忆,也让母校在胡保帅心中的形象逐渐清晰了起来。想起习近平总书记曾经说过:"一切向前走,都不能忘记走过的路;走得再远、走到再光辉的未来,也不能忘记走过的过去,不能忘记为什么出发。"离开母校已经有十多年,胡保帅却还是记得第一次见到她时的那种喜悦,离开她时的那种不舍,打拼时她充满力量话语的鼓励。

萦绕在胡保帅心中的是:感谢母校,让刚刚踏入校园的孩子知道了如何学习,如何获取自己想要的知识;感谢母校,让刚刚成年的孩子找到了自己的人生观、价值观;感谢母校,让刚刚踏入社会的孩子,有能力确定自己的人生目标和规划,实现自己的抱负。

启　　蒙

2002年,胡保帅第一次见到哈工大(威海)就被深深地吸引,她的活力、她的包容、她的庄严从一个个的迎新活动、社团纳新、老师授课中不断地体现出来。

母校对胡保帅的启蒙，从进入校园的第一堂课就开始了，如今胡保帅仍然非常清晰地记得第一次全系大课的情形，也记得老师在课上讲的一句话，"学校除了要教授给你们知识以外，更重要的是要教会你们如何自己学"。在跟着她求学的这4年里，胡保帅深深地理解了这句话，他不仅学会了知识、学会了学习的方法，更学会如何自己找到应该学什么，应该摒弃什么，把应该学的学到，应该摒弃的排除掉。这个启蒙，让胡保帅以后在刚刚进入社会、工作有些迷茫的时期，找到了自己的路；让胡保帅在事业起步时，找到了自己应该做什么并且知道如何去做；让胡保帅一直在寻找自己的不足和不断充实自己，完善自己。

"规格严格，功夫到家"是母校让胡保帅受益终生的另一个教导。刚刚看到这个校训的时候，胡保帅觉得它与想象中的高大上的校训有所不同，慢慢地，胡保帅发现，这8个字是如此贴近生活，学习、实验、考试、交友等方方面面都可以用这个标准来要求自己，这时候，胡保帅才意识到，她这样一个有着深厚底蕴、有着众多两院院士和各行各业精英的大学为何要用这8个字做自己的校训，就如同一个智者在用最淳朴的道理教育她的子女。慢慢地，胡保帅更加体会到，这8个字不仅仅是做事的道理，更是做人做企业的道理。尤其在浮躁的商业社会，她使胡保帅保持心中的宁静，守护着最朴实的原则。无论什么时候，都要把踏实、严谨作为做事和做企业的根本，把诚实守信作为做人的根本。

清苦简单的校园生活，却是最充实快乐的日子。每天寝室熄灯后的辩论会洋溢着欢乐、激情与自信。上课路上的嬉笑，周末球场上的奔跑，宿舍里游戏对战的热情，一件一件就好像昨日刚刚发生过一般，清晰可辨。

美好的时光总是过得很快，转眼就到了需要离开她的日子，虽有不舍却仍需意志坚定地向前走，不辜负自己所学，不辜负她的教育。2006年的夏天，胡保帅离开了校园，走上了社会。

迷 茫

离开校园,踏入社会是新鲜的,也是兴奋的。身边的老师和同学换成了同事和领导,生活一下子变得紧张而充实。

胡保帅从事的第一份工作就是自己的专业方向,也是在校园招聘就签了协议的工作,从事工程机械的外贸业务,虽然公司待遇与招聘的时候略有不同,胡保帅还是欣然入职接受了这第一份工作。新来的毕业生有五个人,公司不提供住宿,他们就合伙租了房子,搭伙做饭,早晨他们总是最早到公司,晚上最晚走。除了工作,他们还不断地练习自己的口语,外贸副经理是比他们大五届的研究生,真心实意地教他们专业知识,胡保帅的工作生涯就这么开始了。

入职后的第一份考验就是参加2006年秋季广交会,胡保帅和另外一个应届毕业的同事被"委以重任",准备展会的前期工作和展会现场布置。与车间沟通展品、联系会场搭建、准备运输……经过一段时间的忙碌终于等到了展会开始,四年时间学习的外贸专业知识让胡保帅在与外商的沟通中游刃有余,胡保帅在这里真心感谢自己的外贸实务老师和英语老师。工作中人际关系的磕磕碰碰在所难免,刚参加工作的人容易把自己看得太高,他也不可避免地犯了这个错误。能力好,业务多,不一定评价高,宁折不弯的他在一年后离开了公司。

在这个时间段,人特别容易迷失自己,看似什么都能做,其实没有自己的一技之长;看似认识的人不少,却并没有自己的社会关系网;看似理直气壮,敢说敢做,却是沉不住气。

胡保帅在总结这一段经历时说:"回首这个阶段,我觉得自己存在的最大问题是心浮气躁,眼高手低,不能妥善处理与客户及领导的关系。先说说自己遇到的问题,自己开发了一个墨西哥客户,洽谈了一个70万美金的订单,部门副经理想要将客户拿走,我既想最终跟客户敲定订单,又不想客户被副经理拿走。客户被拿走意味着没有提成,这是刚入职的学弟学妹们面临的一个很现实的问题,也是一个大家不愿意提及的问题。这里的关系有三个：一是与公司的关系，二是与领导的关系，三是与客户的关系。在这里，我与领导的关系处理得不好，与公司和客户的关系把握住了。因为我深知首先要服务客户，让客户下单给公司，至于公司内部的提成分配再去跟领导协商。也希望给能看到这篇文章的学弟学妹一个提醒，工作不仅仅是做好本职工作就可以了，处理与同事的关系也非常重要。"

胡保帅在自己迷茫失落的这段时间里，不知不觉又会想起母校的生活，想回到她的怀抱，在网站、论坛关注她的消息的时候，胡保帅遇到了母校的孩子——"校友会"，他十分感恩从未谋面的学长学姐能分享自己的人生经验、优点缺点，一位校友说："永远不要因为抱怨现在的工作不好而辞职，一定要是因为找到了更好的工作才辞职。"另一位校友说："你的价值和待遇不是公司决定的，而是你自己决定的，当你是公司不可或缺的人才时，公司必然给你最好的来挽留你，但是如果你可有可无，则必然没有人重视你。"

梳理了自己的心情，正如歌曲里唱的，"自豪的哈工大，让我们的豪情永不消失，让我们的青春永远闪光"，胡保帅决定重新再开始。

奋　斗

2009 年的秋天，胡保帅来到了广东，进入了一家由浙大毕业生创立的公司，10 年后很多人不理解胡保帅为何会选择一个珠三角的三线城市，一家不大不小的公司，因为那时胡保帅已经有了自己的目标——朝阳的有技术含量的行业，志同道合的人，充足的进步空间，剩下的就是努力了。

2008 年的经济危机让很多传统行业的出口受到打击，而胡保帅所在的医疗行业却恰恰因为中国自我研发和技术进步了，可以出口与国际品牌竞争了。他们拥有自己的技术、年轻的团队、工作的热情，1 月的迪拜、3 月的土耳其、4 月的埃及、5 月的巴西和伊朗、7 月的美国、10 月的德国、11 月的印尼、12 月的俄罗斯，他们不断地去展示他们的产品，寻找客户，同时学习国外同行的先进产品和技术，根据客户的要求寻找原料，研发产品，再将产品实现批量生产。公司实现了极大的进步和发展,他们每个人也都不断地成长,尤其是在与国际巨头在他们当地市场竞标投标,在所在国依据当地法律法规注册销售许可的时候,虽然困难重重,他们却自豪前进。

胡保帅语重心长地说:"当然在这个阶段我们也遇到了很多挑战,走了很多弯路,甚至付出了代价。我们的第一个教训是没有进行充分的市场调查,而过度地相信经销商。2009年我们在伊朗有两家分销商,其中一家希望跟我们做独家代理,我们也希望这么做,于是签订了两年的独家代理。代理商采购了第一批货物以后,几个月都没有再次下单采购。我们多次联系并暗示代理商一年内没有达到采购量,第二年代理协议自动取消,仍然只是得到伊朗市场不好销售的答复。后来我们调查得知,这家公司是台湾一个品牌的伊朗独家代理,他们采购我们的产品在伊朗高价销售,导致市场非常排斥,从而帮助他销售台湾的品牌。因为有代理协议的签订,我们白白浪费了伊朗市场一年的时间,不过还是很庆幸,他没有将我们的产品低价抛售,保住了我们产品的品牌。于是在协议自动作废当年,我们利用去伊朗开展会的期间,充分调查了解了当地的市场,选取了一家有伊朗卫生部背景的公司合作,到2019年,我们的产品已经是伊朗市场同类产品中,市场占有率最高的品牌了。

"我们的第二个教训就是,对目标国家的法律法规认识不足,或者说有侥幸心理,认为不会那么严格。仅仅是一个包装标识的问题,就导致我们出口到西班牙的整个集装箱的货物被原路退回,损失非常惨重,我们的解决方法就是找当地的咨询公司合作。靠自己的力量很难将所有的未知风险规避掉,还有就是不要存在侥幸心理,一就是一,二就是二,必须严格遵守所在国的法律法规。"

当生产任务紧迫时,胡保帅所在的公司全体员工都一起助力生产,加班到晚上九十点钟,甚至通宵,当申请欧盟CE和美国FDA时他们没日没夜地查资料,做文件,当看到一个一个的目标被实现,内心的喜悦无以言表。

在这个阶段,幸运的事情是胡保帅认识了广州校友会的一班师兄弟,除了周末一起打球放松以外,更是从他们身上学习了不可多得的品质,工作上的,生活上的,更有马拉松赛道上的。每年的校友聚会,更有企业做得很成功的师兄来分享自己的经验,日子难得的忙碌与充实。

不经艰难困苦,何来玉汝于成?2012年胡保帅所在公司购买了自己的土地和厂房,从此结束了租厂房的历史,加大了投资,公司发展的后劲更充足了。"规格严格,功夫到家。"胡保帅特意将这句话写进了新员工培训手册。公司发展了,产能提高了,对自己的要求也要越来越高。

不经风雨,怎见彩虹?2012年前后,国内医疗市场上,进口产品曾占据着绝大多数市场份额,胡保帅认为,既然在国外都可以跟国际品牌竞争,为什么在国内不可以打破垄断呢?于是,公司开始调整部署,进军国内市场,

胡保帅企业参加北京医疗器械展

胡保帅兼管了国内与国际市场。同时，胡保帅也给自己定了新的目标：新三板上市。这样既证明自己公司的实力，又通过上市让自己更正规。胡保帅排兵布阵，以技术和产品为突破口，细分市场，研发出适合单个疾病治疗的产品，参加学术交流，进入市场；小的细分市场稳固后，再推广全线产品，扩大品种和销量，凭借着技术、质量和服务，以及极高的性价比，成功地从进口产品身上分得了一块蛋糕，而公司也在2017年成功新三板上市。

展　　望

人在广东已经10年，感谢这片天空将母校与胡保帅相连，是她给了胡保帅智慧与勇气，走出自己的路。

如今，胡保帅一代人也都已经为人父母，有了自己的孩子，更能体会到当初母校对他们的谆谆教导，殷殷期望。在她百年华诞之际，胡保帅真心地祝愿和感恩。在校园时胡保帅以她为自豪；走出校园后，胡保帅仍以她为骄傲。每年母校都会培养出万千学子，而胡保帅深知，他自己只是她培养的百万学子之一。她培养的学子，都扎扎实实地按照她的要求，扎根在祖国的各行各业，勤勤恳恳，努力工作，做一颗颗牢固的螺丝钉，为祖国的建设添砖加瓦，为民族的复兴加油助力。

胡保帅殷切地说："在这里，我也期望在校以及未来进入母校的学弟学妹们，能够切切实实理解母校'规格严格，功夫到家'的校训，无论在校园里还是走上社会，都能发扬哈工大的生活、工作作风，认认真真做事，踏踏实实做人，哈工大人无论在哪里都是一家人。"百年华诞，是对母校过往付出和成绩的总结，更是未来发展的新篇章的开始。胡保帅仍将以母校为榜样，踏踏实实做事，诚诚恳恳做人，不忘初心，大步前进。

后 记

2019年2月，我们接到哈尔滨工业大学出版社的出书邀请，获悉出版社为迎接2020年哈尔滨工业大学百年华诞的到来，拟策划出版"建校百年·哈工大人系列丛书"，集中展示哈工大知名校友的风采，从而激励哈工大广大学子健康成长，进一步继承哈工大精神和传统。心系哈工大（威海）建设发展的杰出校友群体作为该套丛书中的系列采编群体之一，所辑内容独立成册且命名为《结缘工大 情系威海》。

哈工大（威海）校友工作者对校友进行了回访、交流，在出版社的指导和建议下，从商榷本书内容方向、向校友发出征稿通知，到确认50位入选校友、逐一与之沟通稿件要求和细则，再到收集稿件后的多轮审核与更改直至最终策划完成，历时一年有余。

在此，要特别感谢哈工大老校长、哈工大（威海）校友理事会名誉理事长杨士勤教授和哈工大副校长、威海校区校长徐晓飞教授为本书亲自提笔作序；感谢哈工大原副校长、威海校区首任校长强文义教授和原哈尔滨建筑大学校长，哈工大"优秀教工李昌奖"获得者、威海校区"大学生人生导师"何钟怡教授为本书寄语，感谢他们给予威海校区建设发展长期的关注、指导、支持和呕心沥血；感谢哈工大（威海）党委姜波书记多年来对校友的关怀与付出；感谢哈工大（威海）曲世友副校长对校友工作的悉心指导和对本书编写组织工作的支持；感谢哈工大（威海）各部门、各院系领导对校友工作的大力支持和协作；感谢所有投稿校友对编委会的积极响应与莫大支持；感谢哈工大出版社的编辑们对本书的严格把关与精雕细琢，使得此书得以在母校百年校庆之时献上这永驻史册的卷卷文墨。

大千世界，虽然每个人的社会阅历与生存环境各不相同，但是通读本书后，你或许会从这50位优秀校友的经历中品读到属于这一群体的强烈共性，从而对这个群体产生新的认知。他们所面临的机遇与挑战、体会过的喜悦与痛苦，也正是在这个建功立业新时代背景下，中国企业家、科技工作者和青年精英们渐进的成长过程。他们对知识有着无尽的渴望，对生活抱有不灭的热忱，他们将哈工大"规格严格，功夫到家"的校训文化烙印于心，勇担社会责任与时代使命，在创造价值的同时更懂得分享与奉献。他们用自己的亲身实践，演绎出一段段精彩的人生奋斗篇章，生动地诠释了哈工大人的精神传承、时代精神和家国情怀。

这正是威海校区三十多年异地办学和人才培养的成果和骄傲，这份沉甸甸的荣誉属于书中的每一位奋斗者，更属于一直在他们背后默默奉献和付出的教导者与培养者——他们心中热爱的母校。哈工大向新百年进军的号角已吹响，在创建与世界一流大学相适应的高水平特色校区和建设"世界一流、中国特色、哈工大规格"的百年强校征程中，这份光荣与梦想正映照出中国奋起的光辉，在中华民族阔步前行的道路上奏响凯歌！

谨此献给哈尔滨工业大学诞辰100周年，威海校区创建35周年。

是为后记。

《结缘工大　情系威海》编委会全体成员